关 怀 现 实 ， 沟 通 学 术 与 大 众

[美]沙希利·浦洛基 著　宋虹 译

浦洛基作品集 IV

FORGOTTEN BASTARDS OF THE EASTERN FRONT

American Airmen behind the Soviet Lines and
the Collapse of the Grand Alliance

被遗忘的倒霉蛋

苏联战场的美国空军与大同盟的瓦解

SPM 南方传媒　广东人民出版社

·广州·

图书在版编目（CIP）数据

被遗忘的倒霉蛋：苏联战场的美国空军与大同盟的瓦解 /（美）沙希利·浦洛基著；宋虹译 . —广州：广东人民出版社，2024.2
（万有引力书系）
书名原文：Forgotten Bastards of the Eastern Front
ISBN 978-7-218-16688-9

Ⅰ. ①被… Ⅱ. ①沙… ②宋… Ⅲ. ①美苏关系—研究—现代 Ⅳ. ①D851.22

中国国家版本馆CIP数据核字（2023）第155804号

著作权合同登记号：图字19-2023-178号

FORGOTTEN BASTARDS OF THE EASTERN FRONT
Copyright©2019, Serhii Plokhy
All rights reserved
Preface copyright©2023, Serhii Plokhy
All rights reserved

Bei Yiwang de Daomeidan: Sulian Zhanchang de Meiguo Kongjun yu Datongmeng de Wajie
被遗忘的倒霉蛋：苏联战场的美国空军与大同盟的瓦解
[美]沙希利·浦洛基 著 宋虹 译　　　　　版权所有 翻印必究

出 版 人：	肖风华
丛书主编：	施 勇　钱 丰
责任编辑：	陈 晔　梁欣彤
营销编辑：	龚文豪　张静智　张 哲
责任技编：	吴彦斌
特约校对：	孙 丽
装帧设计：	董茹嘉

出版发行：	广东人民出版社
地　　址：	广州市越秀区大沙头四马路10号（邮政编码：510199）
电　　话：	（020）85716809（总编室）
传　　真：	（020）83289585
网　　址：	http://www.gdpph.com
印　　刷：	广州市岭美文化科技有限公司
开　　本：	889毫米×1194毫米　1/32
印　　张：	11.375　字　数：254千
版　　次：	2024年2月第1版
印　　次：	2024年2月第1次印刷
定　　价：	88.00元

如发现印装质量问题，影响阅读，请与出版社（020-85716849）联系调换。
售书热线：（020）87716172

中文版序：五段旅程

这五本书是一个系列，探索并解释了漫长的 20 世纪的多重变革。它们探讨了强权的衰落和新的国家意识形态的兴起，揭示了不同思想、不同政体间的碰撞，并讨论了第二次世界大战、冷战和核时代给世界带来的挑战。这五本书通过创造叙事，换句话说就是通过讲述故事来实现上述目的。这些故事包含着对现在和未来的启示，具有更广泛的意义。

中国有句谚语："前事不忘，后事之师。"与之最接近的西方谚语是罗马政治家和学者马库斯·图利乌斯·西塞罗（Marcus Tullius Cicero）的名言："历史乃人生之师（Historia est magistra vitae）。"自这句话问世以来，历史的教化作用曾多次被怀疑，在过去几个世纪里，持怀疑态度的人远多于相信的人。但我个人相信，历史作为一门学科，不仅能够满足人们的好奇心，还可以作为借镜，但需要注意的是，我们只有努力将所研究的人、地点、事件和过程置于适当的历史情境中，才能理解过去。

英国小说家 L. P. 哈特利（L. P. Hartley）在 1953 年写道："过去是一个陌生的国度，那里的人做事的方式与众不同。"这句话很有见地，我也把我的每一本书都当作一次前往"陌生国度"的旅行，无论主题是外国的历史还是我自己民族的过去。虽然我的"旅程"的主题或"终点"各不相同，但它们的出发点、行程和目的地都与当下的关注点和感知密不可分。因此，我更愿意把我的研究看作一次往返之旅——我总是试图回到我出发的地方，带回一些身边的人还不知道的有用的东西，帮助读者理解现在，并更有信心地展望未来。

我对个人的思想、情感和行为非常感兴趣，但最重要的是发现和理解形成这些思想、情感和行为的政治、社会、文化环境，以及个人应对环境的方式。在我的书中，那些做决定的人、"塑造"历史的人不一定身居高位，他们可能是，而且往往只是碰巧出现在那个时间、那个地点，反映的是时代的光亮和悲歌。最后，我相信全球史，它将现在与过去联系在一起，无论我们今天信奉什么观点，无论我们现在身处哪个社会。因此，我的许多著作和论文都涉及不同社会政治制度、文化和世界观之间的碰撞。我认为我的任务之一就是揭示其中的多重纽带，而这些纽带把我们彼此，以及我们的前辈联系在了一起。

《愚蠢的核弹：古巴导弹危机新史》聚焦于1962年秋天的古巴导弹危机，审视了冷战时期最危险的时刻。在美国公众的记忆中，这场危机极富戏剧性。他们几乎完全聚焦于肯尼迪总统的决策和行动，他不仅是胜利者，还是让世界免于全球灾难的拯救者。而我的著作则将危机历史"国际化"。我扩展了叙事框架，纳入了其他的关键参与者，尤其是赫鲁晓夫，还有卡斯特罗。为了了解危机的起因、过程和结果，并吸取教训，我不仅要问自己他们为避免核战争做了哪些"努力"，还要问自己他们在将世界推向核对抗边缘时犯了哪些错。

我对后一个问题的回答是，肯尼迪和赫鲁晓夫犯下的许多错误

我对后一个问题的回答是，肯尼迪和赫鲁晓夫犯下的许多错误不仅是由于缺乏准确的情报，也因为两位领导人无法理解对方的动机和能力。赫鲁晓夫之所以决定在古巴部署苏联导弹，是因为美国在土耳其部署的导弹让苏联人感觉受到了威胁，但肯尼迪并没有意识到这一点，还认为在美国本土附近选择一个新基地来平衡双方才公平。赫鲁晓夫也从未理解过美国的政治体制，在这种体制下，总统的权力受到国会的限制——肯尼迪并不像赫鲁晓夫那样拥有广泛的权力。国会所代表的美国公共舆论认为，古巴在地理、历史和文化上与美国的关系比土耳其与俄罗斯或苏联的关系要密切得多。

我对苏联方面史料的研究，包括在乌克兰档案中发现的克格勃军官的报告，使我能够透过苏联官兵的视角，从下层观察危机的历史。事实证明，这一视角对于全面了解两位领导人对军队的真实掌控力，以及实地指挥官在战争与和平问题上的决策自主性至关重要。苏联指挥官曾违抗莫斯科的明确命令，击落了古巴上空的一架美国 U-2 侦察机，差点使危机演变成一场真的战争。这是因为苏联指挥官误认为他们已经置身战争之中，必须保护自己。事件突发后，肯尼迪和赫鲁晓夫付出了极大的努力，才在局面完全失控之前结束了这场危机。核对抗带来的恐惧为两位领导人提供了一个共同的基础，使他们能够搁置政治和文化上的分歧，让世界免于核灾难。

《切尔诺贝利：一部悲剧史》的主题是一场真实发生的核事故。在这本书中，我集中描写了一些普通人——切尔诺贝利核电站的管理人员和操作人员——的思想、情感、行动和经历，他们是书中的主要人物。其中一些人的行为导致了灾难的发生，而另一些人致力于阻止事故对人类和环境造成更大的破坏。我再次试图理解他们的工作和生活环境对其动机的影响。在此过程中，我将重点放在苏联管理方式的一个关键特征上，即一种自上而下的模式，这种管理方式不鼓励主动性和独立行动，事实上"鼓励"了被动和责任的推卸。

导致灾难发生的另一个原因是苏联核工业的保密文化。考虑到切尔诺贝利核电站使用的石墨慢化沸水反应堆（RBMK）具有双重用途——既可以生产电力，又能生产核弹燃料，即使其操作人员也不知道它的弱点和设计缺陷。迫于高级管理层的压力，操作人员在1986年4月26日反应堆关闭期间匆忙进行测试。他们违反了规章制度，却没有充分认识到其行为的后果，因为他们对反应堆的一些关键特性一无所知。这次测试造成了一场灾难，而政府却试图向本国人民隐瞒这场灾难的全部后果。

"你认为掩盖切尔诺贝利事故只是苏联的故事，而我们的政府没有发生过类似行为吗？"当我在美国、欧洲和澳大利亚巡回演讲时，读者们一再向我提出这样的问题。我不知道答案，于是决定更深入地研究这个问题，而后我写了《原子与灰烬：核灾难的历史》。在这本书中，我讨论了包括切尔诺贝利核事故在内的六次重大核事故的历史。

其他五次事故包括：1954年，美国在"布拉沃城堡"试验中试爆了第一颗氢弹，试验结果超出设计者的预期，污染了太平洋的大部分地区；1957年，位于乌拉尔山脉附近的苏联克什特姆发生核事故，一罐放射性废料的爆炸导致大片地区长期无法居住；与克什特姆核事故相隔仅数周，急于为英国第一颗氢弹生产足够燃料的温茨凯尔核电站同样发生核泄漏，事故绵延影响了英国的大片海岸；1979年，美国三里岛核电站的核事故迫使超过14万人暂时离

中文版序：五段旅程

开家园；2011 年，日本福岛第一核电站发生意外，其后果与切尔诺贝利核事故最为接近（我会在福岛核事故的前一章讨论切尔诺贝利核事故）。

我从政府官员、事件的普通参与者以及普通民众的视角来审视这些事故。我相信,《切尔诺贝利：一部悲剧史》的读者会认识到：所有政府，无论是什么体制，无一例外都不喜欢坏消息，而且大多数政府都考虑或执行了某种掩盖措施。但在苏联的体制之下，掩盖真相更容易实现，克什特姆核事故被隐瞒了下来，在长达 30 年的时间里，苏联社会和整个世界对此一无所知。

但是，正如切尔诺贝利核事故的历史所表明的那样，掩盖行为会带来巨大的代价。当戈尔巴乔夫提出"公开性"政策时，民众要求政府说出"切尔诺贝利的真相"，这一诉求在莫斯科、立陶宛维尔纽斯（立陶宛有伊格纳利纳核电站）以及乌克兰境内（乌克兰有切尔诺贝利核电站）发酵，进而催化出一系列的政治效应。1990 年 3 月，立陶宛成为第一个宣布脱离苏联独立的共和国；1991 年 8 月，乌克兰也宣布独立。短短几个月之内，苏联消失了，成为了切尔诺贝利核事故的又一个"受害者"，这里面的原因不在于事故灾难本身，而在于掩盖。

《被遗忘的倒霉蛋：苏联战场的美国空军与大同盟的瓦解》是我认为最值得研究和写作的，因为它让我有机会通过二战参与者的日常经历来研究更广泛的政治和文化现象，二战是世界历史上最戏剧性、最悲剧性的事件。该书讲述了在英国、美国和苏联组成反希特勒联盟——大同盟的背景下，美国飞行员在苏联空军基地的经历。

美国人向苏联人提出的计划背后有着地缘政治和军事上的充分考量：从英国和意大利机场起飞的俗称"空中堡垒"的B-17轰炸机在完成对东欧的德占区的空袭后，降落到苏联境内，利用苏联基地补充燃料和弹药，并在返航时再次轰炸德军目标。这样的飞行安排可以使美国飞机深入德军后方，打击的目标更接近苏联的前线。美苏双方都能从这一安排获益。但苏联当局不愿意让美国人进行这种穿梭轰炸。事实证明，即使在获得批准后，苏联人仍想着尽快赶走其基地（恰好在乌克兰）里的美军人员。

苏联指挥官与基地上的美国飞行员之间的关系每况愈下。战争结束时，双方关系已经到了无法调和的地步。苏联人为什么反对这样一次"互惠互利"的军事行动？我试图通过查阅驻苏美国军官的报告和苏联情报部门关于美军人员的报告来回答这个问题。苏联方面的文献来自乌克兰的克格勃档案，其中的发现让我大吃一惊。我的假设是，斯大林不希望美国人在苏联领土上建立基地，而双方的争吵则主要出于意识形态和文化方面的原因。

事实证明，这一假设部分是对的，尤其是在涉及苏联领导层时。但关键问题实际上是历史问题，即外国势力武装干涉苏俄内战的记忆，以及文化因素。苏联人觉得自己不如美国人，因为美国人有着先进的军备。政治文化的差异比缺乏共同的语言和乡土文化的影响来得更大。在大萧条的艰困中，许多有左翼政治思想的美国军人开始同情苏联，但他们并不理解或接受苏联政治文化中有关个人自由、秘密情搜（他们是从苏联情报机构那里见识到的）等方面的内容。

正如我在书中所展示的那样，美国人见识了苏联情报部门的手法，尤其针对与美国人日常交往的苏联人，这使得美国军人中的许多"苏联迷"走向了苏维埃政权的对立面。一旦大同盟的地缘政治因素不复存在，两个超级大国之间基于政治文化差异积累起来的敌意加速了双方滑向冷战时期的对立。

《失落的王国：追寻俄罗斯民族的历程》一书在很大程度上源自苏联解体后凸显的政治和历史问题带来的思考。俄罗斯的起点和终点在哪里？俄罗斯的历史和领土由什么构成？这些问题因苏联解体和各加盟共和国的独立而浮上台面，随着2014年俄军进入克里米亚及2022年2月俄乌冲突爆发变得尤为紧迫。

苏联在许多方面都是俄罗斯帝国的延续，苏联解体后，俄罗斯面临着比欧洲大多数前帝国国家（如英国和法国）更大的挑战。英法等国的挑战在于不得不与各自的帝国脱钩，俄罗斯则发现自己不仅要处理去帝国化的问题，还要重新思考自己的民族叙事。这一叙事始于基辅罗斯，一个在本书中被称为"失落的王国"的中世纪国家。尽管俄罗斯后来的历史一波三折，但其起源仍被视作始于基辅——自1991年以来独立的邻国的首都。俄罗斯首都莫斯科直到12世纪中叶才见诸史册，比基辅要晚得多。

我在书中探索了俄罗斯对基辅罗斯的历史主张，并介绍了俄罗斯作为基辅的王朝、法律制度、文化和身份认同的继承者，在帝国时期、苏联时期及后苏联时期的自我转变。该书通过俄罗斯历史上重要人物的思想和行动，围绕"帝国"和"民族"这两个概念的关系，再现了俄罗斯思想上和政治上的历史进程。另一个重要主题是俄罗斯和乌克兰这两个新兴国家之间的关系，后者认为（现在仍然认为）自己的历史与基辅的过去联系更为紧密，这不仅体现在王朝思想根源，这场战争已成为第二次世界大战以来欧洲乃至全世界最大规模的军事冲突。历史叙事对社会及其领导者有巨大的影响力，但双方都有责任作批判性的审视，反思过去，而不是试图将其变成自己的未来。这也是我在本书创作过程中汲取的教训之一。

  本系列的五本书各有各的故事，各有各的启示。对每个读者来说，它们可能不尽相同——分析方式确有所不同。但我希望，这几本书在让我们面对过去进行恰当提问的同时，也能提供有价值的解释和回答。我祝愿每一位读者都能在过去的"陌生国度"中有一段收获丰富的愉悦旅程，并希望你们能从中找到值得带回家的东西——一个教训、一个警示或一个希望。

沙希利·浦洛基

2023 年 8 月

序　言

1950年，温斯顿·丘吉尔将其所著的《第二次世界大战回忆录》中的一卷命名为"大同盟"（Grand Alliance）。这个词借用了17、18世纪之交，英格兰、苏格兰和其他欧洲列强为了与法国作战[①]而结成同盟时所用的名称，正是这次同盟行动削弱了法国的霸主地位，直接促成了英国的崛起。和近代早期的大同盟如出一辙，20世纪的反帝大同盟成立后，在短期目标上取得了惊人的成就。美国通过《租借法案》援助英国和苏联，1944年6月欧洲第二战场开辟，1945年8月苏联对日宣战，这些都是同盟协作的标志性事件。罗斯福、斯大林和丘吉尔，也就是媒体所称的"三巨头"，分别于1943年和1945年在德黑兰和雅尔塔会面，确保了战争期间同盟国的团结，加速了轴心国走向失败，同时缔造了新的世界秩序，促成了世界历史上存在时间最长的国际性协调机构——联合国的诞生。

军事上所取得的成功，让人们对于大同盟持续到战后有了更多期待，然而随后几年大同盟的崩溃却让人失望。1948年，世界已分裂成两大阵营——英美属于一方，而苏联与东欧诸国属于另一

[①]　此处指的是西班牙王位继承战争，即1701—1714年法国、奥地利、英国等国为争夺西班牙王位及其殖民地和海上霸权而发生的战争。——本书脚注皆为译注或编注

方。1949年，美国联合西欧部分国家组成的军事联盟——北大西洋公约组织诞生。随后，由苏联领导、东欧社会主义国家加入的华沙条约组织在1955年宣告成立。此时，人们突然发现全世界不仅受到新的世界大战的威胁，还面临着核毁灭的危机。丘吉尔使用的另一个举世闻名的名词——"铁幕"，象征着大同盟走向"大失败"，正是这道"铁幕"将战后的欧洲一分为二。

全世界都在问："到底哪里出了问题？"究竟谁该为冷战负责？有人说斯大林该为此负责，因为他对伊朗采取了行动，试图控制黑海海峡，还在东欧推行社会主义；有人说美国该为此负责，因为美军在1945年8月投掷了原子弹，并且拒绝和苏联分享新技术，从而打破了世界平衡，使斯大林别无选择，只能继续巩固二战带来的地缘政治优势。本书以独特的视角，通过大同盟自身的故事揭示冷战冲突与梦魇的根源。本书的观点很简单：苏联与美国的政治传统与政治文化的内在冲突注定了一切，同盟的破裂不是始于战后，而是在战争还在进行时就已经悄然发生了。

本书讲述的是大同盟如何从底层开始瓦解的故事，聚焦于美苏在现实中唯一并肩作战、共同生活的地方——1944年4月在苏联控制地区建立的三座美国空军基地。美军的战机从英国和意大利起飞，完成对目标的轰炸后，在位于波尔塔瓦地区（今属乌克兰）的基地着陆，再一路执行另外的轰炸任务返回英国和意大利。在欧洲战场的最后几年，美国人和苏联人密切合作。波尔塔瓦的基地不算小，也并非只具有象征意义。数以千计的飞行员、飞机维修师和普通战士参与了穿梭轰炸行动。此外，数万乌克兰民众有机会直接接触到美国空军，并与之建立了紧密的人际关系。因此，本书中的故事将以人为核心，讲述他们的生活、想法和情感。

有关1944—1945年乌克兰空军基地的文献资料相当丰富，美国方面的史料也很充足，学者可以接触到美国档案馆和图书馆中卷帙浩繁的资料。差不多同时期的关于"狂暴"——美国驻欧洲战略空军指挥官给这次穿梭轰炸行动命名的代号——的四卷本官方史书内容完整，每卷都讲述了不同阶段的历史。亚拉巴马州麦克斯韦空军基地的美国空军历史研究署记载的档案，马里兰州美国国家档案和记录管理局关于美军在莫斯科的军事行动的文献资料，美国国会图书馆埃夫里尔·哈里曼档案馆的史料，位于纽约海德公园的罗斯福总统图书馆和博物馆收藏的罗斯福总统的文件，为历史学家以往的研究工作，以及本书对空军基地的历史叙述提供了丰富的史料。[1]

而本书的独特之处在于借鉴了以往无法接触到的部分史料，例如关于苏联国家安全委员会（克格勃）的档案卷宗，其中记载了苏联军队的反间谍行动、秘密警察对美军的监控，以及美军与当地民众、苏联空军的接触等。这些档案卷宗的内容从军事基地的建立开始，一直延续到冷战从初始走向高潮的20世纪40年代末到50年代中期。2013—2014年乌克兰的"尊严革命"引发了一场"档案革命"，包括二战时期反间谍内容在内的克格勃档案史无前例地向公众开放。间谍活动的相关报告，以及克格勃领导者和执行者的回忆录，加起来足有24卷，现在也普遍向学者和公众开放了。正如美国人所怀疑的那样，苏联对盟国也采取了监控手段，旨在掌握他们的动向和态度。

克格勃档案有着其他资料难以匹敌的清晰和细致，描述了苏联对美国军方的态度、波尔塔瓦基地里美苏关系的演变，以及这些"客人"对"主人"态度的转变。总而言之，当我们试图去理解政治、文化和意识形态在促使这对战时盟友并肩作战的过程中发挥了怎样的作用时，美方的军事记录和苏联的报告为研究提供了坚实的基础。美国和苏联都毫不怀疑，正是共同敌人的消失、意识形态的差异、战争的结束，以及美苏在地缘政治方面的不同考量，导致了他们之间关系的恶化。参与其中的美国军人的个人经历也很重要，正是这些经历促使大部分人从亲苏派转变为坚定的反苏人士。早在维系同盟存在的地缘政治因素消失之前，美苏普通士兵世界观和价值观的深刻差异，就已经削弱了大同盟的凝聚力。

当今世界，新冷战之风愈刮愈寒，我们有必要回顾1944—1945年，大同盟是怎样在乌克兰的美军空军基地发挥作用的，有必要向那些竭尽全力促成大同盟的人学习经验。对后世而言，有一条经验是显而易见的：为了战胜共同的敌人，人们可以短暂结盟，可是，倘若盟友对公正的政治秩序、自由和暴政的理解各不相同，就无法建立互信，无法维系长久的同盟关系。

目　录

序　幕 ... 1

第一部分　大同盟 ... 3
第一章　莫斯科使命 ... 5
第二章　斯大林的决断 ... 16
第三章　"狂暴行动" ... 25
第四章　波尔塔瓦 ... 37

第二部分　波尔塔瓦的战斗 ... 49
第五章　软着陆 ... 51
第六章　并肩作战的同志 ... 66
第七章　"间谍之死" ... 84
第八章　乌克兰的"珍珠港" ... 97
第九章　被禁止的爱 ... 114
第十章　风波再起 ... 133

第十一章　华沙沦陷　　　　　　　　　　147

第三部分　奇怪的"小伙伴"　　　161
第十二章　被遗忘在乌克兰的倒霉蛋　　163
第十三章　瞭望塔　　　　　　　　　　177
第十四章　新年舞会　　　　　　　　　190
第十五章　雅尔塔　　　　　　　　　　200
第十六章　战　俘　　　　　　　　　　213
第十七章　破　裂　　　　　　　　　　227
第十八章　最后的阅兵　　　　　　　　240

第四部分　冷战来了！　　　　253
第十九章　战利品　　　　　　　　　　255
第二十章　波尔塔瓦的嫌疑人　　　　　266
第二十一章　猎　巫　　　　　　　　　278
第二十二章　华盛顿的重逢　　　　　　287

后　记　　　　　　　　　　　　　　　301
译名对照表　　　　　　　　　　　　　310
注　释　　　　　　　　　　　　　　　325

序　幕

　　1958年开启的危机，最终促成了柏林墙的修建。这年5月的一天，春意融融，克格勃驻乌克兰的一个机动小组发现了监控对象——一名代号为"旅行者"的男子。此人三十五六岁，中等个头，身形瘦削，脸盘瘦长，高挺的鼻梁上架着一副眼镜，穿着绿色T恤、深灰色长裤，以苏联人的衣着标准来看，衣服相当紧身，这表明他是一个外国人。

　　克格勃从基辅公路的出口处一路尾随着"旅行者"，直到距离基辅30多公里的乌克兰中部城市波尔塔瓦。"旅行者"驾驶的是苏联制的伏尔加牌汽车。一到波尔塔瓦，"旅行者"就对科博思公园、波尔塔瓦战役胜利纪念碑以及当地的博物馆和剧院表现出特别的兴趣。他与普通游客一样到处拍照，但他对波尔塔瓦市中心一座外观普通的住宅的兴趣引起了克格勃的怀疑。在普希金大街28号，"旅行者"叩响了住宅的大门，但无人应答。于是，他走到了后院，向隔壁的一位妇人问了一些事情。监控小组唯一听清的词是"妮娜"。随后那妇人指向院落中的一扇小门，男子过去敲了敲门，依然无人应答，男子便驾车离去了。他在波尔塔瓦的整个行程不足2个小时。克格勃监视小组向上级报告了他们的发现，但他们并不知道"旅行者"的身份，也不清楚他到底要在这座城市干什么。他们唯一能肯定的就是，"旅行者"没有找到他要找的人。[1]

"旅行者"是时年39岁的富兰克林·霍尔兹曼,他曾是一名美国空军的雷达修理师,在1944—1945年的一年多时间里,他都在美国驻乌克兰的空军基地服役。1958年霍尔兹曼在莫斯科和基辅旅行,并决定中途在波尔塔瓦逗留一会儿,因为他曾在那里度过了生命中难忘的八个月,正是这段八个月的经历决定了他未来的职业生涯,使他成为研究苏联经济的学者,写下了一本关于苏联税收的专著。他寻访的女性叫妮娜·阿法纳西耶娃,两人于1944年12月相识,但由于秘密警察的命令,阿法纳西耶娃在1945年的春天便不再与他来往。波尔塔瓦的克格勃在1958年接下来的几个月和1959年的大部分时间里都在寻找阿法纳西耶娃,最后在乌克兰南部城市尼古拉耶夫锁定了她的行踪。克格勃经过调查后发现,没有证据能够证明她试图与霍尔兹曼取得联系,因此她可以继续过普通人的生活。[2]

1958年,霍尔兹曼在苏联旅行之际,二战已经结束了十多年,此时是冷战之弦绷得最紧的时候。昔日的盟友已经成为敌人。霍尔兹曼对克格勃的监控与怀疑一无所知。直到2002年9月,在生命的最后时刻,他仍然对自己在苏联的作战经历心存感念。在马萨诸塞州列克星敦市的家里,他始终保存着那些能让他想起美苏并肩作战的东西——照片、信件、绣花的乌克兰桌布。然而,这位在苏联经济研究领域颇有建树的学者,却始终无法解释自己从军经历中的一些关键性问题,尤其是为什么苏联人一开始会允许美军在他们的领土上建立基地。[3]

第一部分
大同盟

第一章　莫斯科使命

  客人尚未到达，迎宾团已早早赶到了莫斯科的中央机场。这是1943年10月18日的下午，那几天的夜间温度已在0摄氏度左右徘徊，即使按莫斯科的标准也冷得不同寻常。时任苏联外交人民委员的维亚切斯拉夫·莫洛托夫觉得寒意愈加凛冽，他身材健壮，脸盘方正，蓄着墨西哥式的胡须，高挺的鼻梁上架着一副眼镜。和他同样觉得寒冷刺骨的，还有随行的多位副手、仪仗队的官兵和铜管乐队的乐师。尽管机场距离克里姆林宫不足8公里，政府的车队最多只要15分钟就能到达，但莫洛托夫不希望有任何闪失，便早早在机场等候了。此刻，他将要迎接的贵宾是美国国务卿科德尔·赫尔，以及英国外交大臣安东尼·艾登。[1]

  时间还算宽裕，莫洛托夫及随行人员退至苏联即将启用的第一座航站楼内暂避严寒。这座机场是苏联航空业的摇篮，其名"霍登卡"源于1896年5月在庆祝末代沙皇尼古拉二世加冕的活动中，1300多名参与庆典的民众因相互踩踏而丧生于霍登卡广场这一事件。1922年，十月革命过去了5年，苏俄国内战争刚刚结束不久，胜利的布尔什维克开启的第一次国际飞行就是从霍登卡机场出发，飞往柯尼斯堡[①]和柏林。苏俄和德国这两个在一战结束后被国际社会抛弃的国家，在当时共同展望未来，即使两国相去甚远，也无法阻挡彼此的合作。在合作中，两国的关系有机会进一步拉近。17年后，1939年8月，德国的外交部部长约阿希姆·冯·里宾特洛甫选择同样的路线飞往莫斯科，与莫洛托夫签署了《苏德互不侵犯条约》，苏德达成共识，二战随即全面爆发。[2]

依然是这座4年前里宾特洛甫曾降落的机场，莫洛托夫却在此恭候新盟友的到来。为了击败自己昔日的盟友德国，苏联需要得到美国和英国的帮助。希特勒撕毁了他所做的一切承诺，于1941年6月悍然入侵苏联。同年12月，德军一路挥师东进，逼近莫斯科，一度距离这座机场不过几十公里。不过，在盟友的帮助下，苏军成功击退了德军对莫斯科的进攻。依据罗斯福总统签订的《租借法案》，美国开始向苏联输送物资。在美国的援助下，苏军于1943年2月在斯大林格勒[②]再次击败了德军。战局转而对苏联有利。

但谈胜利为时尚早。1943年10月，苏军仍然在乌克兰中部与德军展开厮杀，试图攻下希特勒的"东墙"——德军沿着第聂伯河构筑的防线。第聂伯河是一道让人生畏的天堑，某些河段的河宽可达700米。尼古拉·果戈理在讲述哥萨克人的小说《塔拉斯·布尔巴》中写道："即使鸟儿也很少能在第聂伯河中央飞翔。"这绝非

[①] 加里宁格勒的旧称。
[②] 现称伏尔加格勒。

危言耸听。下第聂伯河战役①始于1943年8月，战斗持续至同年初冬，共有35万官兵阵亡，伤亡总数近150万。胜利的代价如此巨大，苏军很快就将无兵可用，苏联领导人需要美国人的援助。

1942年5月，莫洛托夫先去了伦敦，又赶往华盛顿，推动英美与苏联联手在西欧开辟第二战场。罗斯福承诺会提供帮助，但英国人却在"拖后腿"。1943年7月，同盟国在西西里岛沿岸登陆，军事行动不是在西欧而是在南欧拉开了序幕——这是一项由英国支持的计划，可以借此打通地中海至印度的通道。9月初，盟军在意大利本土作战，但是斯大林并不开心。因为德国不需要从东线撤走一兵一卒，就能守住亚平宁半岛。在苏联人看来，这算不上"第二战场"，盟军只有在法国登陆才能迫使德军从东线撤兵，苏联人希望这一切越快实现越好。同时，苏联还需要借助《租借法案》得到持续的军备援助，包括只有美国才能生产的新式战机，他们希望赫尔能帮助苏联达成上述两个愿望。³

莫洛托夫及其随行人员很快就在天空中看见美国力量及其先进技术的完美化身。下午4点刚过，三架银色的巨型道格拉斯C-54"空中霸王"战略运输机出现在霍登卡机场上空，它们开始盘旋降落，机身在秋日最后一缕夕阳的映衬下熠熠生辉。

苏联人希望把"空中霸王"也列为《租借法案》允许提供的军

---

① 下第聂伯河战役是第二次世界大战东线战场一次大规模的军事行动，双方投入兵力近400万，战线长达1400公里。在4个月的军事行动期间，苏联五个方面军从德军手中解放第聂伯河东岸，进行了数次渡河攻击且在西岸建立数个桥头堡。

备之一，但美国人却迟迟未能决定是否该把这款刚刚服役一年的最新式飞机交给苏军。美国在太平洋战场和即将开辟的欧洲战场中都需要它。"空中霸王"是四引擎飞机，机身长约28米，翼展约35米，能以每小时350公里的航速，在6700米的海拔高度长途飞行6400多公里。在仅有4名机组人员的情况下，可以运输50名士兵。道格拉斯C-54最初是作为民用飞机设计的，后来转向了军事用途，所以这类飞机可以重新改装。事实上，它曾充当过美国领导人和军事指挥官的"空中司令部"。1943年1月，罗斯福总统正是乘坐C-54总统专机（这架专机全副武装，被民间称为"圣牛号"）飞往卡萨布兰卡与英国首相丘吉尔进行会谈的。会谈的结果让斯大林颇为满意：两大西方盟国决定要一直打到德国彻底战败或无条件投降为止。[4]

赫尔及其随行人员在飞往莫斯科的长途旅行中，需要"空中霸王"提供贵宾服务。他们10月7日从华盛顿出发，先飞往波多黎各，随后经海路到达卡萨布兰卡。然后，他们登上了飞越大西洋前来接他们的专机，机上未带行李，紧接着先后飞往阿尔及尔、开罗、德黑兰，最后到达了莫斯科。赫尔不久前刚满72岁，身体状况明显不佳，并不喜欢长途旅行。医生担心海拔2400米以上的飞行可能诱发赫尔的心脏病，于是安排了一名海军医生随行，必要时就给他吸氧。莫斯科之旅势在必行，这位国务卿决心已下。

赫尔团队中的二号人物就是新上任的美国驻苏联大使威廉·埃夫里尔·哈里曼。这位精瘦挺拔的纽约人即将迎来自己的52岁生日，不过他看上去要比实际年龄更为年轻。和蔼的脸庞，高大魁梧的身材，再加上阳光明媚的笑容，不仅使他有很好的女人缘，还为

第一章 莫斯科使命

他赢得了"交易达人"的名声。和罗斯福政府的许多官员一样，哈里曼也是商人出身。哈里曼在自己的朋友——罗斯福的助手哈里·霍普金斯的帮助下，于1941年春加入了罗斯福政府。罗斯福需要有商业经验的人帮他管理同英国达成的《租借法案》。作为总统派驻欧洲的特别代表，哈里曼前往伦敦，负责管理一个高达10亿美元、旨在确保美国向英国提供援助物资的项目，同时他还要保证该项目在对德作战期间发挥应有的作用。1941年9月，他从伦敦飞往莫斯科，同斯大林就《租借法案》适用于苏联的有关事宜进行谈判。1943年10月，罗斯福任命哈里曼出任美国驻苏联大使。

罗斯福希望哈里曼前往莫斯科，向斯大林进一步表达美方的善意，在即将开辟第二战场之际，竭力促成美苏结成更加紧密的军事同盟。哈里曼还有一项重要使命，便是与苏联就东线战局展开磋商，尤其是苏联基于《苏德互不侵犯条约》可能占领波罗的海国家、波兰和罗马尼亚领土的问题。罗斯福希望苏联人出于美、英、苏三方合作前景的考虑，可以适度克制野心。在苏联与西方国家展开谈判之机，罗斯福准备向斯大林提出一系列保证，具体包括保证苏联可在签订国际条约后使用波罗的海港口，保证向饱受战争蹂躏的苏联提供资金和技术援助。[5]

在离开华盛顿飞往伦敦和莫斯科之前，罗斯福曾许诺哈里曼可以参与和美苏关系有关的任何工作，自然也包括双方的军事合作。如此一来，哈里曼不仅自己得偿所愿，还有权选择军事行动的指挥官。美国陆军参谋长乔治·马歇尔同意将哈里曼两个提名人选中的一人派往莫斯科，即担任英美参谋长联席会议秘书、时年47岁的约翰·拉塞尔·迪安少将，他年富力强，在华盛顿备受尊重。迪安将军（他的朋友常称他为"鲁斯"）和哈里曼、赫尔乘坐同一架飞机飞往莫斯科。迪安后来写下了他当时的心情："我既迫切，又满怀期待，一路上信心满满，心情舒畅。"迪安和哈里曼一样，相信自己能和苏联人友好相处，毕竟对苏联来说，和美国人搞好关系同样有利。一想到可以把自己在华盛顿的秘书工作抛在一旁，独立发号施令，迪安就心情舒爽。此外，他也乐于和自己一向敬重仰慕的哈里曼一起工作。[6]

如果说在哈里曼看来，就如何处理战后欧洲事宜与苏方展开谈判是他在莫斯科的首要任务，那么迪安的主要目标就是促成美苏加强合作，一举击败德军。此时，距离盟军在诺曼底登陆、开辟第二战场的军事行动还有几个月，正是和苏联迅速展开合作的合适时机。在动身前往莫斯科前，哈里曼和迪安都曾与美国陆军航空部队司令亨利·哈里·阿诺德接触过，并参与了同英国皇家空军联合发动的对德军及其欧洲盟友的空袭行动。美国空军飞行员从英国基地起飞，轰炸德国之后再返回英国。阿诺德希望哈里曼和迪安能说服苏联，允许美军在苏控地区建立军事基地。如此一来，美军轰炸机在德军防线内的航程将大大延长，它们可以从英国起飞，在苏联着陆，数日后带着新的弹药补给重新返航。这样，美军不仅可以一举摧毁德国在东欧境内的工业目标，还能削弱德军在东线的防御能力。

这听起来似乎是双赢的建议。迪安回忆："阿诺德的想法让哈里曼和我兴奋不已，我们去苏联时觉得一切十拿九稳，凭着这些明面上的好处，我们就能达成他的心愿。"他们认为，如果军事基地可以设在东线战场的苏联一侧，就能为将来在远东地区开辟新基地打下基础。美军的指挥官不仅希望苏联能加入远东战场,还期望利用这些空军基地对日本本土展开空袭。尽管迪安本人并未加入空军,但他时常以英美参谋长联席会议秘书的身份跟阿诺德以及美国驻欧空军打交道,所以,他急切地把设立空军基地一事作为他此次莫斯科之行的首要任务。在从美国启程前往中东和苏联的路途中,迪安在伦敦稍作停留,视察了负责轰炸欧洲境内德军的美国第8航空队。同时,他会见了部队指挥官,收集了在欧洲实施战略轰炸成果的相关资料,还拿到了一份清单,清单上列举了美国飞行员只有获得苏联的着陆许可才能打击到的东欧军事目标。带着这项量身定制的"专属"任务,迪安对自己即将开启的莫斯科之行满怀期待。[7]

"空中霸王"千里迢迢从德黑兰飞往莫斯科,彰显出美苏空军希望展开合作的意愿。在德黑兰,苏联人让自己的无线电通信员和领航员加入美方机组团队,以此确保飞机不会在苏联空域内迷失航向或被误认为敌机。然而,即使双方诚意满满,实际合作的机会却仍然渺茫。哈里曼大使的女儿凯瑟琳此次与父亲同行,她在给妹妹玛丽的信中写道:"刚起飞不久,我就收到了赫尔的飞行员发来的消息,说'很乐意让我到驾驶舱去'。"当凯瑟琳来到"空中霸王"的驾驶舱时,发现美苏双方的飞行员正在争吵。苏联飞行员坚持在高海拔飞行,而美方飞行员拒不同意,理由是医生禁止赫尔在海拔2400米以上飞行。正如凯瑟琳在给玛丽的信中所写的,问题的症结是"无人会讲双方都能听懂的语言"。凯瑟琳同样不会,但美国飞行员还是让她站到中间,一位年轻姑娘的出现让双方都冷静了下来。

凯瑟琳·哈里曼（她的朋友和家人通常叫她"凯西"）自 1941 年 5 月起就与她的父亲一起在伦敦工作，她最初在国际新闻社工作，随后就职于《新闻周刊》。作为一位马术爱好者，26 岁的凯瑟琳是一位身材高挑的运动达人，灿烂的笑容和开朗的性格让她很受男士欢迎。和病殃殃的赫尔不同，凯瑟琳正翘首期盼着属于自己的莫斯科探险之旅。在莫斯科的这段时间，她将会学习俄语，还将成为美国驻苏联大使馆的女主人，并协助平息美苏外交官及军方人士之间的多次冲突，有女士在的场合，男士往往会表现出更大的克制力。在飞往莫斯科的旅途中，凯瑟琳已经发现了自己的天赋。她在给妹妹的信中写道："就在我们即将抵达斯大林格勒时，所有的紧张和不安消失了，对方用手语告诉我们——斯大林格勒战役就是为我们而战的。等到达莫斯科时，双方已经成了可靠的伙伴。"[8]

令美国飞行员难以置信的是，苏联领航员正操纵着飞机沿着河流和道路低空飞行，直奔目的地而去，飞机在莫斯科中央机场着陆前，甚至飞越了克里姆林宫。迪安后来写道："从机身的窗口望去，我能看见被战火熏黑的克里姆林宫穹顶、波光粼粼的莫斯科河、红场、圣巴西尔大教堂，还有仪仗队军士手中耀眼的刺刀，他们正列队于下方的广场上，代表苏联向我们伟大的国务卿科德尔·赫尔致敬。"在机场盘旋数圈，锁定降落的跑道后，"空中霸王"完成了此行的最后一段航程，从华盛顿到莫斯科的漫漫旅程终于结束了。[9]

迪安发现莫洛托夫、迎宾团成员及其随从"都因刺骨的严寒冻得脸色乌紫"，他们欢迎美方代表的到来，显然也为他们自己感到

第一章 莫斯科使命

高兴——终于不用继续守在冰天雪地里了。

莫洛托夫和赫尔一行检阅了仪仗队,乐队演奏了苏联国歌——《国际歌》,一首欧洲社会主义运动的赞歌,歌词听起来对资本主义世界不怎么友好,俄文版歌词掷地有声——"我们将摧毁这暴力世界直到根基,然后我们将建立我们的新世界"。随后乐队又演奏了美国国歌——《星条旗》,歌词是"'我们信赖上帝。'此语永矢不忘"。为避免外交尴尬,两首国歌皆未有人演唱。迪安觉得"尽管稍有陌生感",但苏联人演奏美国国歌的水平很不错。[10]

在降落跑道边恭迎美国客人的,还有英国外交大臣艾登带领的英国代表团一行,他们是为了此次谈判专程来到莫斯科的。此时此刻,气氛庄重。莫洛托夫走向话筒,表达对盟友的欢迎。随后,赫尔与艾登也简短地做了答谢,赫尔表示,这一切让他"对莫斯科之行特别满意,共同的事业将这个国家与我们国家联合在一起"。当天晚些时候,赫尔、艾登和莫洛托夫在各自代表团成员的陪同下,来到了莫洛托夫在克里姆林宫的办公室,他们要明确彼此共同的事业,要商讨如何实现它。他们决定发布一份简要的公报,同时列出参与此次莫斯科之行的英美官员和前往机场迎接他们的苏联官员的名单,不过媒体并未对外公布他们此行的目的。[11]

考虑到战时的特殊情况,这么做不仅是为了保密,也是为了限制公众对未来谈判结果的解读。同盟国的高级外交官前往莫斯科是为了参加关于战后世界秩序的第一次部长级会晤,也就是后来为公众所知的"莫斯科会议"。参会者们雄心勃勃,但无人知晓三大盟国构想的未来图景是否一致。从1943年10月19日至10月30日的12天内,三位部长将展开系列会谈,讨论创立联合国和欧洲顾问委员会，以借此处理欧洲获得解放的国家和领土的相关事务。他们还讨论了消灭意大利的法西斯主义、奥地利重新独立和起诉二战战犯等议题。这一切只是在战后世界组织中寻求共同立场的漫漫长路的开端。前路困难重重，但希望的风帆高高飘扬。[12]

随着美苏合作步入新阶段，哈里曼和迪安相信合作前景一片光明。哈里曼在10月21日与苏联外交人民委员莫洛托夫会谈时，声称自己是"以朋友的身份"来到苏联。他表达了自己的希望——有一天他们俩能同乘哈里曼的高速飞机到处转转。哈里曼在伦敦时已经和丘吉尔走得很近，如今，他试图在莫斯科广交朋友，尤其要和莫洛托夫建立起良好的个人关系。哈里曼的父亲是铁路大亨，他本人亦富可敌国。因此，他经常邀请政界朋友享受自己的富裕生活，一起吃饭、骑马、开快车兜风、坐飞机游览，以此增进彼此的情感，在西方社会，这些招数不论在政界还是商界皆屡试不爽。如今在莫斯科，哈里曼故技重施，主动示好，也期待对方投桃报李。[13]

没过多久，哈里曼父女就对苏联和苏联人民产生了好感。"现在，我开始意识到，不论是以往苏联公报中提到的冷冰冰的英雄行为，还是大量伤亡和失踪人员名单，在这里都意味着活生生的朋友和家庭，"凯西在11月5日给玛丽的信中写道，"尽管他们接受的教育是'国家利益至上'，可当你真正接触到这些苏联人后，你会发现他们同样是鲜活的个体，幽默风趣，政府也乐见于此。因而，每当新的捷报传来时，大家就会燃放烟花，给被炸毁的大楼增添一抹亮色。"[14]

美国团队带着热忱与决心来到苏联，希望将美苏关系推向一个新的阶段，不仅包括同盟国领导人之间的会晤，还包括美苏军队展开的直接军事合作。对于身负合作使命的迪安将军来说，他同别人一样渴望成功。他相信只要卸下表面的伪装，直面彼此共通的人性，必能得偿所愿。

第二章　斯大林的决断

1943年10月30日夜，在莫斯科会议的闭幕晚宴上，迪安将军第一次见到了约瑟夫·维萨里奥诺维奇·斯大林，让迪安深感惊讶的不仅是斯大林矮小的个子和铁灰色的头发，还有"那张满是皱纹、面色灰黄的脸庞上流露出的善意"。斯大林一身戎装，肩上别着苏联元帅的肩章，这是他在1943年3月苏联红军取得斯大林格勒保卫战的胜利后刚被授予的军衔。他在屋内走来走去，频频向苏方人员和英美代表团成员表示问候，房间里的近60人都和他打了招呼。"他总是弓着腰，很少直视别人的眼睛，也不说什么话。"[1]

当晚，迪安不仅和斯大林握了手，还和他喝了一杯。迪安发现这顿晚宴"妙不可言"，莫洛托夫拉开了大家争相敬酒的序幕，他举杯庆祝苏英美三国的伟大友谊，迪安知道这仅仅是开始，他已经做好了当晚大醉一场的准备。哈里曼和他刚到莫斯科时，美国驻苏联大使馆的人就告诉他们，赢得苏联人尊敬的唯一方法就是把他们喝趴下。同样在莫斯科参加了多场宴会的凯西在给妹妹玛丽的信中写道："想在敬酒干杯时作假，那可难啦！因为你最后必须把杯子倒扣在桌上，按照苏联的风俗，每一滴剩下的酒都代表着你想要给对方招来的霉运。"

几天后，在莫洛托夫为纪念十月革命胜利日而举行的盛大晚宴上，哈里曼做了一件让自己团队成员心情舒爽又无比自豪的事——他不仅比苏联的"主人们"能喝，还一举"拿下"了英国大使阿基鲍尔德·克拉克·科尔爵士。据凯西所言："科尔爵士艰难地站起来敬酒，他想用手撑着桌子来稳住自己，却扑了个空，一头栽倒在莫洛托夫的脚旁，带倒了一大堆盘子和杯子，哗啦啦全砸到了他的身上。"不过，哈里曼父女俩第二天的宿醉反应都很严重，毕竟前一天一饮而尽的可不是葡萄酒，而是满杯的伏特加。然而，前夜发生的事让他们的美国同胞很是引以为荣。凯西在信中写道："美国人都特别开心。"[2]

迪安在第一次参加会议晚宴时就已经融入这种酒桌文化了，他知道早晚会轮到自己敬酒。他事后回忆，自己"绞尽脑汁，只为想出一些俏皮话"。迪安起身后表示，他很荣幸担任美国赴莫斯科军事使团团长，作为一支先锋队，使团代表着千百万和苏联盟友携手作战的美国人。苏联人在这次会议上唯一想得到的就是关于英美开辟第二战场的承诺，他们很乐意听见美国将军这么说。迪安随后讲了一句绝妙的祝酒词：祝愿有朝一日英美先遣部队可以和苏联红军在柏林的大街上会师。具有讽刺意味的是，迪安所预言的柏林会师在若干年后却导致了德国首都的分裂，不过在当时，没人觉得三个大国会师柏林能惹来什么麻烦。

这句祝酒词大获成功，每个人都一饮而尽，但让迪安感到诧异的是，大家竟然一直站在那里没坐下。这时，旁边有人碰了碰他的胳膊，迪安转过头，这才明白是怎么回事。站在迪安身旁的是端着酒杯的斯大林。这位苏联领导人听完祝酒词后，离开了自己的座位，沿着桌子走过来，他不算魁梧的身躯在众人的遮蔽下显得不太起眼。迪安和斯大林又各自倒了酒一饮而尽，不过迪安喝的是伏特加，斯大林喝的可能是平日常饮的红酒。他时常会用水将自己的酒稀释一些，让客人喝醉，趁机听听他们在喝得烂醉如泥时会有什么"肺腑之言"，这是斯大林的老把戏。比起外国客人，这一招更多时候被他用来试探自己人。[3]

对迪安而言，会议晚宴在高潮中圆满结束。据赫尔评价，迪安的祝酒词在晚宴上"抢了风头"。赫尔对于在此次莫斯科会议最重要的议程——允许美军在苏占区设立空军基地这件事上取得的进展感到乐观。

就职于参谋长联席会议的迪安深知，英美的欧洲空中军事行动进展相当糟糕。直到1943年秋，粉碎纳粹德国空军，为1944年攻入法国做好准备的目标还远未实现。德国空军的负隅顽抗，使得英美盟军轰炸德国目标时付出了更大的代价。同样造成困扰的还有难以压制的德国防空系统。

1943年，英国皇家空军损失了约2700架轰炸机，它们要么被击落，要么损毁。仅1943年11月至1944年3月期间对柏林的空袭，就让英国损失了1128架飞机。美军的损失同样惊人。仅在1943年10月（迪安抵达莫斯科的当月）的第二周，美国第8航空队就损失了148架轰炸机。其中，10月14日那天的轰炸机损失比率为20.7%，受损比率达47.4%。在没有战斗机掩护的情况下，深

第二章 斯大林的决断

入德国境内的轰炸所付出的代价高得惊人，而像 P-51"野马"这样的战斗机根本没办法到达东欧，因为它们的油箱无法携带足够多的油料。

阿诺德相信自己找到了一个解决德国空军的办法——穿梭轰炸。轰炸机从英国和意大利的空军基地起飞，越过德占区，降落在苏占区的基地，而不必在尚未到达德国东部和东欧的飞机制造厂、机场前就无功而返。除了可以对之前无法打击的目标实施轰炸以外，这么做还能分散德国空军的兵力，迫使其两线作战。不具备远距离飞行能力的苏联人无法在苏军地面战区以外的地区袭扰德军，因此，他们同样是受益者。美国轰炸机可以对苏联指挥官选定的目标实施轰炸。这也是为什么阿诺德坚持将穿梭轰炸行动作为迪安这次莫斯科之行的首要任务。[4]

迪安愿意为此效劳，然而，莫斯科会议刚开始他就意识到，苏联人唯一想要讨论的问题就是何时开辟第二战场。他们要确认之前同盟国做出的承诺是否依然有效，也就是 1942 年 6 月罗斯福向莫洛托夫做出的尽快在欧洲登陆的承诺。丘吉尔的军事顾问——中将黑斯廷斯·伊斯梅爵士和迪安竭尽全力让苏联人相信，第二战场将在 1944 年开辟。迪安趁着这个有利时机，赶紧把话题引向自己最在意的提案——在苏占区建立美国空军基地。他准备立刻开辟自己的"第二战场"。[5]

据迪安事后回忆，他在会议第一天就提出的这项建议"犹如晴天霹雳，让苏联代表瞠目结舌"。作为回应，莫洛托夫采取了拖延策略，表示同意考虑这个提案。该提案还包括阿诺德将军的两项补充提议：第一，在美国和苏联空军中更好地实现气象信息交换；第

- 19 -

二，加强两国的空中通信。莫洛托夫承诺将在适当的时候给予迪安和他的美国同事反馈。据迪安回忆，通过这次交流，他学到了和苏联官员打交道的第一课："在苏联，没有任何一名下级官员能在尚未向上级领导——通常就是斯大林本人——请示的情况下，擅自就涉外问题做出决定。"[6]

两天后，这位苏联外交人民委员才告诉参会者，自己支持这项提议。事实上，莫洛托夫对于在苏占区内设立西方基地感到担忧。苏联人对外国势力存在的忧虑可以追溯至17世纪初，当时，波兰人和乌克兰哥萨克人组成的军队占领了莫斯科，并对俄国大部分地区进行了劫掠。但更多的还是新近的原因，苏联领导人的观念深深植根于他们经历的革命和内战。1918年，包括英、法、美远征军在内的外国干涉武装曾经在巴伦支海岸边的摩尔曼斯克、黑海岸边的敖德萨、位于里海油田中央的巴库以及远东的符拉迪沃斯托克（海参崴）登陆苏俄，支持反布尔什维克势力。这些干涉武装直到1920年才撤走。雪上加霜的是，美国的军事干预正是在罗斯福担任海军部助理部长时发生的，而推动英方行动的不是别人，正是先任军需大臣（1917—1919年）后任陆军大臣（1919—1921年）的丘吉尔。

"资本主义者嘛，我对他们很了解，但丘吉尔是他们中最强悍、最聪明的，当然也是百分之百的帝国主义者。"在20世纪70年代，莫洛托夫对一位与他私交甚好的采访者讲述了丘吉尔的帝国主义行径。1918—1920年，莫洛托夫曾组织乌克兰的布尔什维克抵抗那里的众多敌人，包括在敖德萨的法国远征军。"他说：'让我们在摩尔曼斯克建一座机场吧,因为你们身处困境。''是的,现在我们处境艰难,所以还是把你们的部队派往前线吧,我们自己会守卫摩尔曼斯克。'我们是这么回答的。丘吉尔后来退缩了。"在莫洛托夫的回忆中,美国人提出在远东地区修建空军基地的建议无异于劫掠土地,他说道:"罗斯福是想占据一部分苏联领土,并不是为了打仗。战后苏联想要收回这些基地的领土就没那么容易了。"[7]

然而,到了1943年10月,斯大林和莫洛托夫不得不就美方关于设立空军基地的提议做出决断。苏军已开始抢渡第聂伯河,苏联比之前更安全了。但是,苏联领导人希望能从西方盟友那里得到几样东西,随着会谈的推进,他们提出了自己的愿望清单:第一,开辟第二战场;第二,土耳其对德宣战,以此引开苏联前线的德军;第三,瑞典允许在其领土上设立苏联空军基地。他们希望继续协商设立盟军空军基地一事,并以此为筹码,去得到他们真正想从美国人那里得到的东西。

1943年10月21日,就在迪安提出建议的两天后,莫洛托夫告诉美国代表团,苏联政府"原则上同意"在其境内设立美国空军基地的建议,至于加强两国气象信息和空中通信交流的内容也一并通过。赫尔向莫洛托夫致谢后,考虑到事情已经办妥,就留下迪安和苏联将领去商量具体细节。"我当然欣喜若狂,到苏联还不到一周的时间,三个主要目标都达成了,参谋长联席会议怎么可能不为我感到骄傲呢?"迪安回忆时说道。[8]

10月26日,应迪安的要求,华盛顿发来电报,就基地相关的具体问题给予了答复。"据估算,我们需要建立约10个基地,这样布局是为了让重型轰炸机从'金叔叔'(英国)和意大利起飞后,实现最佳的穿梭轰炸效果，重创目标，同时在返回英国和意大利前找到合适的地点，袭击必要的目标。"英美参谋长联席会议希望苏联提供燃油、弹药和住所，目的是让驻扎在上述空军基地的美国（代号为"糖叔叔"）士兵的数量可以减至最少。这份电报篇幅很长且详尽。参谋长联席会议很认真，并且假定双方已开始合作。[9]

此外，被莫洛托夫的答复所鼓舞的迪安也很认真。"我很少有一连几天不在电话旁的时候，每次因外出无法接电话时，我总是一回去就问苏联参谋总部的官员有没有打电话给我，有没有说要讨论穿梭轰炸的细节问题。"迪安回忆道。可是既没人打电话给他，也没人找他。正如他事后所写的那样，"苏联人所说的'原则上同意'其实什么都不算"。他决定把事情的主动权掌握在自己手中，在会议的最终协议里，他坚持记录他的要求及莫洛托夫"原则上同意"的态度，而莫洛托夫拒绝了，声称在会谈中并未讨论该提议，该提议也不属于协议内容。迪安坚持在协议中加上讨论空军基地的内容。但这么做毫无成效，苏联人拒不合作。[10]

1943年11月29日，事情最终在德黑兰有了突破。彼时，罗斯福在和斯大林的会谈中提到了空军基地一事，斯大林同意对此进行探讨。12月26日，莫洛托夫在给哈里曼的备忘录中声明，苏联政府不反对美方提出的设立空军基地的提议，并会指派苏联空军指挥官与美国代表展开初步合作。对此，哈里曼和迪安持谨慎乐观的态度。12月27日，迪安在发给参谋长联席会议的电报中写道："尽管在这些协议中，苏联政府只触及了表面问题，尽管协议还在协商阶段，但我认为这表明了苏联人态度的转变，表明他们会进一步敞开合作的大门。"[11]

合作的大门虽然敞开了,但门上的铰链依然锈迹斑斑。华盛顿的阿诺德将军对让美国轰炸机登陆苏联一事已经不抱希望了。在哈里曼和莫洛托夫会面的一个月后,也就是1944年1月29日,阿诺德将美国第8航空队指挥官兼美国驻欧战略空军司令卡尔·安德鲁·斯帕茨发给自己的电报转发给了迪安。在这封电报中,针对穿梭轰炸问题,斯帕茨表示他们可以先派遣120架轰炸机。更重要的是,斯帕茨认为,在没有美军驻苏基地的情况下,穿梭轰炸同样可以实施,只要把美国人派到苏联的空军基地,协助苏联飞机技师完成任务。这说明美方立场已经较先前有了明显改变。阿诺德把这份电报转发给迪安,似乎表明美方仍希望在苏联获得登陆权,但已经不再强求设立基地了。[12]

这份电报促使哈里曼立刻采取了行动。1月30日,他请求与斯大林会面,请他进一步考虑罗斯福所提的军事基地一事。就在此时,克里姆林宫悄然变化,哈里曼受邀前往斯大林办公室,商讨阿诺德已不抱希望的空军基地问题。2月2日晚上6点,会谈开始,莫洛托夫也在场。根据美国保存的会议备忘录,哈里曼开门见山,从罗斯福的请求谈到了穿梭轰炸的必要性:"这么做可以使盟军更深入德国腹地。"听了哈里曼的陈述后,斯大林终于表示同意。他告诉美国大使,苏联政府赞成此项建议,比起莫洛托夫的"原则上同意"和"不反对"的表态,这可是有了明显的进展。斯大林建议最初可派遣150—200架战机,他将提供两座机场用于侦察机的起降,并提议在苏联东线的北部和南部地区各提供三个空军基地,专为轰炸机服务。[13]

哈里曼和迪安几乎不敢相信这一切。斯帕茨和阿诺德本来已经放弃了，斯大林的态度却出乎意料地转变，全力支持该计划。"我永远无法忘记那天晚上，当哈里曼结束了与斯大林的会谈后特地跑来告诉我这个好消息时，我们是何等欣喜若狂。"迪安回忆道。他在给参谋长联席会议的电报开头写道："斯大林元帅今夜告知大使，他同意穿梭轰炸计划。"电报随后讨论了下一步的行动细则，包括为随后即将从伦敦进入莫斯科的军官派发入境苏联的签证等。这则好消息在华盛顿引起了轰动。阿诺德把陆军司令乔治·卡特莱特·马歇尔亲自发来的祝贺信转给了迪安。电文如下："显然，阁下在谈判中持重镇定，能力卓越，特此嘉贺。"哈里曼也收到了白宫发来的祝贺信。[14]

无人知晓这究竟是为什么，究竟是谁让斯大林克服了对外部干涉的担忧，最终就空军基地问题做出了让步。是他最终被说服了，相信美国人真的打算开辟第二战场；还是他希望给予美国人想要的东西，以此保证第二战场的开辟？对于身处莫斯科的美国外交官而言，这些都不重要了。"谁说苏联人一向不配合？谁说我们不能一起共事？"迪安写道。此时，他不禁想起了在美国驻苏联大使馆——那幢被称为"斯帕索大宅"的房子里满是欢喜的日子。"我们需要坦诚的态度、互相理解和坚持不懈的努力，哈里曼和我的所作所为堪称表率。"迪安的乐观似乎得到了验证。美国人和苏联人可以共事，正如斯大林在会谈中对哈里曼所说的那样，他们不仅在不同战线协调彼此的军事行动，还联手制订并执行了行动计划，"让德国人感受到同盟国打来的组合拳"。未来看上去重现光明。[15]

第三章 "狂暴行动"

斯大林没有食言。在哈里曼得到同意答复后的第三天,也就是1944年2月5日,莫洛托夫召集苏联空军指挥官开会,同时邀请哈里曼和迪安参会。苏方的指挥官代表是空军总司令亚历山大·亚历山德罗维奇·诺维科夫①及他的副手、负责组建新的空军部队的阿列克谢·尼基丁上将,迪安将诺维科夫称为"红色空军的阿诺德将军"。

1900年出生的诺维科夫和尼基丁都属于苏联空军在苏德交锋初期遭遇惨败后新一批的指挥官。当时,巴巴罗萨行动②仅仅展开数周,苏联就损失了近一半的战机,也就是全部9500架飞机中的近4000架。许多飞机在机场就被炸毁,都没机会加入空战。诺维

---

① 1944年2月21日被授予"空军主帅"军衔。
② 又称为巴巴罗萨计划,是纳粹德国在第二次世界大战中发起的侵苏行动的代号。行动发生于1941年6月22日至1942年1月苏联及东欧地区,该计划由时任德国陆军总参谋部第1军需部部长保卢斯起草和指导,原名为"奥托计划",后于1940年12月改为"巴巴罗萨计划"。

科夫在1942年被提拔为空军司令，重整陷入困境的空军。在尼基丁的协助下，诺维科夫利用凭借《租借法案》得到的"空中眼镜蛇"和"空中霸王"等战机，成功地将苏联空军打造成高效的战斗机器。尽管他们还没掌握战略轰炸的原理，也没打算进行战略轰炸，但苏联战士和轰炸机飞行员的出色表现有力支援了苏联前线。尽管最初面临严峻挑战，但是到了1943年年底，苏军已从德国手中夺回了制空权。[1]

这两位苏联空军指挥官和他们的政治领袖不同，他们迫切希望与美军展开合作。在当夜发给华盛顿的电报中，迪安向阿诺德和斯帕茨将军建议："他们均认为美方代表应尽快赶到这里，而且美方代表被允许从英国直接飞往莫斯科。"皮球被踢给了美国，尤其是踢给了斯帕茨，因为他是美国战略空军驻欧总司令，管辖部队包括驻扎在英国的第8航空队和驻扎在意大利的第15航空队。一旦空军基地在苏占区内真正建立起来，这两支航空队都要加入穿梭轰炸行动。斯帕茨不需要别人提醒也知道这些。1944年2月6日，也就是迪安与苏联指挥官见面后的第二天，斯帕茨就任命约翰·格里夫斯上校为穿梭轰炸行动的指挥官，行动代号为"棒球"。美国人准备打一场自己钟爱的"全民运动"，他们可以击球跑垒得分，但需要苏联人提供场地①。[2]

但是如果要在盟军攻入欧洲前建好基地，美国人就不得不抓紧时间。这是一项需要周密谋划的艰巨任务，包括组建全新的空军来

---

① 原文中是"base"，既可以指棒球中的"垒"，也可以指"基地"。这里是一个双关语。

运营基地,将成百上千的军人及数以万吨重的装备、补给、弹药运至苏联腹地等。迪安与美国空军必须同时间赛跑。苏联人设起了栏架,跑垒变成了障碍赛,人人都在猜测美国队能不能准时就位。

阿尔伯特·莱宝斯基是一名城市规划师,也是来自芝加哥的前大学教授,被任命为此次行动的策划团队成员。他用棒球术语来阐述行动的总体目标,认为比赛的关键是让主队相信客队打得不错,能跟主队一较高下,从而同意客队在他们所有的球场打球。莱宝斯基希望能在苏联西部地区甚至远东地区都建立基地,远东地区的基地能有利于美军对日军展开登岛作战。

不过,那是以后的事了。穿梭轰炸迫在眉睫,其直接目标是打败德国空军,为盟军登陆欧洲做准备。因此,德国的机场、飞机制造厂、炼油厂是此轮打击的首要目标。第二项任务是分散德国兵力,通过在东部地区开辟第二战场,来转移德军空军对西欧的注意力。当然,开辟第二战场任重道远,因为当时苏联的战略空军部队尚在初创阶段,苏联指挥官对战略轰炸的效果仍然存疑。[3]

格里夫斯上校貌似是理想的涉苏行动指挥官。他是西雅图人,一战期间他在英国远征军服役时,成长为一名出色的"空中雄鹰"。作为英国皇家飞行队成员,他曾在十月革命和苏俄内战期间被派往苏俄北部。当时,他是布尔什维克的敌人,现在上级要求他与布尔什维克并肩作战。暂且不论他本人的政治好恶,更重要的是,格里夫斯是一位效率极高的军人。在仅仅被任命10天后,他和他的手下就制订了一份详细的作战计划,包括每月要执行的4项任务,每项任务需要出动200架轰炸机。

1944年2月28日，在途经开罗和德黑兰耗时一周的飞行后，格里夫斯抵达莫斯科，坐到了尼基丁的身边，与他商讨各项行动细则。迪安陪同格里夫斯来到尼基丁的办公室，请求苏联将离战场中心较近、尽可能靠西的机场给他们——从英国和意大利起飞的轰炸机所需飞行的距离越短越好。尼基丁不太愿意把靠近前线的苏联机场给美国人，他表示许多机场已被摧毁了，于是提出把基地设在位于乌克兰中部、苏联南部和相对远离前线的机场。[4] 迪安别无选择，只能接受这些提议。他建议第二天就去考察机场。根据美方的会议备忘录，尼基丁答应"好好安排"此事。美苏合作，开局顺利。

格里夫斯及其团队已准备好飞往基地。但是一天过去了，尼基丁什么也没说，第二天、第三天依然如此。格里夫斯变得越来越急躁不安，他只有三周时间来准备穿梭轰炸行动的启动，赶到莫斯科就花了一周，而到达后的第一周，他唯一做的事就是和苏联空军指挥官举行了一次会谈。迪安试图安抚格里夫斯以及同样焦躁的副官阿尔弗雷德·凯斯勒上校。"他们习惯和英国佬打交道，英国佬至少是能说道一番的，但他们却没办法去找苏联人发泄怒气，不过他们能向我撒气。所以，我把大部分时间都花在安抚他们上。"迪安在回忆录中写道。[5]

格里夫斯和凯斯勒等了两周多才看到计划中的基地，因为直到3月31日他们的行程才确定。他们从莫斯科起飞，一路往南飞至乌克兰中部。基地位于第聂伯河的左岸，在17—18世纪曾是哥萨克酋长国的领土，这里有三座古老的哥萨克城镇——波尔塔瓦（因1709年的波尔塔瓦战役而闻名）、米尔霍罗德（作家果戈理的故乡）、皮里亚京。三座机场均是苏联人在二战前建造的，1941—

1943年被德国占领和使用，现在它们将供美国人使用。

在波尔塔瓦，德军几乎破坏了所有的建筑，只剩下一座营房。格里夫斯写信告诉身在英国的长官："这里没有供水、没有电力、没有污水处理系统。"基于现有的结构，水泥跑道已无法延长，但空间还算开阔，可用金属板修建一条新跑道。而连接铁路干道的支线已被德国人摧毁，不过美国人觉得可以将其修复。在波尔塔瓦东北方向约80公里处就是第二座基地——米尔霍罗德，那里没有什么建筑，意味着机场跑道可随意拓展。在米尔霍罗德西边约80公里处是皮里亚京，那里既无建筑，也无跑道，考察组的飞机也无法着陆。三座基地都没能打动美国人，格里夫斯认为苏联人要么是无能为力，要么是不愿意给他们提供更好的基地，但无论好坏，他们只能照单全收。[6]

当格里夫斯考察波尔塔瓦基地和米尔霍罗德基地并建议接受它们时，他本人作为穿梭轰炸行动指挥官的日子已所剩不多了，行动代号从"棒球"改为"狂暴"。起这个新代号的官员想的是轰炸一定会让德国人恐慌、痛苦、抓狂。不过，考虑到苏联人没完没了地"找麻烦"，新代号恰恰印证了格里夫斯当时的心态。考察机场、运送装备、回复简单问题都被长时间拖延，格里夫斯快要被逼疯了。此外，苏联人强调要全权掌控美方行动。格里夫斯本人的道格拉斯C-47也只能由苏联飞行员驾驶往返于德黑兰。苏方希望每一架美国飞机上都能有自己的领航员和无线电操作员，还坚持让自己人驾驶美国的医疗飞机。

无论如何，迪安都要和苏联指挥官和平共处。他在给伦敦和华盛顿发去的电报中写道："格里夫斯上校确信，上述情况将严重制约我们的行动，认为您应该了解此事。但是，我不认为现在应该过分在意这些事，我们应从长计议，逐步克服这些限制。"很显然，格里夫斯和迪安意见相左。格里夫斯希望上级能了解情况，清楚自己对苏联军官的不满。迪安却认为格里夫斯曾在十月革命时期帮助反布尔什维克武装对抗苏维埃红军，所以心存偏见。要确保行动成功，必须要换掉格里夫斯。因此，格里夫斯不得不离开，而他也成了迪安与美国空军试图讨好苏联，让计划顺利实施的第一个牺牲品。4月初，迪安告知苏方，格里夫斯将被调回美国。[7]

4月8日，凯斯勒上校接替了格里夫斯的位置。他和自己的指挥官一样，最初对谈判的缓慢进展吃惊不已，但他的态度和格里夫斯大不相同。凯斯勒曾作为美国战时生产局局长唐纳德·纳尔逊率领的美国代表团的一员，于1943年访问苏联三周。他毕业于西点军校和麻省理工学院，学习航空工程并获得了学位，当时苏联的军事生产能力和苏联人民都给他留下了深刻印象。因此，迪安觉得比起格里夫斯，和凯斯勒打交道要舒服得多，在讲述自己在莫斯科任职时期的回忆录中，他甚至根本没有提及格里夫斯。[8]

虽然穿梭轰炸行动被苏联方面习惯性地拖延了进度，但到了1944年4月15日，凯斯勒和他的几名副官，以及总重量近1350千克的行李（其中包括启动项目建设必需的设备）被一架苏联飞机运到了波尔塔瓦。迪安终于可以为这小小的胜利庆祝一下了，就在凯斯勒离开莫斯科，动身前往波尔塔瓦这一天，迪安分别给身在伦敦的斯帕茨和身在华盛顿的阿诺德发去了电报，内容如下："凯斯勒及其余随行人员今天前往波尔塔瓦。"他请求立即将凯斯勒从上校提拔至准将。迪安总是风风火火，按计划空军基地必须赶在美国主

第三章 "狂暴行动"

力分遣队抵达乌克兰大草原前建成。此时，由1200名美军人员组成的4支部队都已出发。[9]

1944年2月飞抵莫斯科的格里夫斯和凯斯勒上校，以及随行的一众军官组成了"狂暴"行动的第1编队。第2和第3编队虽然人数稍多，但也只有几十人，他们可以从德黑兰飞往波尔塔瓦。第4编队是最后一个也是最大的编队，由4名准尉、67名军士和680名战士组成，人数超过了美国驻苏分遣队的一半，这样的人数安排是因为经过漫长的谈判，苏联将美军人数限制在1200名以内。这些军人渡过大海、穿过沙漠、越过高山草原而来，整个行程历时近两个月。

1944年3月初，第4编队首先集结于杰弗逊·豪尔军营，该营地位于伯明翰和曼彻斯特之间的斯塔福德郡。成员主要来自斯帕茨麾下第8航空队的飞机技师和地面部队。他们都是经过精挑细选的，而不是从现存部队里整编选入，这就形成了一个成员构成多样、有时不太让人愉快的部队——指挥官们都急切地想利用此次机会把他们心中挑事的"刺头"和不合格人选清除出去。但是，负责选人的军官仍尽力确保达标的战士经验丰富、体格强壮。那些缺乏经验或被诊断出患有当时很常见的性病、疝气或牙病的人都被排除在外。[10]

而被选中的军人也不知道自己将前往何方、所为何事。在他们进入苏联境内之前，目的地一直是保密的。3月25日，编队登上火车前往利物浦，再乘坐英国租用的军事运输船"阿尔卡塔纳号"，前往克莱德湾。克莱德湾因有金泰尔半岛的庇护，能够与大西洋和德国潜艇隔开。运输船停泊在那里,等待其他船只到来组成护卫队后,再驶向直布罗陀海峡。

阿尔卡塔纳号沿着北非海岸航行了一段时间,4月12日夜,在放下深水炸弹抵御疑似的德国潜艇后,它在埃及塞得港抛锚停泊。第4编队队员携带行李和装备上岸,转移到了距开罗约13公里的盟军基地——哈克斯特普营地,营地以1943年在北非空难中牺牲的一名美国军人的名字命名。队员们在营地待了两周,为后面的行程做好准备,同时他们被告知将前往德黑兰,在那儿稍作休整并与美国红十字会会合。部队日志记录,空军会"带领每位战士去参观金字塔、狮身人面像、法老面具和其他的古埃及遗迹"。[11]

22岁的帕尔默·麦拉是来自威斯康星州的雷达和无线电操作员,回想起爬金字塔的经历,他觉得那无异于一次壮举。金字塔由1米多高的巨石垒成,往上爬时很容易滑倒,一路滚到塔底。事实上,美国人听说几天前就有一位英国士兵从金字塔上滑下来摔死了。尽管如此,麦拉依然清楚地记得,"到达塔顶时,我们欣喜若狂,从塔顶望去,尼罗河三角洲一览无余"。

4月23日下午,第4编队的两支小分队登上了从开罗驶向海法的火车,他们花了36个小时才走完不到480公里的路程。到达海法后,他们将坐卡车继续前行。如果说海上之旅吉凶难卜,火车之行让军士鞍马劳顿,那穿越沙漠和高山的汽车之旅则既劳累也凶险。从海法到巴格达,他们必须走完约885公里的路程,这是通向德黑兰的第一段漫漫长路。某些地区他们只能以平均每小时不足25公里的速度前进。"崎岖的山路和陡峭的爬升使我们无法加速。"负责记录旅行日志的查尔斯·曼宁上尉写道。但最大的问题是缺

第三章　"狂暴行动"

水，"每人只能在每次停站时打一次水"。如果连饮用水都少得可怜，那洗澡更是没有水用了。终于，他们在5月1日到达巴格达，并有2天的时间洗澡和休整。

5月3日上午，他们再次踏上了行程，坐卡车前往德黑兰西南的哈马丹，这是一段约590公里的艰难旅程。他们在5月5日下午到达了目的地，但是对于其中的47位战士和6位军官而言，这是他们此行的最后一站了。前面提到过，苏联人坚持波尔塔瓦基地只能有1200名美国军人，而此时多出了53人。这53人被派往了波斯湾，他们还不知道自己将错过什么，剩下的650人同样也不清楚自己将前往何处。部队里有会说俄语的人，这似乎暗示苏联是此行的目的地，但也有人会说中文，大多数人都猜测他们将被调去增援在中国的美军，修建对日作战的空军基地。

第4编队的军官和士兵（士兵常被称为"美国大兵"，无论他们是在陆军还是空军服役）直到5月10日进入伊朗北部的苏占区，才获悉自己的目的地。有士兵看见边境地区一幢房屋上巨大的红星，还以为那是一个德士古的加油站，大家过了半晌才明白自己正在踏入苏联领土。5月11日他们抵达伊朗阿塞拜疆地区的大不里士，一列苏联火车正等在那儿，准备接走美军。5月11日晚上8点30分出发前，这些长途跋涉的军人冲了澡，吃了晚餐。许多人后来回忆时认为这段最后的旅程是最愉悦的——车厢既不拥挤，又很舒适，还有丰富的食物和饮料。[12]

曼宁上尉用了好几页文字来描述之前旅途中遇到的种种艰辛，现在他也放松了。从大不里士到波尔塔瓦的5天里，他的日志才记

- 33 -

了半页。但是苏联人（主要是指挥官和翻译）记下了这段旅程，他们向苏联红军的反军事间谍部门提供了详细的记录。

许多苏联军官是有生以来第一次见到美国人，因而对此印象极深。他们带着羡慕的口吻记述了美国军人精良的装备：每位军官和士兵都配有重达36千克的背包和一两个用来装私人物品的手提箱——按苏联人的标准，这真是太奢侈了。美军官兵间的氛围同样让苏联人很吃惊。"表面看来，美军的纪律不是很好，很难看到他们向上级致敬和顺从。美国士兵和长官说话时，双手插在口袋里，嘴里叼着香烟。"一位苏军军官写道。他已习惯于从沙皇军队承袭过来的惯例，比如要求士兵向长官说话时必须敬礼并立正。苏联人还发现美国人对于安保的态度相当马虎。美国人途经陌生地区时不设哨兵岗，刚到波尔塔瓦就把武器撂在无人看管的车厢里。

不过，最让苏联人错愕不已的恐怕是美国军人可以十分自由地阅读苏联出版物，并且对自己的政治观点畅所欲言。"他们可以不受限地阅读我们的报纸、杂志和其他文献资料，并且对苏联新闻社的报道很感兴趣。"一位负责这段行程的苏联军官写道。在与外国人的交往中，苏联军人已经习惯于接受秘密警察和反间谍机构对自己的管控，这位苏联军官认为美方也应如此。然而，他们惊讶地发现美国空军上尉就像一名联络官似的，"对军官和士兵没有什么特别的影响力"。在这名苏联指挥官看来，美军上尉并没有履行政治督导的职责。

苏联军官认为自己在意识形态方面优于美国人。在他们看来，这些来自资本主义国家的客人未能感受到社会主义真理的光芒。"无论军官还是士兵，他们的政治观均有所局限。"苏方的反间谍报告

第三章 "狂暴行动"

写道。他们还在一些官兵的态度里发现了种族主义,"(美国的)南方人不喜欢黑人,还说他们的坏话,"这位苏联军官接着写道,"在交谈中,一位来自美国南部的中校公开表达了对罗斯福总统的不满,因为罗斯福说如果他再次当选,那么他将担任终身总统并且给予黑人彻底的自由。"

所有苏联随行人员都注意到美国人的积极合作态度。他们知道苏联高级指挥官的名字,比如朱可夫元帅,也对战争给苏联带来的破坏感到震惊。尽管美国人对苏联人很友好,但对英国盟军的态度却出乎意料地充满敌意。在大不里士,当一位苏联军官举杯提议为斯大林、罗斯福和丘吉尔干杯时,他注意到美国军官兴致勃勃地为斯大林和罗斯福干杯,对丘吉尔却无动于衷。据美军编队的一位苏联译员汇报,"美国人对英国人的态度不算太友好,当他们提到英国时,常把英国放在最后,提到盟友时会说——苏联、中国和英国"。

美军第4编队第2小分队的指挥官拉尔夫·邓恩上校及随行军士在火车站受到了苏联军官和平民的欢迎,他对此很满意,并将此和美军在中东地区的遭遇相比较。据一名和邓恩交谈过的苏联译员所言,邓恩表示美军在中东遭遇了盗窃和当地居民的粗鲁对待。在旅行即将结束时,邓恩向负责运载自己分队的苏联军官赠送了由兽骨制成的项链,作为给苏联军官妻子的礼物,还递交了一封给其上级指挥官的感谢信。编队的苏联指挥官汇报说:"全体美军官兵都对我们的军官抱有好感,这体现在互赠礼物中。我们到达波尔塔瓦后,每隔半小时他们就会跑到我们的车队中并且告诉我们,看到我们这么快就要离开,他们感到很遗憾。"[13]

- 35 -

第 4 编队出发时有 680 人，邓恩所在的分队不足 400 人，他们于 1944 年 5 月 16 日晚到达波尔塔瓦。加上新到的美军，驻扎在波尔塔瓦地区的美军总人数是 922 人，其中 416 人在波尔塔瓦，243 人被派往了米尔霍罗德，另有 263 人被派往皮里亚京。代号"狂暴"的军事行动即将迎来决定性的阶段。美军已经成功赶在盟军攻入西欧之前到达基地，这些基地有可能在诺曼底登陆前就可以启用了。迪安可以好好庆祝自己第一个真正的胜利了，因为自从 1943 年 10 月提出构想以来，他不仅成功地突破了苏联人设置的重重障碍，还让他们兑现了承诺。当然代价也不小，行动的首任长官被免职了，他们还经历了漫长的不确定与困惑，但是结果显而易见，未来似乎充满希望。[14]

第四章　波尔塔瓦

自 1943 年 11 月底召开的德黑兰会议以来，哈里曼一直希望艾略特·罗斯福上校能前往莫斯科，帮助商谈美国空军基地的相关事宜。这位 43 岁的上校是罗斯福总统的儿子，担任美军第 90 航拍侦察联队的指挥官，该部队为美军第 12 航空队和第 15 航空队执行侦察任务，其中第 15 航空队驻扎在意大利，执行中欧和东南欧的轰炸任务。在德黑兰，罗斯福总统曾请求斯大林允许自己的儿子从意大利起飞，越过欧洲，然后在苏联境内着陆，以便执行侦察任务。斯大林承诺会在莫斯科和哈里曼商量此事。[1]

1944 年 2 月 2 日，斯大林刚允许美军在苏联设立军事基地，哈里曼就让盟军驻欧最高指挥官德怀特·艾森豪威尔将军把艾略特·罗斯福派往莫斯科。有总统的儿子相伴身侧，哈里曼希望借此让莫洛托夫甚至是斯大林更容易接受美方的请求。在德黑兰，斯大林就对艾略特上校表现出了特殊的敬意和极大的关注。哈里曼希望艾略特上校能到莫斯科来，即使只待上几天也好，但艾略特另有任务。1944 年 5 月，艾略特终于来到了莫斯科，美国大使哈里曼却又不在了，他正在伦敦拜访艾森豪威尔将军，接着又去了华盛顿拜见罗斯福总统。总统之子的苏联行只能在邀请者缺席的情况下进行。[2]

虽然哈里曼不在，迪安还是尽力利用艾略特到访莫斯科的机会推进设立美军驻乌克兰基地一事。不出所料，艾略特的到来的确有助于叩开克里姆林宫的大门。1944年5月11日，艾略特陪同迪安和美国驻欧战略空军指挥官斯帕茨将军的代表弗雷德里克·安德森少将，一同会见了莫洛托夫，安德森在写给斯帕茨的信中说，莫洛托夫待艾略特如同"老熟人"一般。5月14日，安德森、迪安和艾略特飞往乌克兰视察刚刚设立的东线司令部，包括位于波尔塔瓦、米尔霍罗德和皮里亚京的基地。他们看见了正在兴建的机场和美军"帐篷城"，新任命的指挥官凯斯勒上校将这些"帐篷城"称作"美国小补丁"。他们还会见了苏联指挥官，并向他们传达了此次行动的重要性，这是他们第一次亲眼见到苏联——这个美国飞行员将要生活和战斗的国家。眼前的景象令人唏嘘——三年战火，满目疮痍。[3]

在艾略特到来前，凯斯勒上校已小有所成。1944年4月18日，也就是凯斯勒到达波尔塔瓦的3天后，他就制订出重建基地的计划，并火速展开相关工作。迪安于4月下旬视察了波尔塔瓦、米尔霍罗德和皮里亚京，对所见所闻甚是满意。在4月29日发给斯帕茨和阿诺德的电报中，迪安对在乌克兰工作的部下不吝赞美之词。他表示"再怎么强调凯斯勒及其手下的出色表现都不为过。他们在极端困难的条件下生活，而那里已被德国人夷为平地了"。最让迪安高

第四章 波尔塔瓦

兴的是,"工地上的美国人和苏联人合作愉快,气氛友善"。迪安还尽力让上级放心——他们原本担心基地建设的进度会慢于预期,迪安写道:"苏联人很有想法,事情正按照他们预想的进度推进。"4

苏方的工作在第169专用空军基地指挥官、43岁的亚历山大·佩尔米诺夫的指导下展开,他同时负责三座机场的建设。佩尔米诺夫身材瘦高,是个大长脸,于数月前的2月4日刚获得少将军衔。作为一个地地道道的俄罗斯人,佩尔米诺夫于1920年加入俄共(布),1921年加入红军,当时他年仅22岁①。1941年6月,苏德战争爆发时,佩尔米诺夫还是上校军衔,并担任苏联驻乌克兰卢茨克第14空军师参谋长。1941年6月22日,战争爆发的第一天,佩尔米诺夫所在的师团就损失了46架飞机,均是停在地面尚未起飞就被德军炸毁。短短数日的战争,师团共计损失了82架飞机。佩尔米诺夫的上级被送上了军事法庭,并且被判处10年有期徒刑,而他本人并未受到影响。1944年2月,即佩尔米诺夫晋升为少将的当月,他被授予库图佐夫勋章,这是苏联颁发给高级军官的最高荣誉之一,同时他被任命为修建美用苏联机场的负责人。5

美方的负责人凯斯勒,曾在斯帕茨的领导下担任驻英第8航空队轰炸联队指挥官,并参与了对德国和北非的轰炸,在他眼中,佩尔米诺夫是可以与之共事的身经百战的飞行员。1944年,美国第15陆军航空部队的史官詹姆斯·帕顿上校来到波尔塔瓦,他说佩尔米诺夫是"一位敏锐而坦率的飞行员,尽可能地利用自己的权威摆平那些繁文缛节,并能在现场解决层出不穷的问题"。迪安回忆

---

① 作者此处有误,应为20岁。

道："凯斯勒和佩尔米诺夫很快就喜欢上彼此，他们成了最佳拍档。"迪安在莫斯科已经注意到，苏联空军军官很乐意接待美军，在乌克兰这一切更加显而易见。[6]

在波尔塔瓦，德军已经摧毁或试图摧毁基地周边的所有建筑。只有一幢六层高的小楼在德军的打击下奇迹般地保存了下来。当美国军医罗伯特·纽厄尔上尉视察这幢建筑时，他发现窗户几乎都没了玻璃，只有两个房间有电源，居住区内满是老鼠和虫子，卫生间臭气熏天，洗漱设施"不卫生，不够用，也很简陋"。所以，纽厄尔建议将这幢楼彻底拆除，如此一来，不仅能安置军人，还能将"帐篷城"东线司令部的指挥所设置于此。[7]

然而，苏联坚持认为他们和美军都应使用这幢建筑，随后便开始修缮小楼。结果让他们都大吃一惊。1944年4月27日，进入地下室的苏军士兵发现了一个炸药包，其中包括三枚未引爆的空袭炸弹，每一枚都重达250千克。随后他们又在其他地方发现了三个同样的炸药包，两个在主楼，另一个在副楼。如果所有的炸弹引爆的话，小楼将被夷为平地。四个炸药包通过电缆和埋在主楼下300米深的无线电设备相连接。炸药可以通过无线电信号引爆，无线电设备中的电池可以维持半年。苏联红军占领波尔塔瓦已经整整7个月，而炸药包并未引爆，这似乎是因为连接无线电装置和炸弹的电线受损。尼基丁将军将所有人员撤出小楼，重新安置美军。最终，当工程师试图搞清楚爆炸装置原理时，斯大林也得知了此事。他们从未遇见过如此复杂的无线电引爆装置。[8]

尽管困难重重，波尔塔瓦和另外两处基地的工程建设依旧全速推进。"狂暴"的代号也因快马加鞭的建设而有了新的含义。米尔

第四章 波尔塔瓦

霍罗德和皮里亚京基地的建设计划已于 4 月 22 日正式确定。在其中一个基地，苏联人把一所女子学校改建成了军营；在另一个基地，苏联人则对炮兵营进行了翻新。4 月 24 日，第一批美国工程师、通信官和医务人员乘飞机从德黑兰抵达苏联。4 月 26 日，第一批常驻人员被派往皮里亚京，一天后，另一批人员被派往米尔霍罗德。4 月 28 日，第一批装备从英国装船，经摩尔曼斯克运抵波尔塔瓦。原本打算最先卸载的金属板因为被放在货物底层，不得不到最后才从船上卸下，但好在还是随船运到了。美国人和英国人随即忙于铺设新跑道和扩建旧跑道的工作。[9]

苏联人还没能掌握的金属板技术给斯大林留下了深刻印象。1944 年 3 月，尼基丁将军向斯大林汇报：暴雨将机场跑道变成了泥地，苏联空军基本上都停飞了。斯大林问尼基丁，跑道上铺的金属板是否产自苏联。"不是。"尼基丁答道，"机场跑道需要大量金属，每块板重达 5000 吨。"斯大林打断了尼基丁的话："你怎么知道我们国家能生产多少钢材呢？你是专家吗？"他命令尼基丁准备一份备忘录，提交给苏联战时的主要管理机构——国防委员会。[10]

苏联人想方设法把金属板运往波尔塔瓦地区的基地，并进行了安装。这些由匹茨堡钢铁工人生产的钢板先经水路运往伦敦，经摩尔曼斯克和阿尔汉格尔斯克后，再以最快的速度由火车运至波尔塔瓦和相邻的另外两个基地。神奇的是，苏联人一边忙于筹备即将于 1944 年 6 月 22 日发起的白俄罗斯总攻，一边还能找到足够多的火车把这些钢板运至乌克兰北部。每当波尔塔瓦地区的空军基地有新货抵达时，人们就像过节一般欢乐。迪安及其团队成员在一座火车站目睹了一切："看到正在卸货的美军装备，苏联军人喜出望外。"

而让美国人大吃一惊的是，铺设钢板的工作大部分是由苏联红军女战士完成的。1944年3月，苏联人承诺要建两座工兵营，每座可容纳339人，专门负责基地建设。但是没人想到工兵营里住的大多是女性。迪安记得，"工地上挤满了热火朝天铺设钢板的苏联女人"。数月后，约瑟夫·索伦森中士在接受美国军事期刊《美国佬》的采访时坦言："她们是卡车司机、狙击手、飞行员、炮兵、工程师、防空炮手、文职人员……她们无所不能。"红军女战士渴望超过男人，尤其希望超过美国男人。要是告诉她们一个美国兵通常每天能铺设9米多的钢板，她们就一定要铺到11米。"显然，工程绝不会延期。"迪安回忆道。[11]

苏联人和美国人在合作时尽力克服语言和文化上的差异。文化差异虽然是沟通障碍，却也让彼此有机会偶尔搞搞恶作剧。一位美方人员教在总部大门站岗的苏联战士向进出的美国军官问候——"早上好！你个狗娘养的！"战士说话时语调激昂，虽然发音不是很准，但意思还是能听懂的。迪安觉得这样的小插曲说明美苏双方正在学习如何相处。[12]

艾略特上校在5月中旬和安德森少将一起抵达波尔塔瓦地区的空军基地，他声称波尔塔瓦的机场"不过是纳粹撤退时留下的一片废墟"。看到美国人用机器完成的工作，苏联却雇佣了大量的劳动者完成，艾略特和其他人一样惊诧不已。身着军装的劳动女性更是给他留下了深刻印象，他说这些女兵"像健硕的亚马逊女战士一样，如同摆弄玩具一般，把190升的汽油泵运来运去，却全然不当回事"。[13]

第四章 波尔塔瓦

艾略特上校的波尔塔瓦之行不仅包括视察机场，他还应佩尔米诺夫少将的邀请参观波尔瓦塔市区，目之所及，皆断瓦残垣。1943年9月在波尔塔瓦及周边地区进行了一场重要战斗，苏联红军借此从撤退的德军那里重新夺回了这片土地。1944年5月，街道上的瓦砾已清扫干净，但那些幸存下来的建筑不是没有窗户，就是缺少墙体和屋顶。苏联人清点了损失，共有45所学校、9座医院，以及难以计数的剧院和博物馆——它们被部分或完全破坏，被破坏的还包括约35万平方米的住宅。[14]

接管这座城市后，苏联人做的第一件事就是建造斯大林雕像，不过有几座战前的雕像依旧矗立着。苏联飞机技师弗拉德连·格里博夫与朋友一起被派往了米尔霍罗德基地，他回忆起自己在1944年4月中旬第一次拜访这座城市时说道："波尔塔瓦市情况很糟，我们走在市区，试图找出一幢完好无损的建筑。结果一无所获！到处是裸露的墙皮，窗户成了黑洞，屋顶和天花板已不见踪影，坟墓静静地躺在城市的花园和庭院里，其中一座墓碑写着'这里埋葬着被德军虐杀的两位战士和一位女士'。一个八九岁的小男孩告诉我们：'这里有口井，三个小孩被德国人扔进了井里。'"[15]

波尔塔瓦的历史始于15世纪中叶，此地是当地的乌克兰人和克里米亚鞑靼人之间争议不断的草原边界上的一个前哨，由一位王子统治。作为乌克兰哥萨克人的活动中心之一，波尔塔瓦在17—18世纪声名渐起，哥萨克人在第聂伯河岸建立了自己的国家，并先后与鞑靼人、波兰人和俄国人作战，其中俄国人曾于17世纪中叶统治过这片土地。18世纪初期，支持独立的哥萨克领袖希特曼·伊凡·马泽帕将瑞典国王卡尔十二世迎至波尔塔瓦，这位国王希望马泽帕能在自己和俄国彼得一世的战争中助其一臂之力。1709年，在世人皆知的波尔塔瓦会战①中，彼得一世击败了卡尔十二世及其乌克兰拥护者。这场大捷帮助彼得一世赢得了俄国对瑞典战争的胜利，开启了俄国通向欧洲强国的道路。[16]

  19世纪，波尔塔瓦又获得了别样的名声。这里成了"小俄罗斯"总督的驻地，也是一个文化与文学中心，"小俄罗斯"这一称谓说明，这片曾属于哥萨克的领土当时已是俄罗斯帝国的一部分。一个土生土长的波尔塔瓦人伊万·科特利亚列夫斯基首次用现代乌克兰语创作了多部文学作品。他的剧本《波尔塔瓦的娜塔尔卡》已经成为乌克兰戏剧的经典剧目，还促使当地方言发展为现代乌克兰语的基石。波尔塔瓦人才济济，产生的文学巨匠可不止一位。生于米尔霍罗德（也就是其中一个美军空军基地的所在地）附近的尼古拉·果戈理创作的《塔拉斯·布尔巴》及小说集《密尔格拉得》，奠定了俄罗斯现代文学的基础。另一位声名卓著的俄国文学大家——弗拉基米尔·科罗连科同样来自波尔塔瓦，并于1921年埋葬于此。

  同所有美国访客一样，安德森少将和艾略特上校也被带到了乌克兰波尔塔瓦市中心参观名胜古迹和纪念碑，建造这些纪念碑是为了纪念需要铭记的日子和人民最爱的"乌克兰之子"。最主要的景点是科博斯公园，这是一座在前帝国军官学校的旧址上建造而成的

---

  ① 波尔塔瓦会战是俄国沙皇彼得大帝的军队与瑞典国王卡尔十二世的军队于1709年6月28日（另一说法是7月8日）所发生的一场战争，是北方战争中最著名的战役。俄军的决定性胜利终止了瑞典作为欧洲列强的时代。

第四章 波尔塔瓦

城市公园，主要用于公众集会和举办音乐会及舞会。公园的中心位置矗立着为纪念1709年俄国对瑞典战争获胜而建造的纪念碑，不过在战争结束百年后纪念碑才建成。纪念碑顶端刻有俄罗斯双头鹰的石柱历经了苏联推翻沙皇的战斗和德占时期，奇迹般地被保存了下来。掠夺者只是把旧火炮从纪念碑的脚下搬走了。在波尔塔瓦的美国军人所拍摄的照片中常能看到这些石柱。[17]

美国客人们还被带到另一座城市花园，去参观科罗连科的故居，仅存的遗迹是一块刻有作家姓名和生卒年月的墓碑。在1941年苏军撤退和1943年苏军再次进攻的过程中，城市动荡不安，作家的故居被夷为平地，也无法确定是撤退的德军还是进攻的苏军所为。还有一座城市地标也几乎在战火中化为灰烬，那就是由19世纪最杰出的现代艺术家瓦西尔·克里切维斯基设计的博物馆。这座博物馆的仿巴洛克风格印证了这座城市属于哥萨克的过往，而在战争过后的残垣断壁上仍可看到乌克兰传统装饰元素。[18]

美国人在波尔塔瓦的街头目睹了当地民众的穷困潦倒。无论是1933年因推行农业集体化经营造成的饥荒，还是乌克兰经济和文化遭受的破坏，都不及战争给波尔塔瓦带来的伤害之深、处境之艰。在乌克兰，遭受打击最严重的地区就是波尔塔瓦、米尔霍罗德、皮里亚京，当地某些村庄的死亡人数竟高达总人口的一半。1931—1934年，乌克兰总计死亡人数近400万，而二战又夺去了700万人的生命，约占战前全国总人口的15%，乌克兰因此成为受战争创伤第三严重的国家，仅次于邻国白俄罗斯和波兰。[19]

1941年6月苏德战争爆发前，波尔塔瓦有近13万人口。1941年9月德国人占领这座小城，并在1942年5月进行了人口普查，

- 45 -

结果当时仅剩74 000人，其中93%是乌克兰人，俄罗斯人超过5%。数百年来，当地的少数族裔中第一次没有犹太人的存在，因为他们中的绝大多数在德国人到来前就已经逃离了波尔塔瓦。而那些未能离开或是由于家庭原因选择留下来的犹太人则被集中杀害，仅在市区就有2000名犹太人遇害，在城镇和乡村遇害的约有9000人。[20]

1944年5月，波尔塔瓦的街道上大多数是妇女、孩子和老人。1942年，女性占该城市总人口的60%以上。随着1943年苏联军队收复波尔塔瓦，当地的大多数男子应征入伍，留守人口中的女性比例或许变得更高。对美国大兵而言，波尔塔瓦的女性将成为他们特别关注的对象，拥有纪念碑的科博斯公园将是大多数约会发生的场所。就在安德森和艾略特访问波尔塔瓦期间，第4编队的军人在经历了史诗般漫长的两个月的行程后，终于赶到这里了。[21]

迪安、安德森和艾略特于1944年5月15日上午离开波尔塔瓦，动身前往莫斯科。佩尔米诺夫在前夜为他们举办了体面的欢送宴。看到苏联人在甜点时间又添了不少酒，安德森转向迪安问道："什么时候结束？"迪安深谙苏联不醉不休的酒文化，回答说："这是'俄罗斯母亲'，再等等吧，这才刚开始呢！"晚宴继续进行。

友好的氛围在宴会即将结束时经受了考验，此时美国人得到通知，他们无法按照原定计划直飞德黑兰。苏联人希望他们返回莫斯科与尼基丁将军会谈，解决之前会议提出的一系列问题，而官方就取消德黑兰行程给出的解释是天气不佳。在场的美方代表之一、斯帕茨将军的参谋总长爱德华·佩克·柯蒂斯准将很气愤。"那为什么气象条件转差时，你们没有禁止我们飞往柏林？"他向苏联人发

第四章 波尔塔瓦

问。于是，美国人要求苏联官方允许他们直接飞往开罗，苏联人为了缓和气氛，便称美国人可都是重要人物，没必要拿他们的生命冒险。[22]

尽管在宴会上发生了这么一出小插曲，迪安离开波尔塔瓦时对此次访问的成果还是相当满意。美国飞机基本可以在波尔塔瓦的空军基地和莫斯科之间、在波尔塔瓦和德黑兰之间畅行无阻。虽然苏联人通常会坚持把自己的领航员派到飞机上，但是得到苏联空军飞行许可已变得寻常。苏联人在基地设立了边防哨卡，签证问题也迎刃而解。迪安随后写道："截至1944年5月底，基地建设全部完成，行动即将开始。"[23]

艾略特上校对此次行程取得的成果同样持乐观态度。他离开时对"苏联红军充满干劲和攻坚克难的精神"满怀敬意，更是觉得"苏联人如孩子般急于和我们建立友好关系，并展开合作"。[24]

第二部分
波尔塔瓦的战斗

第五章 软着陆

迪安回想起自己在 1944 年 6 月 1 日清晨和《纽约时报》记者比尔·劳伦斯谈话时，对方的话语间"充满了愤慨"。作为美国新闻界冉冉升起的新星，在 1961 年加入美国广播公司成为晚间新闻节目主持人前，劳伦斯一直服务于《纽约时报》。不过此刻，他有足够的理由感到焦虑。[1]

早在 1944 年 3 月，他和自己的同事——来自美国合众社的驻外编辑、未来的普利策奖得主哈里森·索尔兹伯里已经获悉，美苏正在谋划一些军事要务。大批美国飞行员正从英国赶往莫斯科，人数之多前所未有。一时间，谣言四起，驻莫斯科的外国记者纷纷获悉传言——美国计划向苏联提供 100 架 B-17 "空中堡垒"轰炸机。艾略特·罗斯福上校于 5 月中旬访问了莫斯科并与七位美国记者会餐，此举进一步引发了公众对美苏关系取得重大进展的推断，并猜测这次合作与美国空军有关。劳伦斯借助自己在军队和外交领域的人脉获悉了真相：美国空军准备在英国、意大利和苏联空军基地之间开始实施穿梭轰炸。劳伦斯和索尔兹伯里开始向美方驻莫斯科军事使团打听消息，为即将到来的报道做好准备。[2]

迪安遇到了难题。就在艾略特上校5月11日与莫洛托夫会晤时，双方同意穿梭轰炸行动的报道由苏联媒体率先发布。劳伦斯和索尔兹伯里的询问让迪安警觉起来——这个军事情报已经泄露给了英美记者。于是迪安与记者们达成一项交易：记者们将受邀前往空军基地观察美军飞机，唯一的交换条件是事前必须保持沉默。"我已经向他们吐露实情，关于大批美军进入苏联一事，他们同意不做任何猜测性报道。"迪安后来写道。他随后与自己在苏联司令部最具实权的盟友尼基丁将军取得联系，在尼基丁的协助下，莫洛托夫掌管的外交部允许英美记者在第一批"空中堡垒"抵达苏联时前往波尔塔瓦。然而就在临近出发时，约30名记者获悉，苏联外交部只批准他们中的5人前往波尔塔瓦。

心急火燎的劳伦斯在6月1日致电迪安，试图和他沟通此事。迪安随即与苏联外交部官员电话沟通，他事后回忆："和外交部官员还有那些失望至极的记者进行了一番忙乱的电话沟通后，我成功地争取到了10名美国记者和10名英国记者的名额。"可是，无论是劳伦斯、索尔兹伯里还是其他记者，都对这个新的结果不买账。他们答复苏联人，要么允许记者全都去，要么谁都不去。迪安回忆道："英美的报业工会在苏联第一次发起了罢工。"索尔兹伯里则写道："这是莫斯科历史上他国记者第一次结成统一战线。"大约30名记者都去了机场，但拒绝登机，除非苏联允许他们所有人前往波尔塔瓦。莫洛托夫妥协了。迪安写下这么一段话："他们采取的行动相当有效，正午时分，所有人都登上了苏联飞机，动身前往波尔塔瓦。"[3]

第五章　软着陆

美国记者很快将见证并报道大同盟历史上激动人心的事件：成百上千的美国战机在苏占区着陆。至此，欧洲战场进入新阶段。无人知晓何时能迎来反攻之日，无人知晓何时能在西欧开辟第二战场，但所有人都明白，东欧即将开辟新的空中战场，而这一天就是1944年6月2日，星期五。

在翘首期盼美国飞机着陆的那些美国人中，自然也包括凯西·哈里曼，她在1944年6月初写给玛丽的信中提到："自从我在苏联的土地上看见我们的飞机，我就一直盼望着这一天的到来。"6月1日下午，当迪安送别了前往波尔塔瓦的记者后，他留在了莫斯科机场，准备迎接哈里曼父女的到来。哈里曼父女在伦敦和华盛顿待了一个多月后，经意大利和伊朗返回苏联。在前往美国驻苏联大使馆时，迪安告诉他们，自己很快将动身前往空军基地。哈里曼随即说他也要去。凯西回忆自己当时"只是屏息静坐着"，担心自己会被留在莫斯科，因为她之前听过一位西方女记者的故事，担心在属于最高机密级别的基地，女性是不受欢迎的。

凯西在给妹妹的信中写道：后来在大使馆，"我找到了一个合适的机会，向父亲提议说如果把我也带去波尔塔瓦，也是个不错的主意"。凯西的父亲甚是不悦，露出看似很吃惊的模样，但凯西不等他反对便指出基地也有女护士，因此那里再多一位女性也不是问题。为了进一步争取机会，她提及了当时的绝密消息：麾下掌管着美国第12航空队和第15航空队的地中海战区盟军空军司令艾拉·克拉伦斯·埃克将军，将执行苏联基地的首次美军穿梭轰炸任务。他曾在意大利接待过哈里曼和凯西，而凯西答应过埃克将军会在基地见证他的胜利着陆。哈里曼终于不再坚持了，父女俩将飞往波尔塔瓦。[4]

6月1日一整天，他们既疲惫又兴奋。凌晨4点30分，他们在德黑兰醒来，随后开始了一整天的行程，先飞往莫斯科，再飞往波尔塔瓦，直到6月1日下午才抵达空军基地。据凯西形容，迎接父女俩的是"以为我们无法及时赶来基地的空军部队和记者们的欢呼声"。父女二人正巧赶上了佩尔米诺夫将军为美军和苏军组织的音乐会。"音乐会在一间曾经很大但现如今棚顶与围墙皆被摧毁的房屋废墟里举行。"凯西后来写道。事实上，这是一座被炸毁的飞机库，只剩下两面砖墙，里面摆放着长凳，而这些凳子大多是用残存的砖料加上木板制成。凯西回忆，"舞台上搭建了顶棚"，但观众席上方就毫无遮挡了，她还记得那些观众都是"欢天喜地"的。[5]

英美记者打开了相机，记录着这场音乐会。镜头之下，苏联红军和当地民众表演的大多是俄罗斯和乌克兰的民间歌舞。最热烈的掌声则献给了一对哥萨克舞者，一位红军战士立于另一人的肩膀上，两人皆身着宽大的女裙，模仿肥胖的乡村妇女的舞姿。音乐会最高潮的部分是红军乐队，尤其是鼓手的表演，记者们很快获悉了鼓手的名字——格沃兹德，意思是"钉子"。他把板凳腿朝上放好，把自己的小鼓放在了凳子的四条腿中间，每一击都恰好打在节拍上。美国大兵对记者说，把他放到任何一支美国爵士乐队里，都是绝好的鼓手。[6]

凯西注意到，观众中的苏联人都用鼓掌的方式表示欣赏，但美国人表达赞美的方式却是吹口哨。正如她所写的那样："口哨声成了我们为美苏共同的事业来到此地后遇到的第一个文化分歧。"她继续写道:"在俄罗斯,任何形式的口哨都是对表演者最大的侮辱,是要把他轰下台!"迪安也想起了一段类似的小插曲,当时一位苏联的女舞者被美国大兵的口哨声逼得退下了舞台。佩尔米诺夫身旁的美国人赶紧解释,口哨声在美国是表示最热烈的赞赏,将军随即将此事告诉了那位沮丧的表演者。据迪安回忆,"这位舞蹈演员很快又回到了舞台上,她跳得更加卖力,让美国大兵大开眼界。随后,口哨声越来越响,她也欣喜若狂"。[7]

当天晚些时候,在佩尔米诺夫将军举办的晚宴上,凯西发现坐在她身旁的一位苏联将军试图用英语和她交谈。侍者端上炖肉,这位将军对凯西说,这肉来自"奶牛"。凯西说他指的可能是"肉牛",但将军坚持说是"奶牛",是"可以产奶的那种"。凯西从将军谈及的出生地和他那坚毅的面庞判断他是"西伯利亚人",决定不再同他争论。凯西在写给妹妹的信中说道:"不管怎样,味道是很不错的。"当时在所有的美苏关系中,至关重要的就是合作,合作凌驾于其他一切关系之上。1944年6月初,美苏双方决定将合作关系推向新的阶段。[8]

第二天,也就是1944年6月2日的清晨,凯西被一阵刺耳的声音惊醒。"在睡梦正酣之际,我迷迷糊糊地想着,除了冷得要命以外,为什么乌克兰的公鸡要啼叫好几个小时,为什么乐队要在院子里演奏?"她写道。显然,鼓手格沃兹德和那些乐手正在为欢迎美国军机的仪式做准备,他们在练习曲目。凯西当天上午的大部分时间都在营地参观,前往"像玩偶屋一样整洁"的帐篷医院,并和那里的护士和士兵聊了一会。"军人的士气相当高昂，我猜有两个原因，首先是因为那天将有激动人心的事情发生，其次是因为我们在苏联的这些小伙子是先遣部队。"两天后，凯西在给妹妹的信中写道。[9]

在前一天陪同哈里曼来到波尔塔瓦的迪安回忆道："那天，乌克兰天色暗沉。"他描述了自己在那个阴沉上午的心情："我压抑着激动的心情，大家都故作镇静，以掩盖内心的焦虑。"迪安和其他高层领导都知道，驻扎在意大利的空军第15航空队将于当日清晨离开基地，在向东飞往波尔塔瓦之前，会对匈牙利德布勒森周边目标实施轰炸。然而，他们既不清楚是否真的实施了轰炸计划，也不知道天气情况是否对美军有利，更不知道德布勒森的上空究竟发生了什么。无线电操作员尝试捕捉与轰炸相关的信号，但一无所获。中午12点30分左右，他们终于得到消息："空中堡垒"轰炸机及伴飞的战机已准时从意大利空军基地起飞。这意味着它们随时可能出现在波尔塔瓦的上空。

迪安坐上小汽车，匆匆赶往由混凝土和金属板铺成的机场跑道，这可是由美国工程师和苏联女战士合力打造的工程。他到达时，第15航空队的"空中堡垒"已现身于乌克兰的天际线。迪安事后写道："天空布满了飞机，一眼望去无边无际，银色的机翼映衬着阴郁的天空，显得它们更加庞大了。"迪安经历了数月的艰辛努力，其中更是包含了长达数日甚至数周的曲折，现在他的梦想成真了。他回忆道："作为一个站在那片蓝天之下的美国人，激动之情溢于言表。美国人在天上战斗，这些飞机是美国力量、美国工业水平和劳动技能的缩影，诠释了美国制造的效率和美国青年的勇气。"[10]

第五章 软着陆

即将抵达波尔塔瓦基地的是一支由俗称"空中堡垒"的 B-17 轰炸机组成的大队。这些由波音公司制造的四引擎重型轰炸机可搭载 10 名机组人员,长约 22.6 米,翼展约 31.4 米,飞行航程 3200 多公里,巡行航速可达每小时 293 公里。每架飞机配备 13 架口径为 12.7 毫米的 M2 勃朗宁机枪,在执行长距离飞行任务,比如飞往波尔塔瓦时,大约能携带 2041 千克的炸弹。这批造价不足 25 万美元的 B-17 轰炸机,对美国公众而言,真是物有所值。"空中堡垒"已成为二战中最易辨识的美国飞机,象征着美国空军的实力。[11]

而 B-17 轰炸机的到来给苏联人留下了迄今为止印象最深刻的空中表演。加拿大记者雷蒙德·亚瑟·戴维斯这样描述当时的场景:"它们来了,带着隆隆的引擎声从大地上空呼啸而过,连天匝地,邻近城市的废墟上空回响着轰鸣声,一个编队接着一个编队,直至天幕下飞机的身影摆出了城堡的形态。人们感受到了强大。随后飞机优雅地散开,依次着陆。"飞机全部着陆的过程近两小时。随着轰炸机着陆,修建跑道的苏联红军女战士长舒了一口气。"它会被压塌吗?飞机会不会不小心撞上去?"迪安如此描述女战士们当时的心情,还补充道,"随着第一批'空中堡垒'完全着陆,可以感觉得到她们放松了。"[12]

凯西在父亲和佩尔米诺夫将军的陪伴下也来到了机场。他们乘坐着一辆别克汽车,机场周边地势不平,一路上磕磕绊绊,勉强没迟到。"第一批轰炸机像小圆点一般出现在天际时,我们正全速朝机场驶去,天空中看上去有数千架飞机,突然间欢声雷动,这是迎接第一波编队的欢呼声。天呐!这比我在英国瞧见的任何场面都更加振奋人心。"凯西在给玛丽的信中写道。哈里曼也难掩兴奋之情,

- 57 -

对女儿说"他以前从未想到过能有什么事情让自己如此激动"。

佩尔米诺夫坐在别克车的后排，紧挨着哈里曼大使，他也感受到了哈里曼父女的激动之情。佩尔米诺夫的感受和迪安十分相似，飞机顺利抵达，意味着多少个日夜的谋划、协调、冲突、妥协以及偶尔取得的小小成功终于在此刻获得了圆满。凯西写道："他喜出望外。"佩尔米诺夫试图亲吻哈里曼，却被对方挡住了，但佩尔米诺夫还是"发出了几声俄罗斯式的牛仔欢呼"。美国空中舰队的力量和秩序给苏联人留下了极深的印象，任何仰望蓝天的人都能感受到这种力量。引擎声隆隆响着，人们很难不去仰视这片盛景。[13]

年轻的苏联飞机技师弗拉德连·格里博夫在米尔霍罗德基地目睹了"空中堡垒"的降落，那里无云无雨，没有什么能遮挡这壮观景象。让格里博夫印象极其深刻的是战机飞行的方式。"我曾见过大规模的机群，轰炸机通常排成长长的队列。但在这里看到的机群则是低空飞行，队形紧凑，每组6架飞机，总共超过10组。它们占据了1公里宽、2公里长的一片空域，几乎要遮蔽晴朗的天空。"格里博夫在多年后写下这段话。苏联记者对此也印象颇深，对他们而言，美国战机在完成了长途空袭任务后以这种方式飞到基地，很好地展现了美国飞行员的高超技能。数日后，苏联《真理报》上刊登了一段话："在经历了穿越欧洲数国的长距离飞行后，轰炸机队形依旧整齐，这证明美国飞行员技艺精湛，美军协作高效、组织有力。"[14]

这正是地中海战区盟军空军司令埃克将军希望给他的苏联盟友留下的印象。按照事先计划，他亲自率领第15航空队轰炸机执行

第五章 软着陆

前往乌克兰的作战任务。

1944年6月2日清晨,共有200架飞机和1400余人从意大利机场起飞,执行轰炸匈牙利的任务。比起轰炸德布勒森,埃克航空队的真正目的是要在波尔塔瓦留下好的印象。"通过高效执行一项对他们当下有重要意义的军事行动来开启双方的合作,赢得苏联人完全的信任与尊重,这是有必要的。"埃克在他的任务计划书中写道。因为事先假定波尔塔瓦没有足够的设施来维修受损的飞机,特遣部队被指示应避免与纳粹德国空军的非必要对抗。事实上,部署在巴尔干半岛的第15航空队其余兵力的当天任务就是分散德军对波尔塔瓦的注意,协助特遣部队以最小的代价完成轰炸任务,而飞往乌克兰的航线则特地选择了尽可能避开德军高射炮的路线。[15]

起初,代号为"疯狂乔"的第一轮穿梭轰炸所起到的象征意义要大于实际意义。当斯大林和莫洛托夫艰难地熬到了1944年5月,先前制订的代号为"棒球"(后改名为"狂暴")的行动计划,其中的许多目标都已经过时了。此时盟军空军已几乎完全消除了德国空军可能造成的军事威胁。等到6月初,盟军司令部可投入欧战的飞机为12 000架,而面对的德国飞机是300架,比例高达40∶1,空战的结果在开始前就已成定局。[16]

出乎意料的是,选择首轮轰炸目标并不容易。早在5月初,谈判已经展开,美方提议轰炸位于拉脱维亚的里加和波兰的梅莱茨附近的海因克尔飞机制造厂。美国空军希望通过穿梭轰炸达成自己最初的目标——击垮德国空军,重创其航空业。而苏联人更关注东线的德军机械化部队,希望切断其燃油补给,于是建议美军轰炸位于罗马尼亚的普洛耶什蒂油田。当时在英国的美国战略空军总司令斯帕茨乐于接受苏联方案，并将炼油厂添加到轰炸目标的清单上，同时建议增加位于利沃夫、布雷斯特、维尔纽斯和考纳斯的铁路调运场为轰炸目标，这些目标皆位于东线战场的德军阵线附近。结果令斯帕茨和迪安深感意外，苏方既不同意上述轰炸目标，也没有提供自己的方案，谈判陷入停滞。

此刻，苏军高层正准备在白俄罗斯发起代号为"巴格拉季昂"[①]的大规模反攻。此次军事行动，苏联红军将沿东普鲁士边境全线推进。迪安告诉斯帕茨，苏联人不愿意把即将取得的战绩归功于美军的空袭。他还认为苏联人并不信任他们，不愿让他们知道自己发动主攻的地点。迪安事后写道："斯帕茨最初选择的三个目标等距离分布苏联前线，而苏联最终发动的袭击选择北面为主攻方向，因此他们不希望美军空袭里加，这样会把德军的歼击机吸引到这里。他们无法在不透露军事计划的情况下告知我方其真实意图。"

迪安建议斯帕茨不必非要得到苏联人的许可，先自行选择首轮轰炸目标，然后把地点告诉他们即可，如此一来，就不必迫使苏联人摊牌了。迪安的想法被证明是正确的——当斯帕茨把德布勒森的铁路调运场确定为"疯狂乔"行动的首轮空袭目标后，苏联人没有反对。袭击匈牙利的目标可以分散北线主攻方向的德军，该行动对苏联人是有利的，但出于保密的要求，他们不会说"好"或

[①] 巴格拉季昂行动是苏联于1944年在白俄罗斯地区发动的大规模反攻。进攻于6月22日开始实行，苏军自4个方向进攻，击溃德国中央集团军群，收复了白俄罗斯首都明斯克。超过30个德国师被歼灭，余下的师也遭受重创。至此，德国最大的中央集团军群所剩无几，北乌克兰集团军被重创，苏军机械化部队推进超过300公里。苏联红军已抵达第三帝国的边境了。

第五章 软着陆

"不好"。[17]

当然,埃克将军已经决定亲自领导这次行动,以确保一切按计划执行,他挑选了第15航空队最优秀的编队参与行动,日期就定在6月第一个天高云淡的日子。4组轰炸编队,包括第2、第97、第99、第483编队,总计130架B-17轰炸机将执行此次任务。大名鼎鼎的"空中堡垒"自1938年以来已成为空战武器库的标配,在飞往乌克兰的途中,美国空军派出最新式的战斗机为其保驾护航,其中包括自1942年1月开始服役的P-51远程"野马"战斗机。

"野马"战斗机由一名飞行员操控,机长近10米,航速为每小时583公里,飞行航程约2655公里。一架"野马"战斗机的造价约5万美元,不足一架B-17轰炸机的四分之一,其主要任务是利用自身携带的6挺12毫米口径重机枪,为执行战略轰炸任务的"空中堡垒"护航。1944年3月后生产的"野马"战斗机增加了副油箱,提升了续航能力,能够执行类似飞往波尔塔瓦的长距离空中任务。第325战斗机编队共有70架P-51"野马"战斗机。[18]

飞行员和其他机组成员并不知道此次特遣行动的最终目的地,纷纷猜测是飞往德国控制的欧洲地区。在起飞前的那一刻,飞行员才被告知此次航程的目的地,他们听后高兴地吹起了口哨。他们得到的指示如下:"我们给苏联人留下的印象,将使苏联全军对我们的认识焕然一新,并为美苏日后建立合作关系奠定基础。我们的表现将成为苏联人评判我国海陆空三军作战能力、军纪、士气与干劲的标尺。"[19]

被遗忘的倒霉蛋：苏联战场的美国空军与大同盟的瓦解

埃克将军乘坐代号为"扬基歌[①]Ⅱ号"的B-17轰炸机飞往波尔塔瓦，飞机上绘有这首深受美国人喜爱的歌曲的标志和歌谱。它隶属于第97轰炸编队，1942年8月，正是在这个编队，埃克完成了从英国飞往德国的首次轰炸任务。轰炸机于1944年6月2日清晨7点前从意大利的福贾附近起飞，在亚得里亚海上空组成队形，随后穿越南斯拉夫，一路上既没遭遇敌机，也没遇上高射炮。轰炸机就这样畅通无阻地将炸弹掷向了德布勒森的机车库和铁路调运站，正中目标。此时，"野马"战斗机也加入了行动，随后越过喀尔巴阡山脉，朝第聂伯河的方向飞去。

特遣部队仅在乌克兰布科维纳地区的切尔尼夫齐附近遭遇到高射炮攻击，火力虽不精准，但依然造成了损失——一架"空中堡垒"的引擎着火，随即导致飞机爆炸。电光石火间，飞机就消失了，也无人跳伞。除了10名机组成员外，遇难者还包括1名乘坐该机前往波尔塔瓦的"野马"战斗机飞行员，另有数架飞机因机械故障返回了意大利。对守候在波尔塔瓦的美军医护人员而言，这一天风平浪静，他们唯一需要救治的病人是一位突发阑尾炎的美军飞行员。[20]

第一架在波尔塔瓦跑道上着陆的飞机是埃克将军乘坐的"扬基歌Ⅱ号"。飞机在哈里曼率领的美苏将领欢迎团前停了下来。埃克走下飞机，走向欢迎团，接受他们的问候与笑容，全然没有在意天空正下着小雨。在埃克将军安全返回意大利之前，他的名字必须向

[①] 《扬基歌》又名《扬基小调》，是一首著名的美国爱国歌曲，自北美独立战争以来就流行于美洲。

第五章 软着陆

公众保密。如果像他这个级别的指挥官遭遇了意外，会影响到穿梭轰炸行动，给美苏第一次联合空中军事行动蒙上阴影，这是双方都不希望看到的。因此，凯西在写给妹妹的信中将埃克将军称为"我们在那不勒斯的老东家"和"我们的大老板"。加拿大记者雷蒙德·亚瑟·戴维斯在新闻报道里称他为"高级美军军官"。

刚与欢迎团队会面不久，埃克将军就授予佩尔米诺夫将军一枚勋章，并宣读了嘉奖令。佩尔米诺夫显然深受感动，正如迪安事后回忆的那样，他将基地的成功筹建都归功于自己的美国同行凯斯勒上校。他还盛赞了美军飞行员，据新闻报道记载，他说"今天的行动堪称完美"。佩尔米诺夫的随行人员还献给埃克将军一束鲜花。"以鲜花欢迎凯旋的将军是苏联人的传统。"凯西这样写道。随后埃克参加了宴会，从欢迎仪式的照片上可以看出，埃克矜持但喜悦，凯西则笑容满面。迪安做了简短发言，将"疯狂乔"计划誉为美苏关系史上的里程碑。凯西写道："我们在周围站了一会儿，大家都忙着交换一些有特殊意义的小物件，比如同行人的签名、照片……轰炸机仍在依次着陆。"[21]

要是没有一出意外，喜悦祥和的气氛还将继续下去。苏联军事情报官员，同时也是迪安与苏军总参谋部的联络官斯莱文将军，前一天也和迪安及哈里曼父女乘坐同一架飞机来到了波尔塔瓦，但他不仅没有赶上拍照，还错过了欢迎仪式。由于一直没等到关于美军穿梭轰炸行动的消息，午后时分，在基地无所事事的斯莱文将军就睡了一会儿，直到轰炸机的隆隆声将他吵醒，他才反应过来，但大家都已离开了营地，将军不得不一路跑着赶去参加欢迎仪式。但在通往机场的路上，他被美国哨兵拦下了。迪安回忆道："总参谋部的两道红色镶边标志让苏联士兵敬畏，但没能在我军士兵那里产生同样的威慑力。"最终斯莱文赶到了机场，随即痛斥了佩尔米诺夫一番，其措辞之激烈甚至让迪安怀疑斯莱文会中风。佩尔米诺夫把勋章放在一旁，显然他对这个意外可能造成的后果很担心，而迪安则尽可能把责任揽到美方身上。[22]

尽管斯莱文的怒气把佩尔米诺夫当天的好心情给破坏了，但其他人都还是喜气洋洋的。在与记者的帐篷相邻的另一个帐篷内，戴维斯和人群中的其他记者一起采访了基地的美国人和刚抵达的飞行员，他们正在汇报飞行任务的执行情况，人人神采飞扬。来自俄勒冈州波特兰市的中尉艾伯特·贾罗德说："苏联人对美国人的热情是世界上任何其他地方的人都无法比拟的。我们来到这儿不仅要打德国佬，（更要）像外交官那样代表着美国。"贾罗德是美国空军的一名情报官，几周前随同第4编队抵达波尔塔瓦，后被派往米尔霍罗德基地。他的家族就来自乌克兰南部的敖德萨，显然，他很乐意回到自己祖辈的故土，在这里和苏联人对付共同的敌人。

戴维斯还讲述了伊戈尔·麦卡特尼和乔治·麦卡特尼两兄弟重逢的场景，他们已经一年多没见面了。"门开了，"戴维斯写道，"一位年轻的列兵走了出来。就在刚踏上舷梯的那一刻，他扫了一眼周围的人。忽然，他瞪大了眼睛，大喊'乔治！'乔治就在人群中，却以为是在喊别人。正当他转身准备离开时，飞机上的小伙子一下子跳到了地面，朝着他飞奔过来，还不停地喊着'乔治！乔治！''乔治，你不认识我了吗？'乔治停下脚步，看了又看，随即也冲向这位初来乍到的小伙子。'伊戈尔！伊戈尔！'他朝对方喊道。两人紧紧相拥，稍后被记者团团围住的两位小伙子把他们的

第五章 软着陆

故事告诉了大家。"他们出生在一个因俄国革命而迁到中国哈尔滨的俄罗斯－乌克兰族裔家庭,后来跟随继父取了爱尔兰姓氏,两人分别于1942年12月和1943年2月应征加入美军。此后,兄弟俩就再没见过面。"你们喜欢苏联吗?"戴维斯问道。"对我们来说就像回家一样。"两人同时回答。[23]

喜悦和激动是当天的基调。"所有人都很高兴能到这儿来。"来自弗吉尼亚州诺福克市的32岁的查尔斯·威廉姆森说道。据戴维斯了解,威廉姆森已经参加了47场战斗,当时要求轰炸机飞行员完成35次任务后就要重新分配到训练基地,他已超出了12次。"这无疑是很棒的一天,我想在今后漫长的岁月里,我将很难忘记今天发生的一切。"数日后凯西在给玛丽的信中写下了她的心情。6月2日傍晚,她和自己的父亲以及埃克将军、迪安一同离开了波尔塔瓦,赶往莫斯科。[24]

在那个值得铭记的日子,在美国摄影师和摄制组拍下的照片和影片中,其他来到波尔塔瓦的美军高级军官在佩尔米诺夫将军的引导下,都身披军用雨衣,虽然照片里看不到下雨,但这不禁让当事人们想到,6月2日那天,就算按乌克兰的天气标准来说也是异常寒冷的。不过,天气如何似乎并不重要。几年后迪安写道:"空军首次在基地登陆的日子标志着我们与苏联的军事合作达到了高潮。"尽管天空细雨绵绵,但在他们看来,美苏的合作正是阳光灿烂时。[25]

- 65 -

第六章　并肩作战的同志

1944年5月底,艾略特·罗斯福上校刚刚结束莫斯科和波尔塔瓦之旅返回伦敦不久,就和此行的另一位成员爱德华·佩克·柯蒂斯准将一同受邀参加盟军欧洲最高司令官艾森豪威尔将军组织的桥牌之夜。据总统之子事后回忆,他和柯蒂斯"在艾森豪威尔的高超牌技下一败涂地"。然而,艾森豪威尔及其副官哈里·布彻可不是只对桥牌感兴趣。艾略特上校回忆说,他们"刨根问底"地打听此次苏联之行。

"此行感觉如何?他们的军队怎么样?飞行员怎么样?军纪怎么样?他们是怎么看我们的?"这些都是盟军最高统帅感兴趣的问题。他不仅想知道莫斯科的政界人物和军事指挥官都说了些什么,他们对美国的看法,还想了解苏联红军官兵对美国的普遍态度。艾略特上校回答:"对他们所有人来说,最重要的仍然是第二战场。如果获胜,万事大吉,如果失败的话……""'如果'?这是什么意思?"艾森豪威尔打断了他的话。艾略特随后解释自己是想起了父亲罗斯福总统和丘吉尔在德黑兰对斯大林许下的承诺,艾森豪威

第六章 并肩作战的同志

尔告诉他,自己对承诺一事毫不知情,还补充道:"但是我知道战斗即将在法国打响,苏联人不必担心。"[1]

1944年6月6日,就在埃克将军指挥的陆军第15航空部队的轰炸机和歼击机安全抵达波尔塔瓦后的第四天,盟军针对欧洲的横跨海峡军事行动正式拉开了序幕。英国夏令时的午夜时分,英国皇家空军开始在纳粹守军的防线后投掷空包弹,用以分散和迷惑其反空降部队。一小时后,真正的伞兵部队开始在德占区降落。又过了一小时,大约在凌晨2点,斯帕茨将军的驻欧战略空军加入到英国人的战斗中,开了跨英吉利海峡的空袭行动。总计有2200架美国、英国和加拿大轰炸机参加了此次行动。

约凌晨3点,在夜幕的掩护下,第一批美军船只开始在奥马哈海滩抛锚停靠。凌晨5点30分,盟军战舰开始炮轰德军海防线。艾森豪威尔将军麾下浩浩荡荡的船队与登陆舰,共计有5500多艘舰船和15万士兵开始向法国进攻。盟军共有4000人阵亡,6000多人受伤,尽管伤亡惨重,但是这次行动仍算得上是旗开得胜。第一天战斗中建立并随后拓展延伸的桥头堡,使盟军能够在1944年6月底前将87.5万兵力部署至新开辟的欧洲战场,讨论许久的第二战场终于来了。驻扎在波尔塔瓦基地的空军准备将战线进一步东扩,但是在这之前,这些新战友必须先学会如何共同生活和战斗。[2]

当身处莫斯科的迪安听到盟军在诺曼底登陆的消息时,他的反应和许多人一样——狂喜且宽慰。比起别人,他还多了一个值得高兴的理由。

被遗忘的倒霉蛋：苏联战场的美国空军与大同盟的瓦解

这几个月来，他一直承受着很大的压力，他必须让苏联人相信美国人会兑现在德黑兰会议上说过的话——罗斯福总统曾在会上向斯大林承诺将在5月向欧洲发动进攻。1944年2月，就在事关波尔塔瓦基地谈判结果的关键时期，为了打消苏联人的疑虑，迪安以12瓶伏特加为赌注，向斯大林担保盟军将在5月发动对欧作战。"我相信比起丘吉尔和罗斯福的承诺，这么做更能让（苏军）总参谋部相信我们执行计划的决心。"由于诺曼底登陆日推迟至6月，迪安不得不兑现自己的赌约。他的做法虽然缓解了紧张的气氛，但是作用有限。当诺曼底登陆成为现实，迪安终于感到轻松了。他穿上军装，走向美国驻苏联大使馆，期待着莫斯科人向他欢呼祝贺。令他感到失望的是，谁也没有注意到街上的这位美国将军，可能是因为大多数苏联人还认不出美军制服。[3]

身处波尔塔瓦和其他美军驻乌克兰基地的飞行员在当地时间上午9点左右得到了消息。4天前来到波尔塔瓦，自美国"空中堡垒"抵达后就一直驻守在基地的戴维斯记者在一篇报道中记述了当时的情景："一架运输机轰鸣着在美军基地的机场上着陆，随后一位激动的飞行员冲了出来，喊道：'嘿，大伙儿，开始了，我们进攻欧洲啦！'"实际上，消息既不是来自盟军司令部，也不是来自英美媒体，而是来自德国人。柏林广播电台在伦敦时间上午6点48分宣布：同盟军空降兵部队在法国登陆。此刻，希特勒还在阿尔卑斯山下的伯格霍夫别墅中酣睡呢，他的将军们不愿意在尚未得到元首命令时就调用预备部队。但这则消息已然惊动了全世界，人们纷纷开始研判时局。

在波尔塔瓦，无线电操作员打开设备，也听到了来自柏林的新闻简报，随后驻意大利第15航空队确认了上述消息。当日下午，英国人播出了丘吉尔在伦敦发表的议会演讲，他宣布有4000艘舰船参与进攻，盟军还有11 000架飞机可支援登陆作战。"这场已打响的战斗，在未来较长一段时间内会愈发激烈，规模也将不断扩大，我不会去预测它的走向，"丘吉尔说道，"但我会说：盟军上下团结一心，我们与我们的美国战友亲如兄弟。"4

一时间，基地里也是热议不绝。有人对丘吉尔引用数据的准确性表示怀疑，并且有理有据。演讲中提到的飞机数量不过是为了威慑德军、鼓舞国内士气，是一种宣传策略。事实上，盟军仅有约4000架飞机参战。但是，整体士气还是相当高昂的。斯卢萨中校在结束执行轰炸任务的返程途中听到了这则消息，他告诉苏联通话员，自己在返回基地时心情很好，不仅仅是因为他击落了一架德军战机，更让自己开心的是第二战场已经开辟的消息。尽管之前的战斗使他深感疲惫，但他已准备好即刻返回战场。约翰·弗雷德里克斯中尉认为第二战场的开辟早就应该开始了，并希望战争能在1944年年底或1945年年初结束，这也是当时的普遍想法。数日前从意大利来到波尔塔瓦的青年飞行员戴维斯无意中获知这则消息，说道："想想吧！我们可能很快就能回家了。"5

听到这则消息，苏联人的反应不及美国人那般雀跃，不过总体还算积极。年轻的雷达兵帕尔默·麦拉在执行轰炸任务时兼任枪手，在空中得知此事，据他回忆，"那天美军人人都击掌欢庆，不过苏联人对此好像并不太兴奋……对他们来说，这一天不过又是一个战争日罢了"。雷蒙德·戴维斯对苏联人的反应做出了更加正面的评价。他写道，在基地厨房工作的乌克兰年轻女性起初有些怀

被遗忘的倒霉蛋：苏联战场的美国空军与大同盟的瓦解

疑，当她们意识到戴维斯和其他传播这则消息的记者并没有在开玩笑时，她们欢呼道："好极了！太棒啦！"她们的热情也感染了绝大多数的苏联红军官兵。一位红军士兵激动地说："现在，让我们一起痛打德国佬吧！"所有人都很兴奋，想知道更多细节。虽然只有片言只语的消息传来，但人们清楚盟军已发动进攻并正在推进，现在盟军的胜利已近在眼前。[6]

那天晚上，雷蒙德·戴维斯飞回了莫斯科，报道那里对诺曼底登陆的反应。记者同行告诉他，莫斯科的大喇叭已经播报了此事。戴维斯写道："就在新闻记者下榻的大都会酒店拐角处，约20人驻足静听，播音员刚说了几个字，大伙儿便放下手中的一切。成百上千的人不顾交通规则，逆行而上，冲到街道，默默聆听，随后有人握手，有人拥抱，最后人们又纷纷跑回自己的家和办公室，急于将好消息与众人分享。"[7]

凯西·哈里曼也返回了莫斯科，当天她要与苏联文化官员进行会面，讨论举办美国摄影展的事宜。然而这次会谈却变成了一次欢庆，当夜，苏联人设宴款待美国大使馆官员。与此同时，美国外交官注意到诺曼底登陆后，苏联媒体的语气随之改变。据美国大使馆外交官麦克斯韦·汉密尔顿在递呈华盛顿的报告中所言，一向对盟军"谨慎表扬，不吝批评"的苏联媒体，现在则是"赞誉有加"。1944年6月19日，斯大林在办公室热情洋溢地欢迎到访的哈里曼。他告诉美国大使："我们走在正确的大道上。"[8]

就在发起诺曼底登陆的6月6日，104架B-17"空中堡垒"轰炸机和45架P-51"野马"战斗机从波尔塔瓦地区的基地起飞，前

- 70 -

第六章　并肩作战的同志

往罗马尼亚的加拉茨，轰炸附近的德国机场。这是美军第一次从苏占区出发执行轰炸任务。

几天前，埃克将军已说服了苏联空军司令部同意美国早已选定的军机轰炸目标——位于波兰梅莱茨的德国飞机制造厂，地点恰好在利沃夫和克拉科夫之间。6月5日，埃克将军和哈里曼与苏联外交人民委员莫洛托夫会面时，高兴地将已达成的协议告诉了他，莫洛托夫亦心照不宣地表示认同。不料计划赶不上变化，中欧地区阴云密布，轰炸机只能向南飞往加拉茨，改换另一个军事目标。逾200吨炸药朝着目标一倾而下，此役凯歌高奏。"空中堡垒"毫发未损地返回了在乌克兰的基地。尽管美军飞行员击落了6架德军战斗机，但也有2架"野马"战斗机未能成功返航。[9]

美军在苏占区首次执行空袭任务与诺曼底登陆恰巧在同一天，美军士气因此越发高涨，战略方面的优势也进一步显现。6月7日，斯帕茨将军从伦敦给身在波尔塔瓦的埃克将军发去电报说："此刻，你的军队留在苏联比返回意大利更重要。"他希望美军轰炸机继续留在基地，待气象条件转好时，一举轰炸梅莱茨。要打击的不仅是纳粹德国的飞机制造厂，斯帕茨希望埃克留在苏联，是为了在德军调动法国所有可用的飞机来反击盟军时，埃克的部队可从东线对德军构成威胁。苏联人对此没有异议。美军轰炸机和战斗机可以留在苏联，"疯狂乔"军事行动进行了差不多9天，一直持续到1944年6月11日。[10]

埃克将军利用这次机会又去了一次莫斯科。在哈里曼大使为表彰参与策划和执行穿梭轰炸行动的空军军官所举行的招待会上，埃克将军向参与行动的两位苏联红军高级军官——苏联空军司令诺维

- 71 -

科夫元帅及其副手尼基丁将军颁发了美国功绩勋章。此次行动的成功，尼基丁将军厥功至伟。第二战场的开辟和首次穿梭轰炸的成功使得莫斯科和华盛顿的情绪都高涨起来。迪安后来写道："我们相信军事领域的其他合作也将达成协议。"[11]

刚抵达时的热情逐渐退却，糟糕的天气限制了军事行动的进一步展开，美军在基地的生活开始变得常态化。苏联人想方设法给美国人带去娱乐，他们邀请红军演奏家和当地的民间艺术团举行音乐会并表演各式舞蹈。第15航空队的军官兼史官詹姆斯·帕顿少校于6月2日抵达波尔塔瓦空军基地，同其他人一样，随后9天里，他也滞留在那儿。他写道，自己无事可做，战友们"懒洋洋地沐浴着温暖的阳光，在茂密的三叶草丛里打垒球，好奇地漫步在城镇废墟里，和为数不多的美国护士小姐嬉笑调情，试探性地接触那些丰满的苏联姑娘，大家不是抱怨食物单调，就是早早上床睡觉"。

驻扎在三座基地的美军地勤人员比飞行员有更多的时间熟悉新的生活。来自农村的军人，比如帕尔默·麦拉发现，把乌克兰的生活和工作条件和自己的家乡进行对比是一件很有趣的事。几十年以后，麦拉写道："大多数房屋都比较小，一般有两个房间，卧室常在上面。墙上通常装饰着图画或宗教圣像。"麦拉发现这些房子里还挂着列宁、斯大林、恩格斯或马克思的画像，他觉得这可能是国家要求的。[12]

让美国人惊叹不已的还有乌克兰大地上厚厚的黑土壤。麦拉的朋友唐纳德·巴伯在南达科他州长大，他语带惊诧地告诉麦拉，他看见"有人挖了约1.5米深的洞，挖出来的竟然全是黑土"。巴伯

第六章 并肩作战的同志

现在终于明白为什么乌克兰被称为"欧洲大粮仓"。然而,麦拉和巴伯对当地人的耕作态度却不以为然。"比起农民拥有自己土地的制度,在集体农场制度下,他们对农事的兴趣和投入的精力都不足。"麦拉写道。还让他们感到惊讶的是农业机械化程度不足。当麦拉看着乌克兰农妇日日清晨肩扛锄头走向农田时,不禁回忆起自家的农场。"我会想到在威斯康星老家的父亲,他用一辆小小的福特拖拉机产出的效益,要比这些用锄头的人加在一起还要高。"麦拉写道。他曾看见当地人用一辆修理过的德国坦克来犁地。[13]

此外,美苏文化各有特殊性。帕顿写道:"美国飞行员瞧见苏联战士聚在一起跳舞时略微有些吃惊,而苏联人看见美国人跳吉特巴舞①同样感到惊讶。"双方在日常交往中发现了彼此的相似与差异。苏联人觉得美国人性格开朗,乐于交友,几乎愿意拿自己身上的任何东西来交换有纪念意义的物品,比如军服上的红星、有苏联标记的金属纽扣、打火机和香烟盒。而苏联人饮酒的嗜好也着实让一些美国人侧目。"特别是对于苏联人而言,你喝得越多,还能稳稳地站着,越能说明你是一条'真汉子'。"麦拉写道。这是他们彼此熟悉的开始。[14]

合作最紧密的当属服务于飞机的技术人员。苏联机修组由一名助理机工长和两名助手组成,负责一架指定的飞机,而这三人将在一名美国机工长的带领下开展工作。其他技术人员如雷达操作员和气象员也合作密切。有些美国人对苏联搭档的能力印象颇深。23岁

---

① 又名水兵舞,是起源于美国西部的一种牛仔舞,随着美国海军的远征在世界范围内广泛传播。

的富兰克林·霍尔兹曼中士来自布鲁克林，毕业于北卡罗来纳大学的经济学专业，作为雷达技术员被派往米尔霍罗德基地。后来在1958年重访乌克兰时被克格勃列为嫌疑人、代号为"旅行者"的正是他。在基地，他发现与自己共事的苏联中尉"天资聪颖"。"他只有27岁，是一名电气工程师，"霍尔兹曼在家书中写道，"我们聊起了音乐，我发现他和我一样，对贝多芬和舒伯特的室内乐很感兴趣。"[15]

当然，并不是每一名美国或苏联军人都像霍尔兹曼及他的苏联朋友一样接受过良好教育且热爱音乐，但他们都找到了沟通与共事的方法。美国人最初对苏联人的技术水平表示怀疑，因为苏联飞机在技术层面上很难与美国飞机相媲美。尽管苏联人通过《租借法案》得到了美国军机，但"空中堡垒"和"野马"并不包括在协议内。苏联飞机技师时常觉得美国同行看不起自己。"建造空军基地、补充燃料、装卸弹药这些事苏联人都能干，但是技术活、复杂的现代航空技术，他们就不行啦。"米尔霍罗德基地的苏联助理机工长尤里·马雷舍夫这样描述美国人对苏联人能力的评价。[16]

美国人携带的工具设备、充足的备用零件及美国人的专业水准确实让苏联人印象深刻，但他们认为自己的脑子更活络。马雷舍夫一个人便更换了一个发动机化油器，而完成这项任务通常需要好几个人合作，这着实让他的美国主管惊叹。他将其他美国技师和长官都叫来，向他们展示了马雷舍夫完成的非凡任务，以此表达自己的赞赏。苏联人还认为他们比美国人更敬业。他们惊讶地发现美国人还没干完手中的活就跑去享用午餐或晚餐了。苏联人可是另有标准——工作未完成之前，技师无权离开飞机。在马雷舍夫前往米尔

第六章 并肩作战的同志

霍罗德之前,他曾两天两夜都在飞机上吃住,直到工作完成为止。[17]

马雷舍夫在米尔霍罗德的同事弗拉德连·格里博夫在美国中士汤米的手下担任助理机工长,他曾将自己的观点告诉好友马雷舍夫:美国人是优秀的专家,但工作不够"尽责",对他们而言,"提供给他们的美食比手上的工作更重要"。当时的苏联什么物资都匮乏,所以格里博夫认为美国人的挥霍不啻一种浪费。"在第一批飞机中,有架飞机的机头炮的套子破损了,我便着手把它缝起来。等我把活儿干好后,汤米虽然表扬了我,但他解释说其实也不必这么做,直接把套子换了就行。"格里博夫回忆道。这还只是开始,汤米不止一次阻止格里博夫去做那些苏联技工学校曾训练他做的事。例如,遇上某个装置失灵了,苏联技师会先把它拆分开,找出问题,随后在维修车间里配好新的零件,再重新将装置组装好。最终,格里博夫逐渐习惯了这些不同。[18]

格里博夫和马雷舍夫都在莫斯科长大,这两位年轻军人正是在苏联教育下成长起来的第一代人,他们对苏联体制在政治和经济上的优越性都深信不疑。格里博夫回忆往事时说:"我们几乎所有人都接受了全方位的宣传,因此坚信我们国家的体制和正在推进的事业是绝对正确、公正的,也最为卓越。"格里博夫的名字是弗拉德连,由弗拉基米尔·列宁姓与名的第一个音节组成。马雷舍夫也表示赞同:"没有必要对我们有任何怀疑,我们所有人都受到了宣传的影响。"除了看到美国人浪费、美军飞机零部件供应充足之外,他们俩发现美军中供给充足的还有服装、手电筒、点心、口香糖等苏联人从未见过的东西。但两位好友并没有因此觉得苏联的经济体制有什么劣势,而是把这一切归咎于战争的影响。

然而，和美国人常会面、同工作，使得一些年轻苏联技师意识里某些根深蒂固的苏联教条动摇了。格里博夫回忆："我们知道在'他们的'军队里，工人和农民从事低等工作，而资产阶级是军官阶层。"然而，格里博夫很快发现自己的美国上级汤米出身于一个农场家庭，他家拥有的土地和设备相当于一个苏联集体农场，但他在部队里只是战士，而不是军官。年轻的苏联技师还惊讶地发现美国战士和长官交谈时显得很随便，不用立正，敬礼也很随意，制服相似，一日三餐也没什么分别。[19]

在苏联长大的格里博夫惊讶地发现美军士兵的种族构成多种多样，他不敢相信汤米的朋友比尔·德拉姆是一个德裔美国人。"我们毕竟在和德国人作战，而他就是德国人。"格里博夫解释道。唯一符合苏联宣传语境下的美国形象的，就是他们对待非裔美国人的态度。基地里没有常驻的黑人士兵。几十年后，格里博夫依然记得，他的美国朋友看见牙粉罐封面上的黑人男孩的笑脸时，脸上不禁流露出来的鄙夷神色。那是苏联设计者为了展示牙粉的效果，特意将男孩的牙齿和他的黑皮肤做对比所拍出的封面。[20]

美苏交往既是合作，又是竞争。苏联指挥官希望苏联战士的穿戴和装备至少不能逊色于美军，因此新式军靴替换了旧式布绑腿军靴，其设计者还荣获了斯大林勋章。这款长筒靴由轻如羽毛的材质做成，但还是比不上让苏联战士羡慕的美式军靴。尽管如此，波尔塔瓦的苏联红军军官还是竭力说服美国人相信，长筒靴要比美式军靴更好、更舒适，能更好地保护脚踝不受潮湿环境的影响，还能使脚和裤子更干净。与苏联同行进行了一次会谈之后，美国军医便从苏军供销商那里订购了400双长筒靴。[21]

第六章 并肩作战的同志

被派往波尔塔瓦的苏联空军军官和技术人员因此享受到了比他们在战时其他任何岗位都要更好的待遇。他们每人有两套军服（这在当时可是闻所未闻的奢侈），由全新的亚麻布制成。苏联军人通过特制木盒把床上的草褥子叠得整整齐齐，形状可以保持一整天不变，他们对此很自豪。苏联军营和帐篷的整齐洁净条例由军官强力推行，而战士们一丝不苟地执行了命令。美军营帐里乱糟糟的模样则让苏联战士极为震惊。"床铺想怎么叠就怎么叠，东西随处扔，满屋都是物品包装、画报和口袋书。"格里博夫几十年后谈起来时，依然很不认可美军的这些习惯。[22]

对美军而言，基地食堂的卫生状况让他们着实大吃一惊。"我发现苏联人不相信肥皂可用来洗碟子和炊具，还认为这么做会引起腹泻，他们用3%浓度的苏打水和一条油腻的毛巾来清洗。"帕顿少校惊诧地写道。1944年4月，美国人发现厨房没有冷藏设施，食物都储存在敞开的瓶瓶罐罐里，无法挡住灰尘、大量苍蝇及其他虫子。美军于是对此提出警告。苏联人打算改进厨房和餐饮设施，但发现这是一项艰难的任务。同年5月，美国军医罗伯特·纽厄尔上尉抱怨厨房通风条件太差，里面满是从柴炉里窜出的烟尘。美国人对厨余垃圾和残羹冷炙的处理也很是担忧：苏联人用泛着馊味的大木桶把它们收集到一起，然后就倒在厨房附近的一条水沟里。"老鼠和其他啮齿类动物都可以自由地进出所有这些乱糟糟的房间。"纽厄尔在报告中写道。[23]

有的美国飞行员发现厨房员工上过苏式厕所之后竟然没有洗手，便会拒绝吃饭。纽厄尔上尉对床铺和被褥非常满意，但认为"厕所状况极差"。帕顿少校也深有同感，他在1944年6月写道："如果可以用'差劲'形容厨房的话，那么厕所则糟得难以形容。"苏式厕所由地面上的一排坑洞组成，地面上也常留有粪渍，因此美国人拒绝使用。他们要求建新设施，然而苏联人唯一能建的厕所样式就是眼前的这种了。最终，美国人放弃了原计划，在波尔塔瓦地区的每座基地内自行建造了厕所。但在美国人偶尔光顾的哈尔科夫、基辅和其他苏联基地，他们就拿苏式厕所没什么办法了。

美国医生经常会从当地人和苏联红军战士身上观察到牙齿不好和营养不良的体征。导致这些情况的原因，除卫生状况不佳之外，还有医疗资源不足。据基地的美军首席医师威廉·杰克逊中校推测，苏联的医疗条件要比美国落后50年。杰克逊在每座基地里都建造了独立的医院，并配备了美方的医护人员。纽厄尔上尉在1944年4月的报告中写道："苏联的饮食和卫生标准与美国大不相同。"他接着调侃："和当地人一起洗澡顶多是两年举办一次的活动。"[24]

尽管公共卫生和个人卫生问题让苏联人感到尴尬，但他们仍竭尽全力去解决。而有些美国人却把苏联红军战士糟糕的卫生状况当作自己的优势。来自泽西市的上等兵马丁·克洛斯金告诉美国军事记者："苏联女人把东西收拾得很干净，她们几乎连肥皂都没有，还是能把事情搞定。苏联男人可就是另一回事啦。我觉得，我们把自己弄得干干净净的，军服也很整齐，这就是我们受姑娘们欢迎的主要原因之一。"[25]

凯斯勒上校很满意与前美苏合作的状态。这位美国指挥官说道："士兵就像在伦敦一样在大街上随意行走。"而苏联国家安全人民委员部波尔塔瓦分部的秘密警察们却不太满意,他们的职责包括监督当地民众对美军的态度。他们发现有些美国人参加教堂礼拜,在苏联这是不被允许的。还有些美国人会和当地百姓谈及他们对两国生活水平的印象,而这些言论基本都是对苏联不利的。"你干一份能挣5美元的活,在美国就可以生活得好好的,但是在这儿,5美元,你可能连两千克面包都买不到。"一位美国大兵言之凿凿地向秘密警察的线人抱怨。他接着说道:"美国真是人间天堂,而这里只有苦难。"

让苏联当局感到格外担忧的是当地民众对美国人的态度,以及他们对美军到来的期望。自十月革命以来,乌克兰就一直是苏联的麻烦事:革命时期乌克兰的知识精英阶层就曾推动独立,建立了属于乌克兰人的国家。在向当地的领导干部们让步,许诺支持乌克兰语言和文化的发展后,苏联才平息了乌克兰人的抵抗。1922年苏联成立,其具有联邦性质的国家政体的确立很大程度上是为了安抚乌克兰人和格鲁吉亚人。该政体使得难以掌控的共和国和其他多个加盟共和国获得了自治权,而随着斯大林政权的巩固,这些自治权也逐步丧失。

20世纪30年代初,斯大林推行农业集体化,使近400万乌克兰人和其他地区数百万的苏联人遭遇饥荒。正如前文所言,波尔塔瓦、米尔霍罗德和皮里亚京属于乌克兰受灾最严重的地区。斯大林以饥荒危机为由批评乌克兰的党政领导,也炮轰乌克兰民族文化的复兴。居住在乌克兰境外的乌克兰人,作为俄罗斯地区最大的少数族裔,几乎一夜之间都被重新登记为俄罗斯裔。[26]

被遗忘的倒霉蛋：苏联战场的美国空军与大同盟的瓦解

纳粹德国于 1941 年入侵乌克兰，许多乌克兰人将德军的行动视为欧洲文明的到来，并希望乌克兰能摆脱斯大林的统治，实现期盼已久的解放。不少乌克兰人借此机会恢复了他们的非俄罗斯裔身份，重建了独立于莫斯科的乌克兰东正教教堂。虽然德国人默许了上述行为，但他们在乌克兰实施了恐怖统治。犹太人则成为主要的受害者：近百万犹太男人、女人和孩子遭受迫害，每六个在大屠杀中丧命的犹太人里，就有一人来自乌克兰。乌克兰年轻人还被抓去德国劳动营服役，这产生了庞大的被迫移民的群体。截至 1944 年，共有 220 万乌克兰人丧生于德国。乌克兰民族主义者在 1941 年尚能被稍稍容忍，然而随着他们的领导者纷纷遇害，追随者被迫转入地下，这些民族主义分子也沦为纳粹德国统治下的受害者。[27]

在 1943 年苏联红军收复乌克兰后，几乎没有乌克兰人再相信德国人能解放他们了，但当地人同样无法忘记和原谅革命及内战时期苏联人的铁腕措施。意识到这些后，苏联当局担心在德占期间已接受了反共宣传的乌克兰人对苏联政权并不忠诚。随着另一外族——美国人——的到来，秘密警察已经紧锣密鼓地行动起来了。

1944 年 6 月 30 日，国家安全人民委员部波尔塔瓦分部的负责人切尔涅茨基中校向在基辅的上级谢尔盖·舍普琴科汇报："反苏分子正试图和英美机组人员建立联系，他们大部分人都在监控名单上。"乌克兰当地人对美国的技术成就印象深刻，他们认为美国在文化上不仅优于苏联，更优于德国。"美国人在波尔塔瓦建造了一座我们想都不敢想的机场。"负责施工的谢尔盖·伊凡诺夫斯基笃定地说，"他们用美国人带来的特制石板铺满了机场，他们不允许我们的人在那儿监督。和德国人一样，美国人文化水平高，腰包鼓，即使在这里,他们也没少享受葡萄酒、蛋糕和奢侈品。"

有人甚至相信美国将最终接管乌克兰。在过去的3年里,美国人是第二支驻扎在此的外国部队,所以很容易联想到一点:新来的外国人无论多么富有且有文化,依然会和德国人有同样的诉求。6月3日,50岁的教师安东妮娜·科尔松告诉秘密警察的线人:"美国人谋划修建机场肯定有某些目的。他们不想在前线和敌人交战,却把我们的战士送到那儿,趁着我们的人在前线,他们让自己人遍布乌克兰各地,不战而胜。德国人公开征服乌克兰,美国人却偷走乌克兰。究竟哪种更好,只有时间能证明⋯⋯"

还有一些乌克兰人,比如在波尔塔瓦市零售部工作的53岁的斯捷潘·卡纳拉夫斯基,就欢迎美国人接管乌克兰,这样他们就不必接受苏联的统治了。据说,他对自己的一个熟人透露:"我兴致勃勃地骑自行车围着机场转了一圈。我们的人只负责巡逻,其余都是美国人,他们会把我们相信共产主义的年轻人直接干掉,然后接管这里。"如果相信秘密警察所言,卡纳拉夫斯基已经为另一场战争做好了准备,这次是美苏之间的战争,他站在哪边毋庸置疑。

有人希望美国人的到来能改变苏联的政治体制。年近四十的奥尔加·斯米尔诺娃学过英语,并被怀疑有反苏倾向,"我不知道苏联的政治体制在战后将会发生怎样的变化,但它不能再维持原样了,英国和美国会在这方面帮助我们的"。谢尔盖·伊凡诺夫斯基也对美国文化的优越性印象深刻。再比如,25岁的体育官员安纳托利·贝夫也设想苏联将会按美国模式进行重组。他(不太明智地)对国家安全人民委员部的线人说:"我认为,不出意外的话,美国人会在西伯利亚全境走走看看,密切观察当地的财富,我们领土上出现的美国空军基地将宣告苏联统治在这里的终结，完全独立的加盟共和国将按美国模式重组。"[28]

苏联红军官兵和乌克兰当地人看待美军的态度截然不同。苏联官兵，尤其是年轻军官和技术员，深受苏式思维的影响，并不承认美国经济和军事的强大，而是强调自身意识形态和文化的优越性。对于乌克兰当地人，特别是童年时期生活在沙皇俄国，成人后又经历了德国统治的当地人而言，苏联语境下对美国的宣传没有给他们留下太多印象，他们认为美军的到来会给乌克兰带来更好的改变，也预示着苏联的政治体制将进行改革，或者是美国将接管乌克兰。

1944年6月11日上午，苏联军方和当地百姓向接管了波尔塔瓦、米尔霍罗德和皮里亚京基地的美国飞行员挥手道别。在米尔霍罗德空军基地的上空，共有149架"空中堡垒"轰炸机和60架"野马"战斗机集结，启程飞往西南方向的意大利。这是"疯狂乔"计划的最后一天，即将执行的也是最后一项任务。

气象条件仍然不允许轰炸梅莱茨飞机制造厂，这让埃克将军很失望，因此他将罗马尼亚福克沙尼附近的德军机场定为新目标。第15航空队的其他飞机从意大利基地起飞，意在转移德国空军和防空体系的注意力，使其无法注意到来自波尔塔瓦基地的穿梭轰炸。此次轰炸行动很成功：6间作坊和6座营房被毁，燃料设施和加油站起火，福克沙尼地区大片建筑和众多设施遭到严重损毁。轰炸机没有直接攻击城镇。

比起6月2日的行动，面对美军轰炸机在战斗机护航下的突袭，德国人这次准备得更加充分，高射炮的火力更加猛烈，战斗机飞行员也越发逞强斗狠。尽管如此，美军的损失仍然很小。一架"野马"战斗机在起飞时撞机，另有七架"野马"战斗机和六架"空中堡垒"轰炸机因技术原因返航。还有一架"野马"因技术故障在南斯拉夫降落，一架"空中堡垒"被敌军击落。不幸的是，那架飞机上载有一位美国摄影师，他拍摄了大量关于波尔塔瓦基地的照片，知道这件事的人希望照片不要落入敌手。[29]

现在一切都结束了，所有人都认为"疯狂乔"行动大获成功。6月12日，埃克将军返回意大利后的第一天，哈里曼给身在伦敦的安德森少将发去电报，向这位美国战略空军副总指挥表示祝贺，这位少将曾代表斯帕茨将军监督穿梭轰炸任务的执行。阿诺德也高兴地拍了一份相似的电报："我希望能向苏联红军总参谋部的军官和空军将领转达我诚挚的谢意，感谢他们与我方通力合作，促成此次行动的成功，并请他们将我们的感激之情一并转达给红军全体官兵。"无论是对于"疯狂乔"的后续，还是不管叫什么名字的下一次军事行动而言，美苏同盟的前景都看似一片光明。美军正在除法国北部之外的东线战场上奋力作战。大同盟已然形成。[30]

第七章 "间谍之死"

有一个人正急切地希望搭上美国飞机和返程的轰炸机一起飞回意大利，他叫莫里斯·雷蒙德。二战前，他曾是法国陆军的一名上尉，后因不明原因被德国人带至乌克兰中部地区。1943年秋苏联收复这片领土时，他仍留在那里。1944年5月底，雷蒙德与美国指挥官取得了联系。6月6日第二战场在法国开辟，此时雷蒙德希望美国人能带他飞回意大利或北非，与他的同胞团聚。可是，监视雷蒙德到访波尔塔瓦基地的苏联红军反间谍官员决心采用一切手段阻止他离开。他们既不相信被怀疑是德军间谍的雷蒙德，也不相信美国人。雷蒙德将在秘密警察的监控下继续留在波尔塔瓦。[1]

"盟友归盟友，但是我们不能忘记美国是一个帝国主义国家。"弗拉德连·格里博夫回忆起在首批美军来到米尔霍罗德之前，他和他的同事曾接受的教导。他们还被告知互相交谈时务必小心，因为谈话可能会被美国人听到。"美国人中可能会有人隐瞒自己对苏联的了解。"最后，他们还被要求"数腿"，就是数清楚每架"空中堡垒"的机载人数。飞机一着陆，美国人从敞开的机舱舱门里走出来时，先把腿迈出舱门。每架飞机上应搭载10人，共20条腿。要是超过这个数，苏联技术人员就要默默记下超载飞机的编号，并向反间谍官员报告。²

红军官兵提交的报告最终都会被送到苏联反间谍特别行动机构——"施密尔舒"官员的办公桌上，"施密尔舒"的俄文含义是"间谍之死"。斯大林在斯大林格勒保卫战后着手对国安机构进行了重大重组，"施密尔舒"应运而生。随着红军逐步驱逐德国占领者，斯大林决定让内务人民委员部部长贝利亚负责督导反间谍工作的进一步完善。斯大林显然很担心间谍人数激增，其中既包括德军撤退后潜伏下来的间谍，也包括新收复失地当地人群中的间谍。在贝利亚前副手弗谢沃洛德·梅尔库洛夫的领导下，一个负责国内反间谍工作的特殊国家安全部成立了。贝利亚反间谍帝国的另一部分由他的副手维克托·阿巴库莫夫负责，并入国防人民委员部。斯大林亲自将该机构命名为"施密尔舒"。"施密尔舒"两个更小的分支机构由海军人民委员部设立，同时接受内务人民委员部部长贝利亚的领导；阿巴库莫夫领导的"施密尔舒"则是苏联的主要反间谍机构，阿巴库莫夫可以直接向斯大林汇报工作。

苏联国家二级安全委员[①]阿巴库莫夫及其掌管的"施密尔舒"机构负责监控在乌克兰的美国空军基地。"施密尔舒"的主要职责本是对付德国间谍，在强大的"施密尔舒"工作的官员和线人现在

[①] 国家安全委员是苏联内务人民委员部单独的一套级别，其中总委员级别最高，其次是一级委员、二级委员。

要转而针对美国人了。无论美苏关系多么友好，阿巴库莫夫及其同事的行事准则都基于这样一个假设：美国人来乌克兰不仅是为了打败德国人，也是为了暗中侦察苏联。

他们建立了一个庞大的线人网络，并提醒苏联红军士兵：美国盟友是对苏联政权充满怀疑和敌意的资产阶级。对苏联颇为友好的美国军官被视为主要的威胁，因为他们不仅能更有效地刺探情报，还能散布有害的政治观点。"施密尔舒"试图隔离美国盟友，切断美国空勤人员、苏联空勤人员和乌克兰民众之间一切未经许可的联系。

考虑到波尔塔瓦基地在政治上的重要性，阿巴库莫夫决定将"施密尔舒"总部的一名军官派往那里。康斯坦丁·斯维什尼科夫是"施密尔舒"监管苏联空军反间谍活动所在部门的副主任。鉴于基地位于乌克兰，斯维什尼科夫似乎是很合适的人选。他当时35岁左右，成长于俄罗斯中部地区，1932年在乌克兰红军服役期间开始从事军事情报工作。他在那里度过了10年的军旅生涯，在情报机构内的级别不断提升。1941年6月，德军入侵乌克兰时，他负责驻乌曼空军部队的反间谍机构。从地理上讲，波尔塔瓦、米尔霍罗德、皮里亚京位于第聂伯河的一侧，而乌曼就位于另一侧。斯维什尼科夫对于即将就任新职位一事早已做好充分准备，对当地情况亦谙熟于心。[3]

斯维什尼科夫于1944年4月下旬抵达波尔塔瓦。在4月30日发给阿巴库莫夫的首封电报中，他告诉自己的顶头上司，在波尔塔瓦机场附近唯一幸存建筑的地下室内发现了德国炸弹。这件事甚至引起了斯大林的关注，斯维什尼科夫借此机会提出了一些需要上级批准的要求。他尤其想替换负责68号空军基地（这是苏联空军为了服务波尔塔瓦基地而专门成立的机构）的"施密尔舒"官员。他还要求往三座基地派驻更多的军官和密探。斯维什尼科夫的要求得到响应，部署得到加强。"施密尔舒"在该地区的新负责人是安纳托利·佐里纳上校，他从一所工程学院毕业后，于1939年加入苏联红军，从事反间谍工作。自1944年5月下旬开始，斯维什尼科夫和佐里纳作为搭档，共同管理波尔塔瓦基地的"施密尔舒"，提交给阿巴库莫夫的重要报告也由两人共同签署。[4]

他们的第一份报告是在5月25日提交的，也就是"空中堡垒"轰炸机队到来的前一周。他们就首次成功执行了"施密尔舒"总部交付的任务进行汇报，内容包括"防止盟军间谍向苏联渗透""挖出德国情报人员"和"及时发现反苏分子的异常行为"。后两项是"施密尔舒"战时的标准任务，但第一项任务则非同寻常。斯维什尼科夫和佐里纳现在针对的主要外国势力不是德国，而是大同盟的盟友——美国。共有1090名美国官兵驻守在波尔塔瓦地区的基地，其中会说俄语的30人被视为潜在间谍。很快，4名美国军官被怀疑从事间谍活动或进行反共宣传，而判断的依据仅仅是因为这些军官试图和苏联民众建立密切联系，或是把美国期刊借给他们。[5]

斯维什尼科夫和佐里纳相信，最好的防守就是进攻，他们请求聘用有经验的特工，并招募一些新人来对付这些美国人。他们希望苏联军官和技术员能参与其中。驻守三座基地的86名苏联红军军官中，已有8人是谍报人员。他们希望再招四五个新人，这样大约每6名军官中便有一名间谍。他们针对技术员的招募计划更加雄心勃勃。他们知道每架美国飞机配有一个4人团队，包括一名美国高级技师和三名苏联技师，他们希望每个团队里有一名间谍。更加庞大的谍报网络需要增派管理人手，还需要更多经费支付给特工。在5月24日发给莫斯科的备忘录中，佐里纳申请增加两万卢布的活动经费。

"施密尔舒"担心的另一件事是空军基地的安全问题。他们计划从负责基地安保工作的士兵中招募谍报人员，其中包括守卫弹药库的士兵和当地民众。从当地民众中招募来的人主要负责监督陌生人，监控潜在的德国间谍，以及任何敌对行动的迹象。斯维什尼科夫和佐里纳还针对基地红军部队和当地民众中的不可靠分子采取了行动。他们要求驱逐或重新安置120名曾被德军俘虏或在德占区生活过的士兵。当地安全委员会将整座基地的嫌疑分子重新安置到斯大林格勒和顿涅茨工业区，他们被派去重新修建受损的工业企业和煤矿。

斯维什尼科夫和佐里纳知道美国人会去寻找女伴，他们觉得这是一个机会。据他们的报告，在5月20日和21日的这个周末，波尔塔瓦有100多名美国人可以享受一天的假期，其中不少人都想和当地女性交朋友。"引导这些（美国）人进入从事秘密工作的民间女子的圈子，亦不失为可行之策，通过这些女人，我们可以对美国军人和他们的社交圈展开调查。"斯维什尼科夫和佐里纳这样向上级汇报。事实上，他们已经与在本地内务人民委员会分支机构工作的官员展开合作，着手从当地民众中招募女性情报工作者。[6]

就在斯维什尼科夫和佐里纳递交报告后一周，阿巴库莫夫于6月1日做出答复。他要求斯维什尼科夫和佐里纳谨慎行事，"不应让情报人员刻意和美国人接触，如果美国人和我们的女特工混得很熟，那就应该多加利用。为了更好应对上述情况，我们要加强从当地（妇女中）征召女特工的工作"。对于两位官员提出的其他问题，诸如对执行轰炸任务的美军进行记录的最佳方法，以及在红军和当地民众中招募新特工的计划等。阿巴库莫夫建议自己的下属与苏联红军指挥官以及内务人民委员部在当地的反间谍机构展开合作。[7]

第一个被招募来对付美国的新特工是23岁的上尉维克托·马克西莫夫。他懂些英语，被位于莫斯科的苏联空军总部派来波尔塔瓦，担任佩尔米诺夫将军与美方代表凯斯勒上校及其他美军指挥官的主要联络官。4月12日，即"施密尔舒"收到来自波尔塔瓦地区首份报告的当天，马克西莫夫被征召为特工。他的代号为"马尔可夫"，由斯维什尼科夫和佐里纳亲自负责相关事项。他依据与美国人的接触和交往完成了多份报告，为"施密尔舒"官员编纂汇报材料提供了基础。[8]

斯维什尼科夫和佐里纳还启用了现役特工，并要求其上级将他们的档案送至波尔塔瓦。代号为"阿福托马特""雷迪艾特""博特金"和"康斯坦丁诺夫"的特工把自己与美军交往的内容以及更重要的其他同志的行为向上级汇报。"博特金"特工于6月13日向他在"施密尔舒"的上线汇报了自己与鲍里斯·斯莱汀中士的谈话内容，得知"博特金"会说英语，对方建议他和美国飞行员一起前往美国，他可以担任口译员，在那儿能生活得很好。事实的真相是斯莱汀也是"施密尔舒"的特工，1941年被重新启用，代号为"施图尔曼"。特工"揭发"特工，这似乎让"施密尔舒"更加自信地认为他们已实际掌控着基地所发生的一切。[9]

当然，斯维什尼科夫和佐里纳建立起的庞大情报网，其主要目标仍是美国人。斯维什尼科夫在6月14日的报告中提到，6月上旬，波尔塔瓦地区的三座基地内共有2703名美军。这份报告是在埃克将军和他的"空中堡垒"返回意大利的三天后提交的。这些人中有1236人是常驻人员，只比莫斯科最初同意的人数多了36人。跟随"空中堡垒"轰炸机和"野马"战斗机一同前来执行"疯狂乔"行动的人员共有1477人。

斯维什尼科夫尤其关注驻扎在基地的美国地勤人员。他特别选出了其中能说俄语或乌克兰语的人，因为在斯维什尼科夫看来，这些人具备了从事谍报工作或进行反苏宣传的能力。他盘点了11位生于沙俄时期的军官及27位来自俄罗斯（移民）家庭的军官。那些来到乌克兰帮助克服美苏间语言障碍的译员，要接受美国空军司令部的审查，以排除那些出于意识形态原因、个人或家庭原因而对布尔什维克怀有敌意的个人。美军仅有的情报人员来自空军部队，职责是向飞行员询问作战目标及遭遇到的德军防守情况。美国人实际上是在发动"魅力攻势"，他们试图说服苏联人一起做事业，开辟新的空军基地，尤其是在远东地区。但是"施密尔舒"的官员未曾意识到这些，或者说即使美国人告诉他们这些，他们也不会相信，也可能美国人越是这么说，他们越发不信任美国人。[10]

1944年5月25日至6月14日，斯维什尼科夫和佐里纳认为约12名美国人有在基地从事间谍活动的嫌疑。在"施密尔舒"嫌疑者名单上排名靠前的一位军官是"疯狂乔"行动最初的策划者之一、波尔塔瓦基地的老兵阿尔伯特·莱宝斯基上校。正如我们所知

第七章 "间谍之死"

道的那样，他起初将此次行动命名为"棒球"。莱宝斯基1907年出生于芝加哥，成长于一个从俄国移民至美国的犹太人家庭，在芝加哥大学度过了一段令人印象深刻的学术生涯。他师从政治行为学奠基者查尔斯·爱德华·梅里安姆，23岁取得博士学位后，继续完成了大量关于市政府与自然资源管理的专著、论文和报告，他的研究颇有影响。20世纪30年代，他身兼多职，将时间一部分用于大学里的研究，一部分忙于市政府的工作。珍珠港事件发生后，他于1942年年初加入空军并空出了自己原本的职位。他的前雇主们都发了愁——芝加哥市政府不得不寻找新的法律部门研究主管，公共行政信息交换所需要新的所长助理，税务管理者联合会需要新会长，芝加哥大学也不得不寻找新的公共服务学院主任。[11]

作为罗斯福新政的忠实拥护者，莱宝斯基不仅认为自己必须在战时穿上军装报效祖国，还认为自己必须支持美国与自己祖辈的祖国结盟。1917年的十月革命将沙皇俄国变成了苏俄——社会主义试验的发源地，莱宝斯基虽谈不上认可，但对于这种试验还是抱有希望的。尽管他认为用棒球打的那个比方——包含主场、客场队员和跑垒道等——贴切又管用，但也充分意识到美国和苏联这两支"球队"的区别，他写道："另一支球队是我们的特别盟友，我们很少有人能理解其思维和政治制度。"[12]

莱宝斯基或许从未想过自己对于苏联官员思维方式的这一推测是多么正确。早在5月25日，斯维什尼科夫上校就将莱宝斯基列入嫌疑人名单，理由是他过于热衷和苏联空军军官及当地居民交往。斯维什尼科夫向莫斯科汇报，到目前为止他掌握的情况是：莱宝斯基先后在芝加哥、伦敦和柏林求学，现担任波尔塔瓦基地美军指挥官的副官。斯维什尼科夫向莫斯科方面询问，首都的"施密尔舒"官员是否还了解其他关于莱宝斯基的情况。首都答复说，自从1944年2月莱宝斯基随第一批美国空军军官来到莫斯科准备"疯狂乔"计划时起，直到他们4月中旬离开，莫斯科一直对莱宝斯基和其他美国军官进行监视。

在莱宝斯基离开莫斯科前往波尔塔瓦的前一天，也就是4月14日晚上10点20分，苏联监视小组发现他与一位身份不明的人士进行了会面，随后离开了国家大饭店。两人离开饭店后一起走了一会儿，特工人员发现他们使用"外语"进行交谈。随后莱宝斯基返回了自己下榻的饭店，那位身份不明的男子则回到莫斯科市中心彼得罗瓦大街上的一处住所。男子的身份很快被确定为莫斯科大学历史系教授伊萨克·兹瓦维奇。他1906年生于敖德萨的一个犹太人家庭，从伦敦大学毕业后，20世纪20年代中期曾担任苏联驻英国大使的顾问。从1928年起，兹瓦维奇就一直在莫斯科大学教书，他的主攻方向是19世纪俄国外交史，同时也是英国问题和英国史研究方面最优秀的苏联专家之一。据秘密警察报告，兹瓦维奇已婚，生活富足，在莫斯科市区的集体公寓里拥有一间宽敞、装修精美的房间。[13]

这就是莫斯科反间谍部门所能提供的关于莱宝斯基的全部情况。斯维什尼科夫和佐里纳决定相信自己的直觉。莱宝斯基的背景和他会说俄语的优势，使他具有天然的嫌疑，而且据"施密尔舒"官员的汇报，莱宝斯基隐瞒了他懂俄语的事实。他们接到报告，莱宝斯基收到了美国家人寄来的信，信是用俄语写的，但他却告诉苏联人他不懂俄语。他们同时怀疑莱宝斯基利用副官身份当掩护，实

第七章 "间谍之死"

则从事情报工作。斯维什尼科夫向莫斯科汇报:"莱宝斯基以执行某项任务为借口,有计划地参观我方的总部。"他接着汇报:"他仔细研究我们的军官和平民,对常和苏联人打交道的美军战友也很感兴趣。"对于像莱宝斯基这样出身、背景和级别的人来说,想在基地工作又不引起怀疑其实是很难的。虽然斯维什尼科夫和佐里纳还没有掌握能证明莱宝斯基从事间谍活动的有力证据,但莱宝斯基一直在他们的嫌疑人名单上。[14]

嫌疑人名单中还有一个由美国军官组成的特殊类别,尽管这些美军军官不会说俄语,其家族血统与前俄罗斯帝国也毫无关联,但在"施密尔舒"官员看来,他们持有反苏观点,还进行着反苏宣传。位于嫌疑人名单榜首的是基地首席医师——来自田纳西州的威廉·杰克逊中校。除了传播苏联人眼中的反共思想外,杰克逊还热衷于同当地人建立联系,尤其是女人。1944年3月21日,他跟随第二批筹建波尔塔瓦基地的美国军官抵达了莫斯科。他充分利用在莫斯科的这段时间拜访了当地医院,还就苏联医疗体系和医疗水平写了一份详细的报告,他估计苏联在医疗卫生方面比美国落后了大约50年。

4月14日,杰克逊动身前往波尔塔瓦,他和下属共同努力,在三座基地都建立了医疗中心,向驻地的美国军民提供必要的卫生服务。很多时候他必须处理一些琐事,譬如游说苏联官员改善厕所和洗浴条件。不过,杰克逊并非因为这些事在苏联政府那儿惹上了麻烦。5月25日,斯维什尼科夫上报了一份请求莫斯科补充嫌疑人信息的美军军官名单,他将杰克逊的名字加了上去,并坚称这位军官正积极地谋求与苏联人建立联系。同一天，在斯维什尼科夫递交的另一份报告中，他指出杰克逊和另一位美国军官向苏联空军分发具有反苏倾向的英文书籍。[15]

相比于莱宝斯基在莫斯科的行踪，"施密尔舒"总部所掌握的关于杰克逊在莫斯科期间的活动情况要更多。1944年3月和4月，杰克逊住在莫斯科国家大饭店，秘密警察对他居住的套房进行了监控，结果显示他和当地女人交往频繁。3月27日，就在杰克逊到达莫斯科还不到一周的时间，秘密警察就截获了他打给莫斯科一间公寓的电话。电话那头是一个名叫索娅·古谢夫娃的年轻女子，索娅不太懂英语。4月3日晚上11点，秘密警察监控小组发现两位年轻女子在杰克逊和另一位美军军官那儿待了一会儿后，便离开了饭店。其中一人事后被证实正是21岁的索娅。4月13日晚上10点30分，也是杰克逊在莫斯科的最后一晚，5位年轻女子拜访过杰克逊和其他美军军官后，先后离开了酒店，监控小组一路跟踪至她们的家，其中一人是18岁的季娜伊达·帕什尼娅。[16]

杰克逊中校对年轻女人的兴趣在波尔塔瓦丝毫未减，根据"施密尔舒"事后的报告，通过另一位年轻女子，他结识了当地一位名叫季娜伊达·布拉吉科娃的姑娘。据布拉吉科娃的朋友描述，杰克逊会定期来看她，出手阔绰，每次来都带着礼物，"长筒袜、糖果、新靴子、男式鞋子、女式鞋子，还送过一件军装夹克"。汇报杰克逊情况的"施密尔舒"特工并非只有女人。杰克逊的苏联搭档——波尔塔瓦基地的苏方首席医师伊凡·列别杰夫，也提供了部分关于杰克逊的情报。列别杰夫被"施密尔舒"招募，有一个女性化的代号"萝扎"。此外，代号为"索伊兹尼克"的苏联译员也汇报了杰克逊与当地人交往的情况。[17]

反苏宣传是"施密尔舒"最在意的事情。6月14日,斯维什尼科夫和佐里纳向莫斯科汇报,他们曾向美军指挥官发出过警告,不可以再散发美国出版物,此后便不再有这种事发生了。但在修理飞机引擎或者放假时,美国人会把自己的反苏观点告诉苏联同事。移民美国且能说俄语和乌克兰语的士兵被视为这方面的罪魁祸首。

监控涉及的内容通常是普通的谈话和意见。"俄罗斯很落后。我走了200英里也没看到任何工厂,在美国每15英里就有一间工厂。"美国空军中士迈克尔·拉佐恰克对一位苏联朋友说道,而这个朋友正是"施密尔舒"的线人。拉佐恰克告诉他,自己也不确定是否能从乌克兰活着回到美国,因为斯大林或许会下令轰炸美军基地,然后把责任推给德国人。出生于敖德萨的20多岁的飞行员彼得·尼古拉耶夫告诉一位相识的苏联人,他对苏联的政治秩序不太满意。"在苏联,只有一小部分共产主义者治理国家,做他们喜欢的事,在美国情况正好相反,人民有更广泛的选举权。"尼古拉耶夫认为美苏同盟很脆弱。他对一位"施密尔舒"的情报人员说道:"苏联人不太可信,你们现在虽然在和德国开战,但只要稍有机会,你们就会同德国签订条约,然后爆发另一场战争。"据当地国家安全人民委员部官员和城市安全部门的报告,尼古拉耶夫对罗斯福总统也颇有不满。他告诉一位特工:"我不喜欢罗斯福总统的外交政策,下次选举时我不会把票投给他。"[18]

"施密尔舒"也报告了美国人民对苏联人民做出高度正面评价的事例。例如,1944年6月6日第二战场开辟时,他们有关美国人反应的备忘录上就满是这些内容。不过,"施密尔舒"的主要任务是挖出间谍,阻止叛国行为和反苏宣传。6月中旬提交的报告表明,随着情报网络的全面建立以及对美国人活动信息的定期搜集,"施密尔舒"已做好了向他们的美国客人火力全开的准备。而眼下,"施密尔舒"还在观望。

第八章　乌克兰的"珍珠港"

1944年6月21日夜，佩尔米诺夫将军在波尔塔瓦基地设宴招待美军军官。前来赴约的有刚被提拔为准将的凯斯勒上校，还有凯斯勒的新上司罗伯特·沃尔什少将，1918年在美国援法远征军服役时，骑兵出身的沃尔什曾用自己的战马换来了一架飞机。从那以后他就一直留在美国空军，并亲身经历了空军的历次改称：从1926年的美国陆军航空兵团，到1941年的美国陆军航空部队，以及之后的美国空军。[1]

沃尔什现如今是东线司令部的指挥官，东线司令部就是驻波尔塔瓦基地的美国空军总部的正式名称。他的另一项头衔是迪安率领的驻莫斯科军事使团的空军负责人。实际上，沃尔什以迪安副手的身份管理着基地。作为美国驻欧战略空军指挥官斯帕茨将军的手下爱将，沃尔什前往苏联彰显了美国对穿梭轰炸任务的重视程度。他曾担任美国陆军航空部队驻南大西洋空运司令部指挥官，一方面负责拉丁美洲地区空中航线的正常运转，另一方面还负责北非和欧洲航线的安全。在苏联时，沃尔什大部分时间都待在莫斯科，而基地的日常事务则交由凯斯勒处理。就在1944年6月2日首次执行穿梭轰炸任务前不久，沃尔什第一次来到了波尔塔瓦。6月21日，为了筹备另一次穿梭轰炸行动，沃尔什又回到了波尔塔瓦，此次行动由美国驻英第8航空队执行。[2]

行动代号是"狂暴Ⅱ号"，由164架B-17轰炸机和70架P-51战斗机组成的特别行动队来执行。飞机在第45轰炸联队指挥官阿奇·奥尔德上校的率领下飞往波尔塔瓦基地。奥尔德上校总是身先士卒，亲率飞行员投入战斗，与德军的空中交战有46次之多，而官方最初规定的轰炸机飞行员的作战上限是25次，他因此在部队里获得了显赫的声名。在接下来的人生中，奥尔德将平步青云，升至中将军衔并担任第15航空队指挥官，1944年6月2日第一批登陆波尔塔瓦的美国飞行员就属于这个航空队。在冷战时期，第15航空队将承担核警戒和核威慑的任务。1957年，奥尔德驾驶B-52轰炸机完成了世界上首次环球直飞。

但在6月21日的夜晚，奥尔德仅仅是佩尔米诺夫晚宴的座上宾。面对在场的美苏高级军官，他很高兴和大家分享自己对此次轰炸任务的想法，却不知道"狂暴Ⅱ号"将成为珍珠港事件之后让美国空军遭受最大损失的军事行动。[3]

嗅觉更灵敏的人或许能在行动之初就发现灾难将至的迹象。凌晨5点30分，执行任务的小分队便已出发，此刻的气象条件并不理想，厚重的云层遮蔽了飞行员的视线，难以集结成有效的战斗队形。作为领队飞机的飞行员，奥尔德正开足马力向前。突然，他发现自己的"空中堡垒"正在漏油，于是他在行动队最后一架飞机起

第八章 乌克兰的"珍珠港"

飞后迅速着陆。油箱修好后，为了追上部队，奥尔德来不及重新加油就再次起飞了。上午 7 点，行动队已越过英国海岸线，正全力向轰炸目标——位于柏林以南和德累斯顿以北的鲁兰附近的一家炼油厂飞去。

在机群飞抵汉堡前，德军的高射炮已重创了多架飞机，其中也包括奥尔德驾驶的 B-17 轰炸机。在右侧机翼被炸出一个大洞的情况下，奥尔德仍坚持飞行。而 45 架德军的梅塞施密特 -109 战斗机也竭力迫使美国机群偏离航道，26 架 B-17 轰炸机最终将炸弹投掷在另外的目标上，其余 138 架均按计划对鲁兰的炼油厂实施了轰炸。事后拍摄的照片使指挥官有理由认为此次行动"效果良好"。"空中堡垒"及其护卫的"野马"战斗机群完成行动后一起向华沙飞去，随后转向东南方向的乌克兰。梅塞施密特 -109 战斗机在距离苏德边境约 80 公里处再次向美国的战斗机群发动了攻击，但被"野马"战斗机击退。一架德军侦察机试图尾随"空中堡垒"机群并穿越苏德边境，但遭到"野马"战斗机追击，不久后这架德国飞机便消失在云层中。对行动队而言，这并不是他们最后的麻烦。苏联空中防御力量误将美国飞机当成了德国飞机并向其开火，幸运的是没有造成人员伤亡。美国机群随后降至距地面 600 多米的高度，确定了第聂伯河的方位，然后沿河一路飞抵波尔塔瓦。

在此次任务中，奥尔德损失了 2 架"空中堡垒"和 2 架"野马"，另有 5 架战斗机和 18 架轰炸机由于技术故障返回了英格兰，5 架飞机因燃料耗尽而迫降在基辅附近的机场，虽然有所损失，但第 8 航空队的机群还是成功返回了波尔塔瓦地区的基地。同两周前的第 15 航空队一样，机群队形齐整地飞过波尔塔瓦，展示着美军实力和美苏间的战友情谊。沃尔什、佩尔米诺夫、凯斯勒和其他军官都守候在那里，同样守在那里的还有一群刚返回波尔塔瓦的美苏记者，他们赶到波尔塔瓦不仅是为了报道行动队的凯旋，还想欣赏银色的"空中堡垒"及护航的"野马"战斗机群在阳光下熠熠生辉的模样，以及它们着陆前精彩的飞行秀。旁观者中还有一支电影拍摄团队，领队者是生于基辅的好莱坞导演安纳托尔·李维克，他拍摄的纪录片《苏联战场》曾荣获奥斯卡提名，现在他又着手拍摄另一部关于诺曼底登陆的电影，他的镜头让斯大林印象深刻。此时此刻，他就在波尔塔瓦拍摄"空中堡垒"最新编队的到来。[4]

奥尔德在行动报告中写道，共70架飞机在大约45分钟内先后着陆。在漫长而疲惫的任务结束以后，机组成员先被带去汇报情况，就餐后就被送往帐篷休息。"狂暴Ⅰ号"，即"疯狂乔"的主要目标是避开德军重兵把守的地区，确保美国空军安全到达苏占区的基地，"狂暴Ⅱ号"却是不折不扣的空中拼刺刀，所以美军的损失更大。不过就这项任务而言，损失尚可接受。奥尔德上校同意接受西方和苏联记者的采访，这场由佩尔米诺夫、沃尔什和凯斯勒等共同参加的采访活动持续了半小时。奥尔德情绪高昂："我们的预定目标——位于柏林东南的军事工业设施遭到了毁灭性打击。目标在我们的炸弹攻击下燃起大火，浓烟一直上升到8000英尺的高空。"[5]

晚上11点，奥尔德和其他指挥官在佩尔米诺夫的邀请下，围坐在一张餐桌旁，共庆第二次穿梭轰炸的胜利。这次晚宴原本计划同苏联人之前举办的招待会一样持续到次日清晨，结果却成了时长最短的一次。晚宴刚开始20分钟，一位苏联军官就带来了军事情

第八章 乌克兰的"珍珠港"

报——德军轰炸机正朝着波尔塔瓦基地的方向飞来。佩尔米诺夫没有理会第一次警告,因为德国空军通常不敢太过于深入苏联控制的领空,但警报随即拉响了——这个警报系统属于《租借法案》的援助设备,在埃克将军的坚持下刚刚安装在基地。晚宴中止了。奥尔德事后报告,晚上12点刚过去约15分钟,苏联的防空火炮就开火了。再15分钟后,"第一架德国PTF(即探路者)在基地上空投下了照明弹"。凯斯勒回忆说他看到"接连4枚照明弹落在基地中央"。"好戏就此上演。"他对一位询问当晚情况的官员说。事实上,这更像一场噩梦。[6]

出现在波尔塔瓦基地上空的是隶属于德国第4航空军团的数十架亨克尔-111轰炸机。这是唯一一支专门进行夜间轰炸的德国空军军团,指挥官是鲁道夫·麦斯特将军。1944年春夏,第4航空军团对苏联目标实施常态化打击,目标主要包括紧邻苏军前线的铁路枢纽地区。麦斯特所辖空军主要驻扎在波兰至白俄罗斯边境的布列斯特和拉多姆附近,其中布列斯特是军团总部所在地。但是,布列斯特和拉多姆的机场距离苏德边境线太远,无法对第聂伯河左岸的乌克兰地区发动空袭,但在纳粹占领的白俄罗斯首都明斯克附近,麦斯特开辟出了一片离前线较近的土地,德军飞行员从那里可以顺利穿越苏联战场。[7]

早在6月2—11日"疯狂乔"行动执行期间,麦斯特就有了锁定苏联空军基地并轰炸"空中堡垒"的打算。从那以后,他的军官便一直密切监视着美军下一次的穿梭轰炸行动。6月21日,一架德国战斗机试图尾随"空中堡垒"一路向东飞,却被"野马"驱离。数小时后,就在"空中堡垒"刚着陆后不久,波尔塔瓦和米尔霍罗德上空又发现一架德军侦察机。在米尔霍罗德基地，美军指挥官希望用"野马"驱离入侵者，但苏联人不同意。这或许是因为美军的每次行动都要向莫斯科方面报备，也可能出于苏联人特有的骄傲——保护美国人是他们的职责。"空中堡垒"在午后的阳光下光彩熠熠，几十公里外亦清晰可见，德国飞行员当然不会错过这样的机会，拍下了很多照片。[8]

6月21日傍晚，有关美军在波尔塔瓦基地的消息传到了麦斯特位于布列斯特的指挥部。他随即组建了一支由德军战斗联队第4、第27、第53、第55中队组成的特别行动队，共计350多架亨克尔-111中型轰炸机和6架主要用于锁定目标的容克-88轻型轰炸机。麦斯特指挥第27和第53中队向苏联边境集合，转移到明斯特和比亚韦斯托克附近的机场。第55中队指挥官威廉·安特鲁特上校要求全体成员晚上8点45分整装待命，他们的空袭目标是米尔霍罗德。任务看上去很简单，因为德方拍摄的照片显示，"空中堡垒"成排停在狭小的停机坪边缘。晚上8点30分，侦察机起飞。晚上8点45分，安特鲁特指挥的飞行员在驾驶舱就位，15分钟后起飞，目的地是乌克兰。[9]

第53中队"秃鹰兵团"的指挥官弗里茨·派克兰特中校负责对波尔塔瓦展开空袭，他率领的轰炸机群在安特鲁特中队的机群起飞后即刻升空。突袭时间按计划是柏林时间子夜时分（莫斯科时间凌晨1点）。穿越明斯克以东的苏德防线是此次飞行路线中最危险的部分。苏联雅克-9战斗机试图拦截德军轰炸机，但德军飞机在梅塞施密特-109战斗机和福克-沃尔夫-190战斗机的护卫下击退了苏军的进攻，打通了前往波尔塔瓦的航路。晚上11点45分，一

第八章 乌克兰的"珍珠港"

架容克-88轰炸机用降落伞在波尔塔瓦的机场上扔下第一枚照明弹,为其他德国飞机照亮了攻击目标。很快又有十架德国飞机飞抵波尔塔瓦上空,投掷了更多的"光源",并向苏联空中防御体系和照明站发动攻击。紧随其后的是第一组轰炸机群,亨克尔轰炸机群向停机坪边缘的"空中堡垒"发起了一轮又一轮的致命打击,这无异于一次屠杀。

安特鲁特的轰炸机最终飞向波尔塔瓦地区,加入了第53中队的行动。米尔霍罗德地区被厚厚的云层覆盖,因此安特鲁特指挥的机群无法按时飞抵目的地,就在他们搜寻目标时,容克-88的照明弹已经用尽了。于是,安特鲁特下令自己的部队调头朝波尔塔瓦飞去,因为那里硝烟弥漫,火光四射,燃烧的美国飞机将黑夜照得透亮。其他轰炸机群也纷纷仿效,无论他们最初的目标是哪里,此时此刻,他们正合力将波尔塔瓦机场变成燃烧的人间地狱。轰炸持续了两个半小时。凌晨2点30分,德军轰炸机终于开始返回在白俄罗斯和波兰东部的基地。通过这次行动,数十架"空中堡垒"被烧毁,燃料库和弹药库被炸毁,整座基地沦为废墟,更有几十人牺牲。而德国人则没有损失一架飞机。当日上午,麦斯特祝贺自己的部下大获全胜,并盛赞他们"勇气可嘉"。[10]

莫斯科时间6月21日晚上10点刚过,位于基辅的苏联防空总部就发现了麦斯特轰炸机的逼近。他们很快意识到德军的飞机分为两组,一组朝米尔霍罗德飞去,另一组则是飞往波尔塔瓦。他们向防空炮兵部队发出了警报,并命令战斗机升空。麻烦随之而来。

苏联的地面雷达无法辨别德国军机和苏联军机。一份苏方报告写道："随着我方军机升空和敌机向目标逼近，两方的飞机在雷达上交织显示，我们的雷达根本无法识别出哪架是我方飞机，哪架是敌机。"完全得不到雷达的指引，苏联战斗机飞行员陷入了绝望，企图用自杀式袭击的方式撞击德国军机，然而，没有探照灯做引导，想和敌人同归于尽也做不到。"把光束至少投向一架法西斯的飞机，我会把它撞下来！"巴什基罗夫上尉这么要求。克拉斯诺夫上尉也发出了相同的请求，他用无线电向地面通报："我什么也看不清。用你的探照灯给我引航，我要撞它！"然而此时此刻，所有探照灯都消失了。德军已摧毁了苏联的照明站，剩下那些主要由年轻的苏联女战士操控的防空炮也完全发挥不了作用，因为炮手根本看不清目标。苏联的防空体系至此彻底崩溃了。苏方在汇报材料中写道："防空炮遭到了燃烧弹和高爆弹的猛烈攻击，炸弹在炮台爆炸，人员受伤，设备受损。"[11]

无论情况有多糟，众多在地面作战的苏联官兵并没有对6月21日晚上防空体系的失灵感到太震惊。对于战斗机缺席夜战和防空炮的失效，他们已习以为常。对付这种袭击，他们会躲在预先挖好的狭窄战壕内，直到轰炸结束。就在晚上11点45分警报响起后不久，飞机修理师尤里·杜布罗温迅速钻进了这样的战壕。当时，他刚从专为参与行动的美军飞行员举办的音乐会那儿返回营房，在战壕内，他发现身旁是苏联红军上尉哈尔图林——这种情况下已经顾不上军衔高低了。上尉自有一套放松神经的妙招，杜布罗温回忆说："在3个小时的轰炸期间，他一直在唱'老奶奶有只小灰羊'，我就跟着他一起唱，哼着'啊呐呐，啊呐呐，哧克——布瑞克，史啊萨萨，啪啪哩——默默哩，克啦啦'。副歌很可笑，但在黑夜里，

第八章 乌克兰的"珍珠港"

唱着歌,我们就没那么害怕了。"[12]

苏联有效防空体系的缺乏让美国人大跌眼镜。在英国基地,这些美国大兵经历过无数次空袭警报,可是没有一次真的挨了打。基地的夜间战斗机和高射炮使他们免于德军轰炸。当苏联人拉响警报时,许多美国飞行员照睡不误,不是没听见,就是不予理会,因为他们亲眼看见波尔塔瓦基地四周高射炮环立,便以为处于警戒状态的夜间战斗机能保护他们。此外,经历了一次长途奔袭之后,他们也筋疲力尽。恰恰是考虑到这些情况,美军指挥官将应对空袭的指示训练从当日晚上9点推迟到次日早上9点。

奥尔德上校事后这样描述,警报声响起后,他的战友"只是翻了翻身,因为被吵醒而骂了几句"。他又补充道:"真当炸弹开始落下时,他们以最快的速度躲进了战壕里和掩体下。"凯斯勒将军回忆:"基地共有1100名美国军人,战壕只能容纳300人,许多人只能'选择绝望地匍匐在铁轨旁的洼地里,另有些人躲在砖墙后,躲在战壕里的人都没有负伤'。"那些没能躲进战壕里的人就没这么好运了。凯斯勒清点了一下,总计1人牺牲,13人负伤,在如此猛烈的轰炸下,这些伤亡数字已经算很小了。有些人只受了些轻伤,比如电影制片人安纳托尔·李维克只是在摔倒时磕伤了嘴。[13]

当场死亡的是约瑟夫·卢卡塞克,这位24岁的少尉是B-17轰炸机的副驾驶,当天早些时候作为第96轰炸大队第237轰炸中队的一员抵达基地。来自新泽西的卢卡塞克是哈布斯堡帝国时期捷克移民的后裔。首席医师威廉·杰克逊中校在报告中写道,卢卡塞克因炮弹轰炸造成多处骨折而牺牲。同机的飞行员雷蒙德·艾斯托中尉是来自内布拉斯加州的22岁小伙,他挺过了这次轰炸。艾斯托

- 105 -

于1942年1月加入美国空军，直至1943年4月一直在欧洲作战，飞往波尔塔瓦基地是他的第14次作战任务。[14]

负责救治艾斯托的杰克逊中校详细记录了他和卢卡塞克的经历。"经历了当日的长途奔袭后，他（艾斯托）疲惫不堪，吃了点东西，参加了情况发布会，随后返回自己的帐篷睡觉。他睡得太沉了，以至于压根没听见空袭警报，直到第一声爆炸将他震醒时，他才搞清楚状况。他和自己的副驾驶一起跑出了帐篷，却不知道战壕在哪儿。借着医院边上的照明弹，他朝着自以为远离机场的方向毫无目的地奔跑。此时此刻，一架飞机俯冲而下，随后，他听见了炸弹落下的声音。他们本能地匍匐在地上，接连3枚高爆弹在距他们六米的地方爆炸。最近的一个爆炸点距艾斯托只有三四米，弹片击中了他和卢卡塞克，他意识到自己多处受伤。他喊了喊副驾驶，但毫无回应，借着火光，他发现卢卡塞克已经死了。他趴在那儿无法动弹，只能呼救。"

杰克逊竭尽全力救助艾斯托。杰克逊找到他后，就给他注射了吗啡，趁着轰炸减弱时将艾斯托转移到了战壕内，并给他输了血浆。艾斯托的臀部两侧有多处炸伤，右小腿伤势严重，另有多处骨折。1944年7月2日，他因伤离世。[15]

6月22日上午是杰克逊在波尔塔瓦最忙的时候。凌晨4点30分刚过，杰克逊驾着吉普车四处搜寻受伤的军士时，遇上了一支国际特别救援队，包括美国空军上尉希欧多尔·博扎德和苏联军士图皮岑。他们刚从一架爆炸的美国飞机那儿赶过来，爆炸发生时，一群苏联人正打算维修它。有些人当场牺牲了，博扎德上尉组织大家对伤员展开急救。苏联译员伊凡·西沃洛彼夫上尉登上了杰克逊的

第八章 乌克兰的"珍珠港"

吉普车,这么一来沟通就容易多了。沟通是必不可少的,因为只有苏联人才能帮助杰克逊清理路障,让他顺利抵达爆炸的飞机旁。由于德军投下了上千枚小型触发式炸弹,侦查员必须在该地区展开排查,找出尚未爆炸的炸弹。图皮岑和随行的技师格奥尔治·苏霍夫主动承担了侦查任务。

他们的勇敢和自我牺牲精神深深打动了杰克逊。几天后,他写道:"两名苏联战士全然不顾自身安危,主动下车,其中一人从吉普车旁满是炸弹和地雷的草丛中穿过,草丛很高,伤员就躺在那儿。图皮岑在吉普车前方坐着搜寻地雷,技师苏霍夫则走在车前方,捡拾地雷和炸弹,再小心翼翼地把它们放在一旁。一共捡起了40多枚炸弹,都放到了路旁,吉普车才能顺利通过……"吉普车终于开到了被炸毁的飞机旁,他们发现了两名受重伤的苏联战士,一人的左腿被炸飞,另一人的一条腿被炸断。图皮岑和苏霍夫将这两人抬上了吉普车后座,然后再次冒着生命危险清理道路,汽车这才能开往医院。深受感动的杰克逊请求长官嘉奖这两位苏联战士。[16]

几十年后,图皮岑已晋升为中校,他仍然清楚地记得杰克逊所说的那件事。当时共有8位志愿者被派去救援那些尚未爆炸的飞机,他是其中之一。然而,就在他们靠近一架受损并不严重的"空中堡垒"时,突然发生了爆炸,志愿者中有人受伤,有人牺牲。图皮岑竭尽所能地帮助伤员,也就在那时他向美国人发出了求助。他回忆说,美国人把伤员抬上吉普车时,"天色渐亮,我们能清楚地找到离开基地最便捷的道路。苏霍夫和我走在车前三四十米的地方,一路清除未爆炸的地雷。这么做的风险很大,但好在结果不错"。[17]

奥尔德上校也记录下那令人难忘的一夜:"在空袭期间,苏联人对美国人的态度让我们感到非常惭愧。他们的态度是：'无论我们付出什么代价，美国人和他们的装备都不能出事。'在轰炸最猛烈的时刻，苏联战士无论男女皆冲出掩体，来到空旷之处，不停向燃烧的 B-17 轰炸机泼洒泥土，希望以此扑灭火势。他们中的许多人因此受伤或丧命。"这么做还与一项原则有关：在苏联的价值体系中，飞机和军事设备，尤其是像美国人带来的贵重武器，要比人的生命更珍贵。让战士冒着生命危险去保护它们是苏联红军的惯例。[18]

虽然美国人因德军的轰炸损失了很多武器装备，但苏联人却付出了生命的代价。据凯斯勒汇报，共有 40 架 B-17 轰炸机、4 架 C-47 运输机和 1 架 F-5 战斗机彻底报废，另有 16 架"空中堡垒"需要大修，仅剩下 6 架飞机可用，3 架飞机"勉强能飞"。这份报告还指出，苏联人损失了 1 架道格拉斯（即佩尔米诺夫的私人飞机），还有 7 架雅克战斗机。但他们的人员损失是美国的数倍。美国方面是 1 死 13 伤，苏联方面则有 30 人死亡、90 人受伤，而这仅仅是波尔塔瓦基地的伤亡人数。尽管德军对皮里亚京和米尔霍罗德的轰炸不如波尔塔瓦的猛烈，但仍有部分人员伤亡。[19]

在空袭中遇难的苏联人中，彼得·李多夫是知名度最高的人。他是来自苏联主流媒体《真理报》的一名记者，是专程赶到波尔塔瓦报道此次行动的美苏记者团成员之一。1942 年 1 月，一篇名为《塔妮娅》的文章使李多夫声名鹊起。文章讲述了一位年轻苏联女游击队员的故事。1941 年 11 月，她在莫斯科郊外的村庄被德军俘虏，在审讯过程中，德国人问她："斯大林在哪？"她坚定地回答："他在工作。"德国人当着全村人的面把这位姑娘绞死了。塔妮娅的人物原型叫作卓娅·科斯莫杰米扬斯卡娅,是来自莫斯科的18岁学生,她自愿加入了游击队。李多夫在证实这名女英雄的真实身份方面发挥了重要作用。他和自己的朋友亚历山大·库兹涅佐夫挖出了卓娅的尸体。一位在战争时期和战后深受推崇的女英雄诞生了,而发现她的记者也因此声名远播。[20]

随同李多夫一起来到波尔塔瓦的还有众多记者,其中包括库兹涅佐夫。这是李多夫的第二次波尔塔瓦之行,他于6月2日第一次来到这里,随后写下名为《空中堡垒》的文章并发表于《真理报》,借此向苏联大众介绍对德轰炸的情况。李多夫和其他记者都被安排睡在停靠在基地外围铁路线上的一节卧铺车厢里。就在德国人开始轰炸后,李多夫和其他伙伴躲进旁边的战壕。他们逃过了第一轮轰炸,就在轰炸暂停的间隙,他们跳出了战壕,在黑夜里奔跑,似乎想寻找更加安全的掩体。[21]

6月23日一大早,一位名叫阿列克谢·斯帕斯基的无线电技术员应朋友的邀请去看几具尸体,据说是阵亡的德国伞兵。斯帕斯基也是同记者们一同抵达波尔塔瓦的。这些死者身着苏联军装,但一位站在旁边的年轻女子满脸鄙夷地指着他们,并称他们是"法西斯分子"。因为在一位死者的口袋里,苏联红军战士找到了德国钞票和一枚印有纳粹党徽"卐"的别针,同时找到的还有一些苏联文件。亚历山大·库兹涅佐夫的党员证很快递到了斯帕斯基手上,他立刻认出了库兹涅佐夫的姓名和照片,这位记者当然不是间谍。这位女哨兵告诉斯帕斯基,还有些文件上写着李多夫和斯特伦尼科夫(另一位记者)的名字。

斯帕斯基仔细看了看这些尸体,很快认出了李多夫。李多夫的脸上盖着军外套，肩章已被摘掉，军靴也被人脱掉了。斯帕斯基因被怀疑是德国间谍而被带往空军基地指挥部，随后被交给了总部的反间谍官员。这位官员上交了有关李多夫遭遇的报告。

李多夫和他的朋友们以军人的方式被光荣安葬在波尔塔瓦市区的公园里。若干年后，将有一条街道以他的名字命名，一段传奇因他而诞生——李多夫是在使用机关枪向德军飞机射击时牺牲的，但他成功打下了一架德军飞机。据说这架飞机就在离李多夫不远的地方坠毁，他和他的朋友们因此受了致命伤。卓娅传奇的作者自己也变成了传奇人物。尽管有虚构的成分，但苏联红军战士在履职尽责的过程中从来不会缺少这种英雄气概。[22]

也就在这一天，德军轰炸波尔塔瓦基地的消息传到了斯大林、莫洛托夫和贝利亚那儿。据苏联方面的报告，高射炮和机关枪开火近 30 000 轮，却未击落一架德国飞机。苏方的夜间战斗机出动了 17 架次，同样一无所获。最令人沮丧的是美国第 8 航空队"空中堡垒"的损失为历次战斗之最。在苏联人看来，这场灾难在最糟糕的时刻到来——3 年前的这一天，也就是 1941 年 6 月 22 日，德军入侵了苏联。[23]

谁将为这次惨败负责？尽管苏联人因未能保护好自己的客人而感到愧疚，但他们还是将矛头指向了美国人。佩尔米诺夫将军宣称，在发现德军侦察机后，苏联已提出将飞机移至其他机场的建议，但是美国人以飞行员很疲惫为由拒绝采纳。他们没有将飞机分散停放，每架飞机间没有保留足够的距离——这是苏联人在没有夜间战斗机和有效高射炮的情况下掌握的"小窍门"。美国人也反过来指

第八章 乌克兰的"珍珠港"

责苏联人,说他们自己曾建议让美军战斗机去驱离德国侦察机,但苏联人没有接受这个建议。不过美国人抱怨最多的还是苏联缺乏数量充足、攻击力强的夜间战斗机,在英国基地,英军正是靠它们对付德军夜袭的。[24]

佩尔米诺夫指出,作为反击,苏联轰炸机已攻击了德国机场,他还下令将尚能使用的美军飞机运往更靠近东部的机场。这是苏联人预计德军次日将继续发动空袭后所能做的全部事情了。确如苏联人所料,第二天晚上,德军再次不邀而至,将米尔霍罗德机场炸成废墟,但"空中堡垒"们已不在那儿了。第100轰炸中队的马尔文·鲍尔和少数几架飞机留在了基地,他目睹了空袭,成了深陷绝望的几个人之一。鲍尔写道:"凌晨1点左右,有75—100架容克-88轰炸机对机场进行了狂轰滥炸,只有厨房的炉子和活鱼幸免于难。许多苏联战士负伤,有些人当场牺牲。我们受损的B-17轰炸机也被彻底摧毁,但另两架飞机躲过了敌机投下的炮弹,只受了点'轻伤'。"次日,鲍尔飞往了基洛沃赫拉德市(今乌克兰中部的克罗皮夫尼茨基)附近的基地。他写道,在那儿,他因此事"受到了三位苏联将军和全体官兵的盛情款待"。[25]

同在米尔霍罗德的无线电话务员帕尔默·麦拉事后想起,他是从德国电台那里了解到德军即将来袭。驻守乌克兰的美国大兵以收听"轴心国的莎莉"作为日常消遣,这是一个由德国人创办的节目,既播放流行歌曲,又播放宣传信息。节目主持人是生于美国的女演员米尔德里德·伊丽莎白·吉拉斯,她于二战前移民德国并同意主播针对驻欧美军的纳粹宣传内容。吉拉斯于1946年被捕,美国法庭以叛国罪判她服刑15年。[26]麦拉记得:"在执行'狂暴'行

- 111 -

动时，我们谈论最多且最熟悉的女人就是这位'轴心国的莎莉'。几乎每晚，我们都能听见她充满性暗示的话语。每次节目最后，她都会说：'明日勿忘收听，莎莉给你们献吻。'"

麦拉回忆，那夜节目比往常开始得早，"并且告诉我们米尔霍罗德是他们下一个目标"。事实也是如此，午夜时分，他们就听见苏联的防空炮和机枪开火的声音。他们等待苏联的夜间战斗机出现，但一架也没有，德军轰炸机得以大显身手，在几乎没有抵抗的情况下对基地狂轰滥炸。情况与前日唯一的不同是美国飞机已被运至其他机场了。麦拉记得"最大的损失就是燃料堆和炸弹库"。[27]

苏联想尽办法让美国人忘记这次轰炸的痛苦经历，然而这并不容易。很快，基地中的士气变得低迷，"施密尔舒"间谍获悉美军中谣言四起，纷纷传说是苏联媒体报道了"空中堡垒"的到来才招致了此次空袭。美国空军在米尔霍罗德基地的情报人员艾伯特·贾罗德中尉也在"施密尔舒"的间谍嫌疑人名单上，他的职责是向美军飞行员询问德军目标和空防措施。他曾向"施密尔舒"的一位线人坦言，美军中不少人认为"你们的防空系统很弱，在战斗中，不仅射击火力不够，还没有夜间战斗机，甚至探照灯也无法提供足够强劲的照明，应该让我们的火炮和夜间战斗机顶上去，这样情况就会好很多"。[28]

美军指挥官沃尔什和凯斯勒找到了佩尔米诺夫，通知他轰炸行动暂停。苏联反间谍报告总结了美方的态度："德军在无强力反制的情况下向我方（苏军）实施轰炸，我们的火炮不够强大，战斗机没有夜间战斗的装备，这意味着它们难以发挥正常战斗力。（美国人

第八章 乌克兰的"珍珠港"

只有在确信他们不会再被轰炸且有数量充足的防空火炮和战斗机护卫时,才会展开军事行动。"对于这些要求,苏联人无能为力,他们没有配备了雷达的夜间战斗机,防空火炮在夜晚也难以施展拳脚。[29]

在莫斯科,美军指挥官在美国驻苏联大使馆的支持下,请求将美军的夜间战斗机和防空设备带到苏联,但接待他们的尼基丁将军对这个想法并不感兴趣,因为他的领导们并不希望波尔塔瓦基地出现更多的美国人。收到尼基丁的反对答复后,美方对夜袭事件展开调查,随后提出了一系列临时措施,旨在防止类似6月22日的灾难再度发生。这些措施包括:在特定时间内,尽可能在基地保持最少数量的美国飞机;将银色的"空中堡垒"涂上伪装色。需要炫耀美国空军实力的时候已经过去,现在的首要责任是确保飞机的安全。[30]

与此同时,美国军事使团的迪安则开启了止损模式,他竭尽全力地缓和双方的紧张关系,避免互相指责,最重要的是防止盟国记者进一步报道此次偷袭事件,尽管柏林电台已经以胜利者的姿态大肆播报了他们在波尔塔瓦的空袭。迪安成功说服了驻守波尔塔瓦的西方记者和留在莫斯科的记者不要报道这次灾难,而将焦点放在美苏军人并肩作战的英雄气概上。他还组织召开了苏联和西方记者共同参加的联合新闻发布会,成功化解了一场公关危机。然而,即使是迪安,也无力修复自波尔塔瓦遭空袭后两国之间日益扩大的裂隙。

迪安后来写道,波尔塔瓦灾难"埋下了分歧的种子,苏联人难受又敏感,因为他们未能向先前承诺的那样给予美方保护,美国人原谅了他们,但坚持要把自己的防空设备运过来,以备日后自保"。在基地遇袭后,美苏通力合作的气氛迅速消沉,关系也日渐紧张。不管迪安做什么,都难以补救了。[31]

第九章 被禁止的爱

"你一定难以忘记，6月21日至7月5日，成排的美国'空中堡垒'从英国飞往苏联，去执行前所未有的穿梭轰炸任务时的壮观景象。"霍华德·惠特曼发表于《纽约每日新闻》的一篇文章开头这样写道。他此处所指的轰炸是"狂暴Ⅱ号"行动。让迪安稍稍松口气的是，文章并未提及德军对驻苏美国空军基地的轰炸及造成的损失，也没有讨论这次轰炸对美苏关系的损害。然而，惠特曼最初发表于1944年7月19日的文章却迅速被众多报纸转发，从而引发了一场特别大的公关危机。他描写了美国大兵与波尔塔瓦基地的苏联女性的关系，在对穿梭轰炸的报道中，这个话题对美方而言尚且是个禁忌，更不用说苏联了。

惠特曼是当时颇有名声的记者，在效力于《纽约每日新闻》前，他曾为英国《每日快报》工作并报道过世界大战。战后他出版了一系列畅销书，其中包括关于儿童性知识启蒙教育的《关于性的真相》（1948年出版）。1944年7月，他发表于《纽约每日新闻》的文章同样以性为主题，文章标题再明显不过了——《苏联人的裸

第九章 被禁止的爱

体欢迎让美国轰炸机飞行员震惊》。转载此文的其他报刊配上了同样耸人听闻的标题。《芝加哥论坛报》编辑选用的标题是《苏联的脸红事——美国飞行员的意见》。文章开头如下："当你加入空军时，曾梦想着看遍全世界，但你或许不曾想过将看到一个裸体的世界。"[1]

惠特曼在英国采访了几位刚刚从波尔塔瓦归来的美国飞行员，并在那里发出了这则新闻通讯稿。报道称，一位飞行员描述了他和战友是怎样误打误撞进入一个池塘，里面满是正在洗浴的裸体男女。苏联人并未因此感到害羞，反而邀请美国人也到温暖的水池中共浴。其他飞行员讲了更香艳的故事，一人说道，有位苏联军官走向他们并询问："你们想要多少女人？"惠特曼写道，那位军官"准备按惯例提供已登记注册的随军平民，但美国飞行员所答的'恐怕我们不需要'让他有些许失望"。还有一名飞行员向惠特曼解释了苏联红军性生活的基本情况："苏联允许战士偶尔去一趟官方设立的军队妓院，有些像我们去福利商店那样。如果光顾次数在规定范围内，苏联战士就无须支付任何费用，如果去的次数频繁，就要付些钱。"[2]

惠特曼从未说出他的信息来源，不知道这是因为他的故事纯属杜撰，还是飞行员们对这位天真的记者搞了一场恶作剧，但这篇文章却像一颗扔向美国驻苏联大使馆的炸弹。从迪安将军到最底层士兵，人人都知道苏联红军没有为官兵开设妓院，文中所写的苏联红军定期前往妓院纯粹是惠特曼的胡编乱造。没有妓院和"登记注册的随军平民"，苏联人也不可能向美国人提供这样一支"既有队伍"。不过，据部分美国人汇报，他们刚抵达基地时，苏联红军军

- 115 -

官曾鼓励他们邀请苏联女子跳舞。

　　洗澡之事虽有一定事实基础，但明显被惠特曼和他的采访对象夸大了。1944年6月30日，驻扎在米尔霍罗德的富兰克林·霍尔兹曼在一封寄往布鲁克林的家书中写道："今天下午我去游泳了，许多苏联小伙和姑娘也在那儿，小伙子们大多赤身裸体，有人穿衣遮挡一下，还有人完全不考虑这些，而姑娘们则更加谨慎。"霍尔兹曼在基地的伙伴雷达操作员帕尔默·麦拉记得，他和自己的朋友看见过当地妇女去河边洗衣服和洗澡。几十年后麦拉写道："如果我们悄悄靠近，就能发现许多人都没穿泳衣——为什么要浪费布料做泳衣呢？她们可能这样在河里洗澡很久了。"

　　麦拉并不打算评判当地的风俗。他还写道，自己和其他美国小伙"穿着游泳裤，或把长裤直接剪短，我们这些乡下孩子大多记得，回家游泳时也不是一直穿着泳裤的"。对于男女混浴，他同样没有妄下评论。这种风俗来源于中世纪和近代斯拉夫乡村生活的传统，已成为西方旅行文学描述俄国时的刻板印象。麦拉和霍尔兹曼都没有把裸浴和性联系在一起。一天前，霍尔兹曼在寄给双亲的家书中是这样描写米尔霍罗德小城的："这儿很好，只是这里的女人对于你们儿子而言，品行太过端正了。"[3]

　　惠特曼的文章有可能使原本日益紧张的美苏关系更加糟糕，迪安在莫斯科的下属赶紧召开新闻发布会，反驳惠特曼文章中的不实之处。美国国务院发布了新闻稿，其中引用了曾驻扎在基地的美方军官的话，他们否认了惠特曼文中所写之事，并强调苏联方面对美国人"盛情款待且礼敬有加"。

　　讽刺的是，惠特曼文章发表的时候，基地的美国军人和苏联女

第九章 被禁止的爱

性的关系确实成了一件麻烦事,当然事实和惠特曼杜撰的内容正相反。苏联正尽可能地阻止美国军人和苏联女性建立关系。[4] 在波尔塔瓦和其他基地,"施密尔舒"官员在监护人和清教徒之间来回切换角色。有必要时,他们允许当地女性和美国盟友约会;没必要时则加以干涉。美国人则相当反感这些限制。约会方面的矛盾成为美国大兵对苏联盟友感到失望的主要原因之一。

7月10日,星期一,即惠特曼发表文章前一周,当时已担任东线司令部指挥官的阿尔伯特·莱宝斯基上校坐在桌前,准备给沃尔什少将写一份简报。如前文所述,莱宝斯基作为基地最高级别的俄裔美籍军官,早已在"施密尔舒"的监控名单上。苏联反间谍报告中解释了部分原因,他"正仔细研究我们的军官和平民,对与我方有联系的美军官兵也很有兴趣"。这种联系确实是莱宝斯基简报的主题,简报标题是《美国士兵与苏方人员相关事件汇报》。[5]

莱宝斯基就上周以来在波尔塔瓦发生的数次事件做了汇报。7月7日,星期五,中尉爱德华·库茨正与两位苏联女性聊天时,突然遭到一位平民着装的苏联男子的攻击,袭击者先踢了他们几脚,随后将他们赶走,还用俄语喊了些什么。当天晚上,四级技师贾德森·索雷尔与一名当地女子在波尔塔瓦的科博斯公园约会,这个公园是小城的主要景点,李多夫和其他遇难记者不久前也安葬于此。考虑到上级指示,索雷尔并没有排除与自己约会的女孩是企图刺探美国情报的间谍这种可能,但仅仅过了15分钟,他的疑虑就烟消云散了。正当不会说乌克兰语和俄语的索雷尔试图与这位不会讲英文的乌克兰女子沟通时,一位身着苏联红军制服的男子攻击了那名女子。索雷尔向莱宝斯基陈述:"那名男子对她说了几句话后便开始踢她,还把她推出了数米远。"随后,攻击者和受害者朝不同方向离去,丢下索雷尔一人在那儿毫无头绪地胡乱猜测。

7月8日,星期六,袭击再次发生。美军上士诺思威正与一位乌克兰女孩在公园约会交谈时,平民装束的一男一女朝他俩走来,他这样向莱宝斯基描述当时的情景:"那名男子言辞激烈地嚷了几句,他的朋友随后扇了我的约会对象一记耳光,并训斥了她。"就像索雷尔那起事件一样,女孩和攻击者朝不同方向离开。诺思威也和索雷尔一样没有出手阻止,因为长官曾要求他们避免与苏联人发生冲突,他和索雷尔一样都不清楚为什么会发生这样的事。诺思威起初猜测那两人是女孩的父母,可是随后发现攻击人的那名女子太过年轻,不可能是女孩的母亲。当天晚些时候,诺思威和女孩约好了再见一次,他觉得到时候女孩就能告诉他究竟是怎么回事,但女孩再没有出现。诺思威"丝毫没有责怪那个女孩",莱宝斯基在报告中写道。[6]

莱宝斯基和彼得·尼古拉耶夫下士交谈后,对发生的情况有了更多的了解。来自敖德萨的尼古拉耶夫懂俄语,他和莱宝斯基一样都是沙皇俄国移民的后代,也同在"施密尔舒"的间谍嫌疑者名单上。尼古拉耶夫和技术员拉尔夫·莫厄里中士在公园与两位苏联女兵见面,其中一人是中尉,一人是列兵。他们正坐在椅子上时,一位身着苏联中尉军装的女军人走向他们,并用"侮辱性的语言对着女孩们说话"。随后,又有三位男子经过,其中两人穿军服,一人平民着装,他们再次对两位苏联女兵说着侮辱性的话,还使用了"妓女""德国妓女"这样的词,从某种意义上讲,这样的"损

第九章 被禁止的爱

语"也攻击了他们的"美国盟友"。尼古拉耶夫强调,涉事的三人中有一人是秘密警察,随身佩戴了一把手枪,并被尼古拉耶夫的约会对象认出。尼古拉耶夫和莫厄里随后起身和自己的约会对象一同离开,当地一些男孩子仍尾随他们并辱骂两位女孩。[7]

与莱宝斯基交谈的人都有一个共同的感觉——苏联已发布了禁止当地女子与美国大兵约会的命令。莱宝斯基从米尔霍罗德基地那里也收到了类似的报告,美军指挥官卡拉汉上校曾要求苏联指挥官做出解释,对方让他放心,声明这些都是偶然事件,并非官方授意。莱宝斯基暂且相信了苏联人的说法,并且希望波尔塔瓦发生的事件也是个例。不过,他仍请求沃尔什将军就此事进行特别调查,同时颁布临时禁令,暂不允许美国大兵前往波尔塔瓦市区,同时要求苏联空军指挥官提供证据,表明上述事件并非相互勾连。他向上级汇报了相关情况,这些事情则交由上级机关处置。[8]

美军指挥官早已知晓苏方反对美军飞行员和苏联红军女战士建立私人关系。4月25日,佩尔米诺夫将军郑重告诉美方:"当地人的政治倾向很重要。酗酒和嫖妓等现象必须终止,必须尽快对这些问题做出决断。"5月,佩尔米诺夫曾向凯斯勒上校抱怨,美国大兵的唐突举止使一位在基地工作的当地女孩尴尬不已,女孩甚至都不来上班了。凯斯勒认为这些指控毫无根据,但是美军指挥官还是在职权范围内想尽办法避免给东道主带来麻烦,他们叮嘱手下远离苏联女军人。

依据莱宝斯基的记录,美军在5月抵达波尔塔瓦基地前已被告诫"不要奢望拥有往常的社交自由,不要试图和苏联女孩发展关

- 119 -

系"。美国第 15 航空队的飞行员在 6 月初前往波尔塔瓦执行任务前同样受到了告诫:"苏联女人既友好又开放,千万不要误把友谊当作对方希望进一步发展亲密关系的邀约。"美国军人被告知:苏联女军人已被禁止与美国人约会,违规者将重惩。许多人认为正是因为这项政策,漂亮的、拥有中尉军衔的苏联女军人才会从波尔塔瓦转移到米尔霍罗德。美军这套说教背后遵循了这样的逻辑——男兵有义务以不和苏联女军人约会的方式来保护她们。[9]

美军指挥官同样希望他们的战士不要心存和苏联女性结婚的幻想。1944 年 5 月初,行动伊始,身处莫斯科的迪安将军在备忘录中详细解释了相关政策,并将此转达了凯斯勒上校。备忘录的记载如下:"如果正在苏联服役的美国现役军人和一位苏联公民在苏联结婚,将立即勒令其终止执行任务,并将其调往苏联以外的其他基地。依据美国国务院和陆海空军的经验,正在苏联服役的美国军人和苏联女性结婚的话,事情将变得复杂,分歧将增多。为了避免尴尬,美方将阻止美苏通婚。在以往的案例中,美国公民从未能和自己的苏联妻子一同离开苏联。"[10]

尽管美军指挥官意识到苏联阻止美军飞行员与苏联红军女战士约会是合理的,但他们并不打算禁止自己的下属和苏联平民女子约会。他们觉得这样的政策既不公平,也难以执行。美军将晚上 11 点定为宵禁时间,在这之后美国士兵一律不得进城,但苏联卫兵偶尔能抓住在约会对象家中过夜的美国大兵。美国人觉得平民女子比女战士更有魅力。"当地女孩……大多是乌克兰姑娘,她们会打扮一下自己,看上去也更有吸引力。多数姑娘身材高挑、体格强健,当然并非人人如此。她们大多有着乌黑的头发,军队以外很少看见发色金黄的姑娘,只有北方人中有金发女郎。"麦拉回忆道。他没有和苏联女人约会过,但其他人这么做了。6月,美军从皮里亚京迁至12公里外的机场营地,尽管军队颁布了不许进城的临时禁令,美国大兵还是想方设法去看望他们的女朋友。美军驻波尔塔瓦的史官写道:"在没有交通工具的情况下跨越12公里的距离,他们究竟是怎么做到的?这个答案,恐怕也只有在苏联执行任务的美国大兵才知道。"[11]

起初,苏联人严禁美国军人与他们的女战士建立联系,但对美国军人约会平民女性却管得很松。5月和6月整整两个月,没有一起关于苏联军人或平民靠近美国人并对其约会对象进行语言和身体攻击的报告。由莱宝斯基上校发起、拉尔夫·邓恩少将展开的专项调查表明,攻击事件的频次在7月间大幅增加,仅仅7月3—14日就发生了12次试图阻挠约会的事件,地点几乎都是科博斯公园。各类人等似乎皆受牵连:12起案例中,5起涉及平民,4起涉及苏联红军军官,3起涉及苏联红军战士。

在1起案例中,一位会说俄语的美军中士在和一位名叫薇奥拉的当地女性约会时,两名苏联中尉走向他们,据这位中士事后汇报:"两名中尉一言不发,直接用棍棒击打他的女伴,一人朝她的右手手背挥打,另一人则朝她的左手腕后侧打去。"这位美国军人走上前,挡在了他的女伴和攻击者之间。于是,其中一名中尉把薇奥拉拽到一旁,和她交谈了几句。另一名中尉告诉美国军人,他们只是想保护他和其他美国人不要染上性病,他们约会的姑娘中有不少人也与德国军人交往过,有的染过病。随后,一位平民打扮的女人走向这位中士和薇奥拉。了解了来龙去脉后,她让其中一位中尉道了歉，令人惊讶的是，那个平民打扮的女人自称是苏联红军中尉。

这些事件使双方关系变得紧张，所以，苏联人袭击与美国军人约会的女性以致引发两国军人间冲突也就不足为奇了。7月14日夜，一场斗殴终于在米尔霍罗德的美苏两国军人间爆发。两名苏联军官走向正坐在公园长凳上约会的美国军人及其女伴。一名苏联军官攻击了那个女孩，美国军人出手反击，随后，另一名苏联军官用枪托击打了美国军人的头部。等那位美国军人恢复意识时，发现自己已经躺在一家医院里。美军指挥官有所警觉，随即发布军令，禁止美方人员天黑后擅自离开基地，宵禁时间从原来的晚上11点提前到晚上8点45分。美军的军令强调："美国军人绝不会屈从于羞辱和伤害，更不会让羞辱和伤害自己的人不受惩罚。"[12]

7月17日，事情发生的三天后，因凯斯勒暂时外出而代替他行使指挥权的卡伦上校找到了佩尔米诺夫，并要求对方做出解释。次日，据卡伦汇报称"佩尔米诺夫做出郑重承诺，苏联军方和政府都未曾颁布任何禁令禁止或限制苏联女性与美国人交往"。卡伦最担忧的不仅是如何确保部队安全，还有如何维护好与苏联的关系，他命令部下将佩尔米诺夫的话传达给下级官兵。他还趁此机会呼吁自己的下属对远在美国家中的女性保持忠诚。他让美国人换位思考，如果是苏联军队驻扎在美国，"当你们看到自己的妻子或爱人愿意接受旁人追求时，一定会愤愤不平、怒火中烧"。卡伦还教育自己的下属，告诉他们关于苏联法律的基本知识："苏联政府不允许卖淫嫖娼，并采取一切手段杜绝此类现象，违反规定者一般被流放或监禁。"[13]

第九章 被禁止的爱

卡伦说得没错，苏联正着手彻底消除卖淫嫖娼的行为。20世纪30年代，苏联人将卖淫定性为犯罪，妓女和嫖客都会坐牢，还会被划为阶级敌人。苏联政权已经铲除了可以滋生卖淫的社会土壤，因此，卖淫嫖娼也不再作为一种社会现象存在。现在，苏联人希望不要因为美国人的到来而使卖淫嫖娼死灰复燃，在他们看来，美国社会更易于滋生这种行为。

起初，美军的态度与苏联不谋而合。诺曼底登陆后，法国当局希望通过设立军队妓院来对美国大兵的性活动进行管控，以杜绝他们在公共场所（例如在街道上和公园里）拈花惹草。然而，美军指挥官担心军人们远在家乡的妻子或女友会大发雷霆，所以没有同意。美法双方都认为性行为对于战士保持高昂士气、奋勇杀敌是必不可少的，但对于军队在提供性服务方面究竟该扮演怎样的角色，他们的意见却大相径庭。苏军和美军一样，都不提供性服务，他们正想方设法控制性病传播，至于怎么做到这一点，就交由军队自行解决了。

然而，正如一位苏联红军战士回忆的那样，"死亡、食物和性"是战士们讨论最多的话题。如果说，丧葬队可以解决第一个问题，战地炊事房可以满足战士的第二个诉求，那么苏联红军中没有任何服务能够解决第三个问题。在斯大林时期的苏联社会里，性不是可以随意讨论的话题，尤其在战争时期。

军队还有自己的"内部储备"，也就是在部队服役的女性。战争时期，苏联红军中服役的女性所从事的常见职业包括：空军飞行员、炮手、机枪手、医护人员、话务员和建筑工人。无论这些女战士军阶如何、发挥怎样的作用，她们仍是多数男性红军官兵优先选择的性对象。混编部队中的女性处境愈发艰难，而苏联大多数部队都是混编的。由于部队中男性处于压倒性的多数，要赢得芳心免不了激烈竞争，而高层军官最终会在和下属的较量中胜出。[14]

然而，一旦事情涉及在本国领土上和外国人发生性关系，苏联人的做法就是竭尽全力地去阻止。在从德军手中收复的失地里，苏联官员采取了与法国人完全不同的做法，他们并没有羞辱那些在德占时期与德军官兵"横向勾结"的女性，因为这涉及最隐秘层面的政治忠诚问题，而公开讨论这个话题则可能伤害到苏联政权的尊严。无论在涉及军队还是平民的政策中，苏联政府都拒绝将性欲视为合法议题。

至于美国军人与苏联约会对象之间的接触，苏联方面制定了相应政策，但并未公开。波尔塔瓦基地的"施密尔舒"官员被特别告知要限制美军与苏联女性交往，对秘密警察掌控之外的接触必须加以破坏。对于攻击美军官兵约会对象的行为，苏方做出的解释是防止美国人感染性病，但这种说法并不可信。有的美国人发现，如果他们的约会对象是"人尽可夫"的女子，苏联人并没什么反应，如果是品行端正的女人，苏联人则变得咄咄逼人。懂俄语的美国人曾听见袭击者训斥那些女孩不和苏联人约会，反而跑去和德国人与美国人约会。

被禁止和美军约会的年轻女子认为，禁令的背后也有文化原因。其中一人曾向会说俄语的美国军官倾诉，在被德军占领的两年里，不少乌克兰女孩发现"德国人比苏联人更有文化，举止更有礼貌，要是这些女孩有机会发现美国人也比苏联人有更高的文化素养，在生活中更有教养的话，她们自然会对美国人萌生更多好感，

第九章 被禁止的爱

而苏联人自然不希望让这种情况发生"。[15]

美军指挥官觉得这种情况似曾相识。当地人嫉妒和漂亮女孩约会的美国人,并攻击那些据称曾和德国人约会的女人,这与美军在欧洲其他地区的遭遇如出一辙。

自从美国领导下的反攻大战在欧洲拉开帷幕后,对美军的嫉妒天天都在英国上演。美国人拥有更好的军服,使他们人人看上去都像军官,同等级别的美国军人收入更高,还有重要的一点是,他们可以获得香烟、尼龙袜等战时极为稀缺的物资。这一切都让美国大兵在英国姑娘中颇受欢迎,至少英国男人是这么认为的。一位英国士兵写道:"如果美国大兵把英国女人带到酒吧,给她们买了杯喝的,他们就觉得自己能买下她们的身体和灵魂。而可怜的英国兵兜里仅揣着几先令,哪儿还有什么机会呢?"[16]

美国大兵常能赢得女人芳心的事实,在英国海外驻军中引起的焦虑更甚于英国本土军人。至1942年秋,英国驻中东军事指挥部已经处理了20多万起由驻军妻子在英国提出的离婚案件。无论离婚潮背后的原因究竟是什么,英国女人离开自己的丈夫改嫁给美国人都是很容易料想到的。"美国人问题"甚至影响到了首相丘吉尔的家庭。当时哈里曼正在伦敦担任《租借法案》的执行负责人,丘吉尔的儿媳帕梅拉·丘吉尔与埃夫里尔·哈里曼有过几夜情缘。帕梅拉·丘吉尔28年后才与哈里曼结婚,可是许多美国大兵全然不顾长官给他们设下的重重阻碍,迫不及待地与自己的英国女友结婚,尽管美国长官总是希望自己的下属维持单身并恪尽职守。[17]

1942年7月,在驻英美军中发行的期刊《美国佬》上,刊登

- 125 -

了一篇题为《别对她做出任何承诺——美国之外的婚姻已经结束了》的文章，不仅那些担心要在大后方和美国人搞恋爱竞争的英国军人欢迎这样的报道，远在美国的美军妻子和女友同样喜欢这样的文章。1944年9月，17岁的店员小姐桑娅·南森有一位正在澳大利亚服兵役的男友，她在接受《生活》杂志专访时，问记者知不知道"有整整两船美军士兵的妻子都是澳大利亚人"。此言并非子虚乌有。总计约有3万名英国的战争新娘嫁到美国，而在整个欧洲，数字大约是7万。[18]

在饱受侵略与战火之殇的法国，美国人受法国女人的欢迎程度似乎更甚于在英国的时候。许多法国女人发现，比起德军撤退后自己身无分文的窘境，语言障碍不过是小事情。一位美国大兵回忆："法国什么都缺，除了他们自制的酒和面包，以及女人。"美酒、面包和女人，美国人都想要，当然，他们也有很多东西能够作为回报。美军的补给品包括香烟、咖啡、巧克力，还有重要的一项——肥皂，他们拿这些东西做交换，能轻易地换回性欢愉。通过卖淫获得美国商品，再拿到黑市上换钱，这种现象充斥着法国的大城小镇。法国平民对此愤懑不已，就在数月前，他们眼看着这些妓女因勾搭德国人而发财，现在更是惊讶地发现，她们从美国人那里得到了更多。

当初，法国人曾谴责那些和德国人保持不正当关系的女人与"德国人横向勾结"，现在却没有多少人愿意这样严厉地谴责那些妓女。1945年，一位为《马恩河杂志》撰稿的作家将兰斯街头上和美国人走在一起的女人比喻成德占时期满大街的娼妓，却遭到了读者的严厉批评，因为美国人被视为解放者而不是占领者，他被迫道

第九章 被禁止的爱

歉。然而,因德军占领而产生的羞辱感却始终影响着公众对那些与外国军人过夜的女人的看法。美国的声誉再一次岌岌可危。[19]

比起在英国和法国,美国人发现他们在苏联处于一个特殊的境地。那些西欧民众自然流露出的不安全感、嫉妒和民族自豪感,在苏联则演变成了国家政策,政府机关有权监管平民与外国人的交往。莱宝斯基事后写道:"寻常的社会关系和性问题到了苏联这里就有些扭曲,这很大程度上是由苏联对此类事件的特殊应对措施造成的。"[20]

和苏联女性约会或有此类嫌疑的美国飞行员发现,他们正处在"施密尔舒"的密切监控下。艾伯特·贾罗德就在苏联拟定的间谍嫌疑人名单上。这名中尉之所以受到怀疑,首先是因为他是米尔霍罗德基地美军情报部门的负责人,其次因为他性格外向,乐于和苏联军人和平民交朋友,此外,有人指控他和他的犹太家族与内战时期的白卫运动①有关联。贾罗德曾在5月间经中东抵达米尔霍罗德基地。能讲一口流利俄语的贾罗德急于和苏联人建立关系,喜欢和苏联红军军官喝上一两杯,无论从哪方面来说,他都愿意与那些和自己说着相同语言、拥有相同文化的人在一起。加拿大记者戴维斯为了报道6月2日第一批"空中堡垒"着陆而来到波尔塔瓦基地时,贾罗德曾向他透露:"我从未见过有谁比苏联人更友好了。"[21]

贾罗德很早就引起了"施密尔舒"官员的注意。他与苏联军人

---

① 南俄白卫运动是以帝俄军官和南俄上层哥萨克为主体的反布尔什维克运动,是俄国内战的重要组成部分之一。

接触时的开放态度被解读为企图建立信任关系、发展潜在谍报人员；他拜访基地的苏联军官，还提议播放美国电影，这些行为被视为暗中侦查苏联的军事设施；他还被怀疑窃听苏联空军军官的谈话。他在基地以外其他地区的行踪则更加令人生疑。5月25日，贾罗德曾告诉一位来到米尔霍罗德基地的苏军指挥官，自己曾在1936年以游客身份到过苏联，并在符拉迪沃斯托克、莫斯科和自己的家乡敖德萨短暂停留。他询问这位到访的军官能否帮助他查找一位1936—1937年在苏联驻旧金山领事馆工作的人员，因为对方曾协助他安排这次旅行。6月初在米尔霍罗德，贾罗德请求自己的熟人伊万诺夫上尉帮忙查找1936年他在莫斯科遇到的一位女性的住址，而伊万诺夫的真实身份是"施密尔舒"的便衣官员。[22]

可以想见，贾罗德的请求均石沉大海，他的这些做法被视为设法获取苏联公民信息或是企图招募谍报人员。斯维什尼科夫和佐里纳加强了对贾罗德的监控，并找到了他从事间谍活动的"新证据"。他们向莫斯科方面通报："通过监控贾罗德在美国人中的行动，我们发现，尽管他的职务并不重要，军阶也不高，空军指挥官却对他很恭敬。"按照他们的经验，只有秘密警察或是反间谍官员才能从比他们军阶更高的人那里得到尊重甚至敬畏。斯维什尼科夫和佐里纳只能从苏联的视角去解读美国空军的上下级关系，因为他们无法想象美国的情况或许与苏联大相径庭。[23]

7月中旬，也就是苏联中尉袭击一名美军军人并使其受伤入院的时候，苏联方面要求美军指挥部将贾罗德调离苏联。贾罗德在驻英第8航空队的上级对此甚是不悦，但并没有意识到这只是"施密尔舒"的策略。上级认为苏方会有这样的要求，都是贾罗德自己的问题，并打算把他调离。美军指挥部在回复给米尔霍罗德基地的电报中这样写道："将这名军官调至第9航空队吧，第8航空队不需要他。"此时，美国人并不知晓苏联做出上述要求的原因，但这些原因在"施密尔舒"的内部文件中有非常详细的说明。

"施密尔舒"官员还指控贾罗德企图利用苏联禁止红军女战士与美国人约会的规定，以及由此在美国大兵中引起的不满情绪，煽动双方发生冲突。据"施密尔舒"报告，7月上旬，即美国军人约会对象遭到攻击的高峰期，贾罗德曾组织65名苏联军队医院的护士前往美军在米尔霍罗德的营地，邀请她们和美国人一同看电影，在饭店一起吃饭、跳舞，随后她们被送回了医院。"施密尔舒"官员将此解读为挑衅行为，认为贾罗德希望苏联当局下令让女护士返回医院，以此激起美国人不满情绪的爆发。"施密尔舒"官员认为自己很好地处理了此次挑衅事件，允许了这场晚间活动按原计划举行，不过他们希望贾罗德离开苏联。[24]

贾罗德离开以后，"施密尔舒"官员又把注意力转向了他在情报部门的助手菲利普·坦德中士。和贾罗德一样，坦德也能讲一口流利的俄语，他出生在中国哈尔滨的一个俄罗斯移民家庭，同样被怀疑与白卫运动有关联。据"施密尔舒"官员报告，坦德"传播苏联女孩被禁止与美国人见面的谣言"，但他本人却和一些苏联女孩约会。有人指认他和一位名叫卡特琳娜·斯坦科维奇的女子约会，这名年轻女子和她的同事一样来自莫斯科，是苏联的军事商店的普通雇员。军事商店管理着美国人就餐的饭店，并向美国人售卖苏制商品。尽管苏联军人已接到了不要和美国人约会的严格命令，但基地的平民却处于不知情的状态。"施密尔舒"官员认为她们也应受到相同的约束，但这一禁令很难贯彻执行。[25]

据线人所言，坦德让斯坦科维奇在米尔霍罗德租一间供两人同居的公寓，还承诺要带她回美国，正是这点让"施密尔舒"官员对二人的关系感到格外紧张。斯坦科维奇向自己在军事商店的朋友坦言，只要能带上她的小女儿一起，她就会跟坦德走。于是，"施密尔舒"官员要求斯坦科维奇的上司把她开除，并送她回莫斯科。7月21日，她返回了莫斯科。临行前，斯坦科维奇告诉坦德，自己是因为和他约会而被解雇的。同时，她将自己认为要为此事负责的反间谍官员——伊万诺夫中尉的名字也一起告知了坦德。

坦德保证要好好教训一下伊万诺夫。而伊万诺夫也知晓了此事，决定先下手为强。7月23日晚上，他得知坦德去拜访了曾和斯坦科维奇同住的另一位姑娘博尔德若娃。按规定，美国军人必须在晚上8点45分之前回到营地，坦德却在博尔德若娃那儿过夜了。凌晨1点30分，伊万诺夫出现在了博尔德若娃的公寓，并以违反宵禁的罪名逮捕了坦德。坦德随后受到了美国长官的斥责，并被罚劳动六天。伊万诺夫大获全胜，但还想趁热打铁。他让管理军事商店的官员解雇博尔德若娃。有趣的是，他这么做却招致了佩尔米诺夫的一通训斥。[26]

"施密尔舒"官员眼中的胜利，在苏联指挥官看来无异于一场彻头彻尾的灾难。逮捕坦德、开除斯坦科维奇，以及要求解雇博尔德若娃的做法，只能使因为攻击美军约会对象而日益紧张的两国关系更加恶化。这种行为更是证实了坦德和其他人关于苏联禁止本国女性和美国人约会的指控，佩尔米诺夫曾对卡伦做出的庄重承诺也

第九章 被禁止的爱

会因此受到影响。此外，米尔霍罗德军事商店的职员人数正以创纪录的速度飞快减少，如此一来，佩尔米诺夫可能很快就无法在基地得到来自平民的协助。

佩尔米诺夫将军向斯维什尼科夫抱怨伊万诺夫的所作所为，但毫无效果。斯维什尼科夫告诉他，"他有来自莫斯科的指示，切断所有苏联人尤其是苏联姑娘与美国人的联系"。佩尔米诺夫意识到，他唯一的希望是向自己的上级反映。当苏联空军指挥官和"施密尔舒"官员的矛盾愈演愈烈的时候，只有一个权威有权进行果断干预——苏联共产党。7月26日，佩尔米诺夫向空军高级党政官员尼古拉·西马诺夫递交了一份报告。西马诺夫不仅是苏联空军军事委员会的政务官，也是苏共中央航空部的负责人。在报告中，佩尔米诺夫陈述了"施密尔舒"官员逮捕坦德、开除斯坦科维奇，以及要求解雇博尔德若娃的情况，还加上了先前的一个小插曲——一位"施密尔舒"官员曾命令两位在军事商店工作的女性从一辆由美国人驾驶的汽车上下来。

佩尔米诺夫并未质疑莫斯科下达给斯维什尼科夫的命令，而是对"施密尔舒"官员执行命令和开展工作的方式提出异议。在佩尔米诺夫看来，"施密尔舒"的做法正中敌人下怀，这里的敌人指的是俄国革命时期反苏的"白卫军"支持者，而父母是俄国人、出生在俄国或其他地区的美国人就有很大嫌疑。"白卫分子"想削弱苏联与盟友之间的关系。佩尔米诺夫写道："显而易见，我们必须知道该如何斩断这种关系，而不是鲁莽行事，因为鲁莽冲动势必会影响双方的合作关系，制造新的冲突，反倒让白卫分子有机可乘。"他还建议不要解雇博尔德若娃："因为关于她，我还没有看到其他

- 131 -

有失体面的证据,开除她意味着在不久的将来我们将驱离所有的平民女子。"

他甚至在报告中,以更强烈的口吻谴责了"施密尔舒"官员威胁当地民众不要和美国人交往的做法。他争辩道:"我认为,从政治上讲这种做法是有害的。如果继续这样行事,恐怕我们要对波尔塔瓦、米尔霍罗德、皮里亚京及周围村庄的一半居民都实行强制性措施了。"[27]

这份写给西马诺夫将军的报告,最终摆在了"施密尔舒"负责人维克托·阿巴库莫夫的桌子上,附带着的还有一份斯维什尼科夫签署的备忘录。斯维什尼科夫在这份备忘录中解释,自己的下属根本没有引起任何麻烦。坦德对自己的被捕未曾有过怨言,博尔德若娃也是自己决定不再和坦德来往的。斯维什尼科夫显然是在替自己辩解,他还说佩尔米诺夫本人就曾向平民警告过不要和美国人建立关系。最终,阿巴库莫夫向自己的下属口头传达了他的命令,文件中没有记载他曾说过什么,但从那以后,攻击美国人约会对象的事情就再未发生。8月,美国人又可以和乌克兰姑娘约会了,暮色降临后,他们依然可以和自己的女伴待在公园里,直至晚上11点宵禁。"施密尔舒"官员改变了策略,把更多精力用于监控美国军人和乌克兰姑娘间的交往,而不是粗暴镇压。[28]

在美国军人的记忆中,7月的约会危机结束了,但此事也消磨了他们最初对苏联人的好感。如果说德军6月对基地的轰炸使双方指挥官之间有了嫌隙,那么7月事件则让普通官兵愤愤不平。在随后的8月和9月里,新的矛盾接踵而至。

第十章　风波再起

　　1944年8月6日,星期日,伴随着78架"空中堡垒"轰炸机和护航的64架"野马"战斗机的到来,乌克兰基地的机场重新焕发出蓬勃生机。这是自6月末,即美国第8航空队的"空中堡垒"着陆波尔塔瓦基地且被德军轰炸后,美军第一次执行穿梭轰炸任务,飞抵机场的是其中一部分飞机。夜间偷袭的灾难发生后,美军指挥官用了近一个半月时间才重启了空袭任务,行动代号为"狂暴Ⅴ号"。"狂暴Ⅰ号"行动于6月初发起;"狂暴Ⅱ号"行动很不幸,最终以德军6月22日的空袭宣告结束;"狂暴Ⅲ号"和"狂暴Ⅳ号"行动由驻扎在意大利的美军第15航空队执行,仅有战斗机参与了行动。与此不同,"狂暴Ⅴ号"行动由驻扎在英国的美军第8航空队负责执行,共调用了3个轰炸机编队和1个战斗机编队的军力。

　　正是应苏联方面的要求,才有了此次行动。莫斯科希望"空中堡垒"能轰炸德国的上西里西亚地区及波兰的克拉科夫地区,并希望此次行动能在8月5日前迅速完成。但糟糕的气象条件迫使行动延期,轰炸目标也重新改为波罗的海沿岸的波兰城市格丁尼亚。

8月7日，美军对克拉科夫的轰炸实现了原计划的部分目标。8月8日，第8航空队的飞机并没有直接返回英国，而是飞往了意大利，沿途对罗马尼亚的目标实施了轰炸，因为苏联军队将于当月晚些时候向该地区发动进攻。[1]

尽管参与此次行动的"空中堡垒"数量、轰炸目标的重要性以及造成的破坏力都无法和6月发动的"狂暴Ⅱ号"相比，但大家认为行动总体上是成功的。这次，美军未在行动中损失任何飞机。美国人一直无法说服苏联人将美方的夜间战斗机和防空设施运抵基地，因为如此一来，美军在波尔塔瓦基地的人数将是现在的五倍。况且，这样做似乎已经没有必要了。苏德战线已向西深入推进，使德国人无法再发动类似数周前的进攻。6月22日，也就是德军对波尔塔瓦基地发动空袭的同一天，苏联红军发动了"巴格拉季昂行动"，此次行动以拿破仑战争时期一位来自格鲁吉亚的俄军将领的名字命名。8月中旬，苏联红军北路逼近东普鲁士，中路逼近维斯瓦河，南路则推进至喀尔巴阡山脉。白俄罗斯和乌克兰全境已几乎由苏联掌控。[2]

迅速推进的战线给波尔塔瓦基地带来了新的挑战。从基地起飞，美军能够轰炸的目标数量正在急剧减少，因为这些目标不是已由苏联掌控，就是在苏联战区。无论是身处波尔塔瓦的美军官兵，还是远在莫斯科的军事使团成员都注意到，苏联人对穿梭轰炸行动的热情正逐渐减弱，而身在英国和华盛顿的美军指挥官也同样意识到这点，他们愈发迫切地希望能在迅猛向前推进的苏联战线一侧附近获得新的基地。[3]

在莫斯科，美国人请求能在更加向西且靠近前线的地方建立新

第十章 风波再起

基地,而苏联人对此充耳不闻。他们一再拖延,拒不批准新的行动目标。"狂暴Ⅵ号"——一个令美军驻英国的战机飞往乌克兰和意大利的新任务直至 9 月中旬才实施,这是"狂暴"系列行动中间隔时间最长的一次。莫斯科当局对基地的未来释放出的矛盾信号以及战事的间歇,让基地的美军官兵开始感到困惑不安,感到自己不再那么受欢迎了。他们同苏联人的矛盾也成倍加深,甚至发展到拳脚相向的地步。盟军间的深刻裂隙已现,直触同盟的基础。本该并肩战斗的军人竟掉转枪口,针锋相对。

美国战略空军分管政务的副司令官休·克纳尔少将于 8 月中旬到访基地。他一到苏联,就拜访了哈里曼和迪安将军。从 8 月 15 日至 21 日,他在波尔塔瓦地区的基地待了近一周时间。克纳尔离开时,对苏联是否会继续完成行动深感疑虑,对是否有必要推进穿梭轰炸也持怀疑态度。他对于在远东地区建立美军军事基地同样不抱太大希望,而这是美国最初发起"狂暴"行动的主要目标之一。

关于苏联人对基地的态度,克纳尔在报告中这样评价:"魔鬼不再病快快,也不会对德军的战败心存仁慈。"这个令人难忘的论断,恰恰反映了基地美军官兵的观点。受近期捷报频传的鼓舞,苏联人对于美苏合作的热情正日益减退。毕竟在现阶段,美国人深陷法国战场,远离德国本土,苏联人却不断把战线向前推进,不仅解放了本国的领土,还进入了中欧和波罗的海地区。克纳尔谴责苏联在 6 月 22 日德军空袭后没有努力提高防空能力。他还注意到,为飞机提供服务的美苏技术人员间的合作也破裂了,"苏联人把能拿到的工具都卷走了"。[4]

克纳尔认为，在这种情况下，沃尔什将军未能维持好战士的士气和纪律。他从美军帐篷周边疯长的杂草中看到了"缺乏领导力"的迹象。基地美军的士气的确直线下降。美国大兵在墙上的留言，全是想要返回欧洲基地或美国的内容。随着美国商品的非法交易案件以及美国军人之间和美苏军人之间因酗酒造成的冲突激增，美军军纪也日渐废弛。

没有什么比克纳尔视察期间发生的一个小插曲更能反映美苏交恶给基地带来的伤害了。在米尔霍罗德基地的一家苏方经营的饭店里，美苏军人因酗酒引起的闹事竟导致双方拔枪相向。8月17日夜间，轰炸机飞行员菲利普·谢里丹中尉喝得酩酊大醉，将两个瓶子扔出了饭店，因此和苏联军官发生了争吵。正当谢里丹的行为使众人迷惑不解时，两名饭店外的美国军人听见一名苏联士兵填弹上膛的声音，便迅速制住了这名苏联战士并将其缴械，还弄伤了他的脸。最终无人开枪，但在接下来的混乱中，当值的美军军官似乎想制止双方斗殴，却用手电筒砸伤了另一名美国军人的头部，伤者被送进了医院。佩尔米诺夫要求严惩肇事者，谢里丹被送往英国，接受军事法庭的审判。[5]

基地的饭店都是由军事商店经营的，卖酒水、食物，尤其是一些点心。波尔塔瓦基地的饭店在6月下旬开张，其他基地的饭店从7月初开始营业。从一开始，饭店就是基地内美苏之间日益紧张的关系的焦点。1944年5月底，佩尔米诺夫曾请求上级批准在基地开饭店，正是在他的支持下，饭店才得以开张。虽然美国人吃得很好，但他们需要能打发闲暇时间的地方，苏联不仅没有酒吧，还严

第十章　风波再起

格限制他们和当地人交往。佩尔米诺夫需要通过饭店来阻止美国人进城进村买酒。于是，饭店成了双方会面的地方，理想的状态是会面能加深彼此的友谊。然而事实上，双方摩擦渐增，再加上美军士气低落，饭店反而起了反作用。[6]

美国人在这里不仅找到了美酒佳肴，还遇见了风姿绰约的女招待。饭店面向美苏双方，美国人可以邀请基地的朋友来这里，但不可以带平民过来。美国人在这里必须尽快学会怎样在苏联人的坚持劝酒下一饮而尽，同时不让自己醉倒。曾经有一名美国军官悄悄在桌下把一杯伏特加倒掉，结果被人发现，佩尔米诺夫要求他再喝一杯，以示惩罚。美国人很快发现，吃燕麦面包、洋葱和油脂性食物可以中和伏特加的酒劲。但是那些新来基地的人，比如谢里丹中尉，就只好硬着头皮灌酒了。[7]

不醉不休的喝酒方式并不是美国人在苏联饭店面临的唯一挑战。对他们来说，这些饭店很快就反映出苏联糟糕的经济状况。美国人认为，正是这些饭店的存在纵容了腐败和军用物资的非法交易。隶属于军事商店的饭店同时用美元和卢布出售商品，这么做成功阻止了美国大兵去附近的城镇喝酒，佩尔米诺夫将军担心的问题在某些方面得到了解决。但是另一方面的问题又更严重了，美国大兵更加勤快地跑到小城里出售美国商品，以此换取在饭店的买酒钱。

美军面临的核心问题是，他们的薪水只有一部分是按卢布发放的，这是美国战略空军的决定，美元津贴兑换卢布的汇率也是苏联确定的。驻守在米尔霍罗德的亚瑟·坎宁安中尉曾向一位苏联朋友解释说，他每月165美元的工资中，只有18美元被兑换成卢布并归他所有，其余的钱都汇到了自己在美国的银行账号上。按照苏联官方1∶17.35的美元兑卢布汇率，坎宁安在米尔霍罗德的可支配工资是312.3卢布，远低于苏联军官的收入，美国人在苏联饭店的权力平衡中自然就处于劣势了。

只将军人工资的一小部分换成卢布发放或许是基于这样的假设：在波尔塔瓦和米尔霍罗德没什么东西可买。然而，饭店的营业打破了这一局面。现在，酒水、食品和香烟都有了，大家却无钱可用，美国大兵口袋里揣着的312.3卢布，只够买两瓶单价150卢布的伏特加和一瓶售价15卢布的啤酒。饭店刚开张，苏联人就调整了汇率，1美元只能兑换5.3卢布，这样一来，美国军人原本就薄弱的购买力又被削减了三分之二。面对每月不足100卢布的可支配收入，美国人闷闷不乐，自然毫无顾忌地发泄自己的不满。

苏联的反间谍官员很快捕捉到了美国人的不满情绪。伊莱亚斯·巴沙中尉满腹牢骚："要是没什么商品，就别开店。"贾罗德在因挑起美苏矛盾而即将被调离前，曾对一位相识的苏联人说道："考虑到美元的高汇率，我们美国人是世上最富有的。"事实也是如此，7月8日，米尔霍罗德的美国人开了自己的商店，并只面向美国人，一条美国香烟仅卖1卢布，而一条劣等的苏联香烟在苏联人经营的饭店里售价都超过1美元。沃尔什将军向佩尔米诺夫抱怨汇率问题，随后佩尔米诺夫和斯维什尼科夫都向莫斯科方面请愿。[8]

莫斯科并没有给出回应。在整个夏天余下的日子里，新汇率始终保持不变，这迫使美国军人为了得到卢布而另寻他法。他们的现金虽少得可怜，但基地的美国货数量充足，而且这些东西在苏联商店是买不到的,其中包括工具、技术设备、制服、鞋子、毯子,还有最稀缺的——香喷喷的肥皂。一夜之间,波尔塔瓦、米尔霍罗德和皮里亚京的市面上充斥着香烟和口香糖等美国货。两块肥皂120卢布,美国制造的鞋子6000卢布,毯子2000卢布,手表5000卢布。美国方面尽其所能地对黑市交易展开调查,但依旧无法根除因卢布需求而催生的非法交易。[9]

据米尔霍罗德基地的富兰克林·霍尔兹曼回忆,6月来到基地后的第一个月里,美国军人震撼于满目疮痍的战后废墟和劳苦大众的贫穷,经常把东西送出去,分文不收。他们后来才开始通过售卖商品换取卢布。据霍尔兹曼所言,人人都这么干,但当美国大兵看到他们的随军牧师装了满满一车毯子离开基地时,心里难免焦虑。一些有车可开的美国军官对商品在城里出售的价格不满意,于是就当起了流动商贩,开车到附近村庄里按照当地市价销售商品。不仅在饭店里需要卢布,到当地市场和商店购买各类商品也需要卢布,其中苏制相机和德国徕卡相机的仿制品最受欢迎,有的仿制品甚至还配了德国镜头。此外,乌克兰民间艺术品也是受追捧的对象,尤其是刺绣。霍尔兹曼就买了好几件带刺绣的女式衬衫寄回了家。[10]

6月,在米尔霍罗德基地,苏联士兵从美国情报部门的保险柜里偷走了两个钱包。运送美国物资的苏联司机从一个美国仓库偷走了39罐食品、4顶降落伞、125盒糖果和40包香烟。还有人从机场停着的一辆美国汽车里拿走了点火器、一个打火机、一个备用轮胎和其他工具。美国医院里有一位女护士的私人物品也被偷了,包括一个闹钟、一支手电筒和金色胸针。

7月26日,佩尔米诺夫有所警觉。他命令自己的下属和"施密尔舒"官员对偷窃案展开调查。空军指挥官皆奉命行事，而"施密尔舒"官员却一直抗议到了莫斯科。他们辩称佩尔米诺夫无权指挥他们，况且调查偷盗这样的轻微犯罪并不是他们的职责。莫斯科的"施密尔舒"总部高层对波尔塔瓦基地下属们的观点表示认同，反间谍机构的任务是找出间谍和叛变者，而不是处理一些与美国人相关的财产犯罪。最终，佩尔米诺夫只能自己调查这些案件。[11]

只有当苏联红军和美军勾结作案时，"施密尔舒"官员才会参与盗窃案的调查。例如，美国人提供货物，苏联人负责销售，这也是美苏合作遇到较少阻碍的领域。1944年9月，"施密尔舒"官员在基地的一个苏联红军汽车店里发现了三箱美国商品。被指控转销美国商品的是伊凡·库钦斯基中尉。他承认箱子里装的是八包相纸、一件皮夹克、几件衣服、几个肉罐头、香肠、几包糖果和口香糖，这些东西属于他认识的一个美国人——一个在照相洗印室工作的技术员，对方委托他销售这些物资。库钦斯基的这位熟人正打算离开基地，显然，他售卖的不仅是自己的个人物品，还包括他利用便捷渠道得来的军需品，比如相纸。

库钦斯基对自己的罪行供认不讳。他还坦白曾利用前往哈尔科夫出差的机会，帮美国朋友卖过一些商品。当时，他总共卖出了价值2000多卢布的物品，这是基地美军战士月收入的10倍。尽管承认有罪，但库钦斯基仍旧希望获得宽恕。他向"施密尔舒"官员诉苦称，自己并不是"堕落者"，是因为家人在这个艰难时刻陷入了困境，自己不过想补贴家用罢了。但他的哀求毫无用处。9月12日事发，库钦斯基第二天就被开除了党籍，这个信号清晰地表明他将接受审判。"施密尔舒"极力向外界展示自己打击美苏非法交易的高昂斗志。[12]

到了 1944 年夏末，美国人从非法商贸中赚得的卢布急速地打破了苏联饭店的权力平衡，现在美国人可以和自己的苏联伙伴平起平坐了，甚至比他们更大手大脚地花钱。腰包鼓起来的美国人还会去空军商店，或是让飞行员帮他们从英国、意大利和伊朗购买商品。在追求本地女孩方面，他们显然也处于优势。在"施密尔舒"调查的所有涉及美国军人与当地女性之间发生性关系的案件中，几乎无一例外地涉及物质馈赠。即使在美国人不寻求性关系而仅仅希望得到年轻姑娘陪伴的情况下，物质交换依然存在。据"施密尔舒"汇报，外科医生威廉·杰克逊就是这种情况，他的约会对象是波尔塔瓦基地的季娜伊达·布拉吉科娃，他们的关系始于 1944 年 6 月，同样存在赠送袜子和香水等礼物的行为。

然而多数情况下，美国人送出的这些小礼物主要是为了与苏联女性建立性关系。8 月 30 日凌晨 2 点，一名在米尔霍罗德执勤的苏联军官发现自己队伍里的两名女战士——19 岁的塔伊希娅·妮辛娜和 21 岁的柳博芙·阿巴什金娜并不在原本应该当值的面包房里。这名军官很快在出租屋里找到了这两人。"她们正赤身裸体地和两名美国军人睡在一起，搜查房间时还找到了 630 卢布、五块美国香皂、一包美国产巧克力、一枚嵌有美国宝石的胸针、四盒价值不菲的扑面粉、两瓶香水以及两张印有两个美国人的照片。"两个女孩均被逮捕，其中一人被开除出共青团，两人所在部队被安排听了一场关于国家道德的讲座。[13]

随着基地的前景日益黯淡，苏联人越来越不愿意迁就美国人；

反过来，因苏方限制他们的行动范围以及与当地女性的交往，美国人也变得越来越有挫败感。结果便是美苏间的冲突激增。在9月的前两周内，这种情况尤其明显，此时有传言说美军即将撤离基地。美军不再担心会失去什么，便更加直接地吐露心中不满，正如克纳尔在8月25日向斯帕茨提交的备忘录中所言："这种政治控制既不友好，也不利于双方合作。"[14]

原本为了改善和加强双方关系的计划，结果却又让彼此失和。9月1日，一群美国军官为了庆祝新近的升迁，邀请苏联军官到饭店与他们同乐。大家好像都喝过头了，据"施密尔舒"官员汇报，美军希勒上尉和苏联红军中尉萨夫丘克打了起来。希勒对苏联译员伊凡·斯沃罗博夫中尉说，他"恨透了苏联人，就想揍人"。斯维什尼科夫认为，这种故意挑衅的话是想破坏两国关系，并认为自己在防止冲突升级方面立了一功。他高兴地向上级汇报：一场发生在皮里亚京基地饭店的苏联军官和美国军士之间的斗殴被成功制止了。据说，美国人在数小时后闯入了饭店，拿了些食物和酒水。[15]

在9月上旬，美苏冲突不仅愈加频繁，而且情况也越发严重，因此，斯维什尼科夫和佐里纳手下的特工密切监视着一些美国人。9月中旬，斯维什尼科夫在提交给莫斯科的报告中写道："多数情况下，是这些懂俄语且在苏联有亲戚的美国情报人员挑起了事端。"9月下旬，"施密尔舒"官员坚持起诉其中一名会说俄语的军官——伊戈尔·瑞福迪多，指责他不仅和苏联军人打架，还口出狂言，侮辱共产主义。[16]

伊戈尔的案子很有意思。尽管他的姓氏来自意大利语，但他1919年出生于苏俄贝加尔湖地区的乌兰乌德（后来叫上乌金斯克）。

第十章 风波再起

伊戈尔出生于演艺世家，父亲康斯坦·彼得洛维奇·阿卡萨诺夫是演员兼戏剧导演，而出生于哈尔科夫的母亲玛丽娜·帕夫柳琴科娃也是一名演员。"阿卡萨诺夫"这个名字来自舞台，借用了1886年俄国著名戏剧《阿卡萨诺夫》中主要角色的名字。不过，阿卡萨诺夫经营的演艺公司却是货真价实的。在第一次世界大战期间以及战争爆发前，剧团巡回演出，康斯坦和玛丽娜一直四处漂泊。十月革命把一家人困在了西伯利亚的托木斯克，1917年7月，剧团在托木斯克用波兰语和俄语做了演出，这说明即便不是阿卡萨诺夫本人，剧团里也应该有波兰裔演员。

从伊戈尔的出生地可以看出，1919年，剧团和他的家人继续向远东地区迁徙，最终在乌兰乌德停下了脚步。1920年，乌兰乌德成了远东共和国首府，这是一个形式上独立，实际上受控于苏俄的国家。阿卡萨诺夫一家人于1923年离开了上乌金斯克，前往中国，就在这年，远东共和国并入苏联。伊戈尔的父亲最终在中国离世。随后，他的母亲带着年幼的伊戈尔移民至美国，并再次结婚，她本人和伊戈尔也随之改姓。伊戈尔供职于米尔霍罗德基地的情报部门，具有左倾倾向的艾伯特·贾罗德并不信任自己的这位手下，称他为"白卫分子"，这也暗示他的家庭具有反布尔什维克倾向。他们一家人当年离开苏联是为了逃离布尔什维克，这一点毋庸置疑。[17]

和所有会说俄语的美国人一样，伊戈尔在抵达波尔塔瓦后不久，就发现自己受到了"施密尔舒"官员的监控。"施密尔舒"官员发现这位相貌英俊、身姿挺拔、满头金发的美国小伙儿很喜欢和当地姑娘约会。他们不知道的是，伊戈尔在加入美国空军前

- 143 -

曾在好莱坞住过一段时间，他曾和当时冉冉升起的新星亚历克西斯·史密斯和唐娜·里德交往过。1944年6月末，伊戈尔正与一位名叫瓦莉娅的乌克兰女子过从甚密，"施密尔舒"官员自然也搜集了很多与这名女子相关的信息。7月，伊戈尔又与一位名叫季娜伊达·贝卢沙的波尔塔瓦当地女子约会。贝卢沙离过婚，带着一个孩子，她的父亲曾是苏联警官，但在战争爆发前被处决了。伊戈尔告诉贝卢沙，基地的美国人一点儿也不开心。虽然并没有官方禁令禁止当地女性与美国人交往，但实际上苏联当局并不鼓励贝卢沙她们这样做，也告诫过她们。她们就算真的和美国人约会，也是悄然行事。伊戈尔和大多数人一样，对此痛恨不已。[18]

9月8日，星期五，伊戈尔向"施密尔舒"的线人吐露了自己的不满。斯维什尼科夫的特工在波尔塔瓦的饭店里发现了伊戈尔，他的身旁是懂俄语的威廉·罗曼·卡鲁特中尉。据"施密尔舒"的报告："这两人正要和我们的军官争吵，并且散布挑衅性谣言，说苏联人企图禁止美国人和当地女孩约会。"在另一份与伊戈尔相关的报告中，"施密尔舒"情报人员宣称伊戈尔不仅散布反苏言论，还涉及一起与苏联军官斗殴的事件。据"施密尔舒"的汇报，9月12日，伊戈尔和卡鲁特殴打了苏联红军中尉费奥多尔·格列沙耶夫，还企图攻击其他苏联军官。报告写道："伊戈尔在暴怒的时候污言秽语，甚至口出反共狂言，宣称'不是你们在帮助我们，而是我们在帮助你们！'"[19]

美方经调查后得出结论，伊戈尔确有其罪，但卡鲁特实属无辜。事情的开端是，一位东欧裔的美军军官迈克尔·杜比亚格中尉说了伊戈尔几句，伊戈尔当时已酩酊大醉，遂恶语相向。两人随即扭作一团，打了起来。不久，伊戈尔的酒友谢里·卡彭特中尉也加入了斗殴。随后他和卡彭特又打了杜比亚格。身处现场的卡鲁特本想劝架，谁承想竟和伊戈尔动起了手。说俄语的伊戈尔在打斗正酣之际，曾对饭店的苏联经理挥拳相向，并且说了出现在"施密尔舒"报告中的那些狂言。与以往一样，苏联拒绝美国人审问苏方人员，调查因此难以做到尽善尽美，但事件的脉络是清晰的——美国军官对苏联的做法已难以忍受，在重压之下爆发了。[20]

斗殴事件两天后，斯维什尼科夫向佩尔米诺夫将军递呈了一份列举美国人挑衅事项的清单，此次斗殴事件被放在第一位。清单还包括未经证实的其他各类指控：两名美国军官试图强奸皮里亚京基地的一名苏联女军官；米尔霍罗德的美国人故意给一些衣衫褴褛的穷人拍照片；美国人在公开和私底下的场合都发布过反苏言论。佩尔米诺夫转身就向沃尔什和凯斯勒提出了抗议。他们向佩尔米诺夫承诺将调查卷宗中提及的所有案件，对伊戈尔案件的处理尤其迅速。伊戈尔被罚了半个月工资，晋升被撤销，并于9月15日调离波尔塔瓦基地，此时距斗殴一事发生尚不足三天。如果无法提振士气，美军指挥官必须在事态完全失控前尽快重塑军纪。然而，他们的内心对必须受到惩戒的军人是抱有同情的。

9月15日，在伊戈尔被勒令离开波尔塔瓦的当天，凯斯勒将军给伊戈尔写了一封满是溢美之词的推荐信，信中只字未提斗殴一事，只是说伊戈尔是"一名忠诚、友善且恪尽职守的军人"[21]。凯斯勒及其在波尔塔瓦的助手不再信任苏联人了，而远在莫斯科的美国高层同样如此。为了进一步安抚苏联人，沃尔什要求能说俄语的彼得·尼古拉耶夫撤回西欧战区，因为"施密尔舒"官员和佩尔米诺夫觉得他有反苏倾向。沃尔什还颁布了条令，禁止美国军人在基地外拍摄照片。沃尔什和迪安最想做的，就是在美国空军完成对东欧最后的军事任务之前，不给苏联人提供任何关闭基地的借口。

而这个最后的任务就是——空袭华沙。此时此刻，轰轰烈烈的反纳粹起义正在华沙城上演。[22]

第十一章　华沙沦陷

8月的最后一周，军士长埃斯蒂尔·瑞皮尔和下士勒罗伊·皮普金从乌克兰飞抵苏联首都莫斯科。他们入住了大都会酒店，并受邀参加美国大使馆为受到美国嘉奖的苏联军人专门举办的招待会。在莫斯科的所见所闻让两人记忆尤深。

在大都会酒店，两位飞行员在餐厅里看到了日本外交官，尽管苏联并未对日宣战，但这一事实仍让两位飞行员惊诧不已。瑞皮尔是这样回忆的："我注视着那些家伙，但他们刻意避开我的目光，我一直盯着他们看，直到他们拿起报纸遮住自己的脸。"1944年8月22日，在哈里曼举行的使馆宴会上，瑞皮尔和皮普金与出席的苏联政要和高层将领互动频繁。皮普金记得："突然，外交人民委员莫洛托夫热情地握住了我的手，随后（白俄罗斯第一方面军的统帅，此时正向波兰中部进军的）罗科索夫斯基也和我握了手，他本人因接受嘉奖而被召回莫斯科。此外，我还和哈里曼大使、英国大使、中国大使、苏联卫生人民委员，以及其他许多显赫人物及外交要员一一握手致意。"面对美国人提出的"耿直"问题，莫洛托夫做出了坦率回答，这一幕让皮普金印象深刻。[1]

美国飞行员来到莫斯科既不是为了接受嘉奖，也不是为了谋划某项特殊行动。他们是驻乌克兰基地的美国空军指挥部组织的代表团的成员。由于美苏关系日益紧张，前往波尔塔瓦和基地周边城镇越发困难，美国军人就想出了一个定期把基地军官和护士派往莫斯科的主意。代表团成员除了瑞皮尔、皮普金和其他飞行员，还有一些凯西·哈里曼在6月认识的护士。几周前，凯西受到了盛情款待，如今她投桃报李，也邀请这个代表团参加大使馆招待会，并安排他们游览莫斯科。据皮普金回忆："我们在招待宴上待了一会儿，随后凯西告诉我们，后面的晚餐甚是无聊，我们便纷纷离开，决定好好感受一下莫斯科的夜生活。"

美国大兵和护士带着对苏联的仰慕之情离开了莫斯科，他们将和基地的其他士兵和护士们分享自己的感受。然而，他们不知道的是，就在他们短暂访问莫斯科期间，美苏关系已变得十分紧张，招待他们的大使馆在处理和克里姆林宫的关系时，也面临着日益棘手的问题。凯西·哈里曼在8月30日给妹妹玛丽的信中写道："使馆的工作节奏越发快了起来，我们的父亲经常半夜赶到克里姆林宫去，最近的一次是凌晨2点。"就在8月29日晚上大使找到了莫洛托夫，请求他至少保留一处在乌克兰的美军基地。这位苏联外交人民委员未给出明确答复，其实他想把美国人统统撤走。[2]

1944年8月初，随着起义在德国占领下的华沙爆发，美苏关系悄然出现新的危机。在波兰的地下抵抗力量"家乡军"军官的指挥下，数以万计的爱国者参与了此次起义。

第十一章 华沙沦陷

起义发生前不久，苏联军队在罗科索夫斯基的率领下逼近维斯瓦河东岸的市郊，河对面就是华沙的市中心和主城区。德军投入了一个装甲师，企图阻止苏联军队继续推进战线。苏联红军此时已连续作战数周，由于补给线拉得过长，无法越过维斯瓦河占领华沙。从白俄罗斯的第聂伯河一路拼杀至华沙的维斯瓦河畔，苏联军队的确已经精疲力竭了。对于只有轻武器的波兰起义军来说，这一点无疑把起义推向了灾难的深渊。起义军始终未能占领华沙全城，也缺乏足以抵御德军坦克的重型武器。最初几天高涨的热情过后，起义军的进攻停滞不前。很快，从伦敦、华盛顿再到莫斯科，人人心里都清楚，如果无法立刻得到援助，起义军最终将会全军覆没。[3]

三大同盟国中，苏联处于提供火力支援与补给最有利的位置。然而，斯大林却拒绝提供援助。正如西方国家猜测的那样，斯大林之所以这么做，完全是出于政治考量，而不是军事原因。起义军向当时暂居伦敦的波兰流亡政府汇报了情况，流亡政府成员多数是战前民主党派的代表人物。斯大林认为身在伦敦的波兰人是反苏的，于是组建了由身在莫斯科的波兰共产主义者领导的政府，为接管波兰作准备。当然，这个政府也逃不开苏联秘密警察的控制。1944年7月22日，就在苏联红军进入波兰境内不久，苏联媒体就宣布由苏联扶植的波兰政府成立。这个波兰新政府签署了一项协议，承认1939年苏联获得的领土，即将原归属于波兰的领土划给苏联的乌克兰西部和白俄罗斯。而位于伦敦的波兰流亡政府及其身处华沙的支持者显然不准备做出这样的妥协。

对斯大林而言，向受到伦敦方面支持的华沙起义军提供支援，无异于给自己亲手扶植的波兰政府制造了一个对手，此举还会威胁到苏联方面对战争期间争议领土的谈判。尽管波兰起义军及其位于伦敦的政治领袖，连同罗斯福和丘吉尔领导的西方盟国齐声反对波兰新政府的建立，但他们面对的是精明且推崇实力政治的斯大林。亲西方的起义军在华沙被德军击溃，将会使苏联接管波兰变得更容易。而这一战事的演变正是斯大林最乐于见到的情况。[4]

8月3日，当起义军获胜的消息首次从华沙传来时，斯大林正在克里姆林宫接见暂居伦敦的波兰流亡政府的领导人——斯坦尼斯拉夫·米克拉吉塞克。他们的议题关于波兰的政治前景，米克拉吉塞克在飞往莫斯科之前已授意起义军开始行动，他希望起义的爆发可以增加他与斯大林谈判的筹码。但事实并非如此。斯大林对波兰起义军不屑一顾，认为其战斗力有限。他向米克拉吉塞克发问："没有火炮、坦克和空军，这是一支怎样的军队？"他接着说道："我听说波兰政府命令部队将德国人赶出华沙，我不明白他们怎么能做到。"米克拉吉塞克没有反驳。起义军需要援助，他请求斯大林伸出援手，苏联领导人优雅地表示，需要先调查研究一下。他告诉米克拉吉塞克，自己将向华沙派去一名联络官。[5]

面对在装备上和人数上都占优势的敌人，波兰起义军无法坚持太久。德军派出了装甲师、党卫军，以及由反苏的俄罗斯人和乌克兰人组成的警察营投入战斗。起义军领袖向伦敦求救。8月4日，丘吉尔就英国提供援助一事发电报告知了斯大林，并请求苏联提供进一步支援。他在电报中写道："应波兰地下军的紧急求助，受制于气象条件，我方向华沙城西南部地区空投了60吨装备与弹药。据说，有一支起义军正在那里与德军殊死战斗。他们声称也向附近

第十一章　华沙沦陷

的苏军发出了援助请求。起义军正遭受德军一个半师的攻击，提供援助或许也对你的行动有利。"斯大林次日便做出回应，询问丘吉尔所提供的信息以及起义军宣称已占领华沙一事的可靠性，但他没有对丘吉尔的请求做出明确答复。在寻求重大外援遥不可及的情况下，起义军生存的希望正与日俱减。[6]

在华盛顿，罗斯福总统密切关注着华沙城内外的局势发展，并日渐担忧。他想到了一个显而易见的解决方法：同盟国不再要求苏联派出飞行员，在德军高射炮口下冒着生命危险向华沙投放援助物资；美国人将利用波尔塔瓦地区的基地为平台，执行此次任务。罗斯福的军事顾问签署了该计划，哈里曼于8月14日将计划书递呈给莫洛托夫。他也鼓励这位苏联外交人民委员考虑让苏联空军也展开类似的行动。莫洛托夫可以轻易地以行动的危险性为由拒绝美国人的第二个请求，但他很难拒绝美国人使用基地的提议。他采取了拖延策略，并授意自己的第一助理安德烈·维辛斯基（昔日莫斯科公审的首席检察官）拒绝哈里曼的两项请求，于是维辛斯基做出了书面答复。[7]

哈里曼请求面见维辛斯基，英国大使阿基鲍尔德·克拉克·科尔爵士也参加了会谈。哈里曼提出了另一个理由，希望说服苏联人允许美国人使用乌克兰的空军基地：如果说，英国人已经通过空投物资竭尽全力帮助波兰人，苏联又尽其所能地向华沙派去了一名联络官，那为什么美国人不能参与行动呢？维辛斯基在回复中再三重申了早先回复给哈里曼的信中陈述的观点：苏联人不想参与冒险行动。据美方会议记录，"哈里曼先生指出，他并不寻求苏联政府参与此次行动，仅仅希望苏联允许美国通过驻苏基地空投武器和装备，维辛斯基先生打断了发言，并且表示，降落于苏联基地也算是一种参与"。维辛斯基接到了不能妥协的命令，事实上他也是这么做的。[8]

会议毫无结果，这让美军指挥官们倍感失望。迪安随即告知波尔塔瓦的沃尔什将军和伦敦的斯帕茨将军，原定支援华沙的计划不得不延期。电报内容如下："苏联外交部门告知哈里曼，苏联政府不同意，重复一遍，不同意通过'狂暴Ⅵ号'行动向华沙的波兰人提供援助。"但哈里曼仍在推动此事。8月16日，他写信告诉维辛斯基，行动被推迟至8月17日，如果苏联政府能重新考虑己方的立场，美国飞机仍可以向华沙空投物资。维辛斯基坚持立场，重申了原先的观点："无论是以直接还是间接的方式，苏联政府都不愿意参与华沙的冒险行动。"[9]

对于苏联领土上的美军基地，苏联人在几周前还不得不容忍其存在，现在则变得完全无法容忍了。苏联人找不到正大光明的理由去阻止美国人帮助波兰起义者，然而斯大林显然已经做出了关闭基地的决定。8月17日，莫洛托夫在和哈里曼以及阿基鲍尔德·克拉克·科尔的会面中，说了一个让美国人深受打击的消息：苏联不仅反对利用乌克兰基地向波兰人提供补给，同时希望美国人撤离基地。美方的会议记录如下："双方就向华沙的波兰反抗组织提供武器支援的议题展开了长时间的磋商。随后，莫洛托夫当着英国大使的面突然表示，他要提醒哈里曼先生，苏联空军建议修改'狂暴'基地的有关事项。夏季已经结束了，此前，这些基地一直由美国空军使用，而冬天不会有多少飞行任务，且苏联空军现在需要这些机场。"

第十一章 华沙沦陷

哈里曼进行了反击。他告诉莫洛托夫,这些机场将在整个战争期间向美国空军开放,并非只是这个夏天,美方的计划是把基地向西推进,而不是关闭所有基地。他建议双方展开进一步讨论,并表示要向苏方展示穿梭轰炸行动取得的赫赫战果。莫洛托夫打断了哈里曼,表示基地现在没有多少军事行动。哈里曼回应说,德军于6月末轰炸基地后,美军的飞行任务暂停了一段时间。他以此暗示苏联未能很好地保护基地。哈里曼还指出,关于在远东开设空军基地一事,苏联人也迟迟未做决定。

会议的最后,莫洛托夫的态度稍稍有些松动。他表示,自己对于关闭基地的意见只是初步设想,至于美军是否可以继续使用基地,事后再做讨论。波尔塔瓦地区空军基地的命运,连同美军远东基地的命运在一夜之间变得悬而未决。苏联人正因为美国人在华沙起义中站在了英国人一边而感到不满,他们决心让美国人离开基地,因为美国人的行动会破坏苏联在华沙起义上的策略。苏联想要提供援助但最终因风险太大且收效甚微而作罢是一回事,而阻止盟友向波兰提供帮助则是另外一回事了。[10]

苏联领导人的反馈让哈里曼焦虑不安、倍感受挫,他只能求助于罗斯福。显然,哈里曼所反映的情况影响到了罗斯福,他决定在丘吉尔提议两人写给斯大林的信上签上自己的名字,这封事关华沙起义的信件无异于一封绝望的求助信。信件内容如下:"我们在考虑,如果事实上置华沙的反纳粹行动于不顾,会有怎样的国际舆论,我们相信我们三方应该尽最大努力,拯救尽可能多的爱国者。我们希望贵国能尽快向华沙的爱国者空投补给物资与弹药,或者,贵国是否愿意协助我们的飞机即刻提供援助?我们希望得到贵国的

- 153 -

许可，时间至关重要，一切迫在眉睫！"

斯大林再次做出了否定的答复。尽管罗斯福深感失望，但也不认为自己能有办法改变苏联领导人的想法。他写信给打算进一步推动此事的丘吉尔："我得到消息，我方无法向华沙的波兰人提供补给，除非苏联人允许我们的飞机在他们的机场上起飞和着陆。目前，苏联当局并不支持提供此类援助。"他继续写道："我不清楚我们在现阶段还能采取怎样的有效举措。"[11]

罗斯福不打算力争此事了，因为在将来他仍需要斯大林的善意帮助，尤其是涉及太平洋战争的事情，他并不想因波兰的起义而自绝后路。无论罗斯福的谨慎对于处理和斯大林的关系从而确保长期目标的实现有怎样的好处，但对于确保美国继续使用波尔塔瓦地区空军基地一事却收效甚微。8月25日，丘吉尔写信给罗斯福，建议向斯大林发出另一则联合讯息。对此，莫洛托夫重复了之前的威胁——要求关闭美军驻乌克兰的军事基地。他还告知哈里曼和迪安，苏联人需要用基地来执行自己的任务，况且随着冬季的到来，穿梭轰炸任务不可能继续执行了。

哈里曼极度不安。他不敢告诉白宫，但在给国务卿科德尔·赫尔的电报中分析道："苏联人拒不同意美国人向波兰人施以援手是基于无情的政治考量，如此一来，波兰的地下组织便不能将华沙解放归功于自己。当苏联人进驻华沙时，起义领导人不是已经被杀，就是已经被捕。"情况确如哈里曼所想，斯大林拒绝帮助波兰人是出于政治考量，直到1944年9月他的立场才有所动摇，但此时起义已基本被德军镇压了。[12]

第十一章 华沙沦陷

9月2日,波兰起义军弃守了华沙权力中心的象征——华沙老城。德国人加强了对控制维斯瓦河附近地区的起义军的进攻。无奈之下,波兰起义军指挥官在华沙和自己的交战方——德国党卫军签署了投降协议。令人惊讶的是,德国人同意了波兰人提出的主要要求:德国人承诺不把波兰人视为叛乱分子,而是把他们当作战士对待,同时给予对方《日内瓦公约》所规定的战犯待遇。波兰人即将投降的消息传回莫斯科的时候,白俄罗斯第一方面军在罗科索夫斯基的指挥下,重新向华沙挺进。驻扎在华沙普拉加区的罗科索夫斯基的军队现在已重新获得了补给,即将发动进攻。在他麾下的还有第一波兰集团军,该部队由苏联扶植的卢布林政府的分遣队组成。此刻,他们急于跨过维斯瓦河,占领老城,在波兰的首都升起亲苏政府的旗帜。

局势瞬息万变,为了减少德军对苏联战线的压力,援助华沙起义军以拖延他们的投降并促使其继续战斗转而变得有利于斯大林原计划的实施了。苏联人开始在华沙空投援助物资。随着城内德军阵地遭遇越发猛烈的火炮攻击,以及苏联在普拉加进攻的展开,华沙起义军领导者向德军提出了更多要求,他们要求向德军的正规部队,而不是令人憎恨的党卫军投降。此言一出,谈判破裂,波兰人继续战斗。在9月剩余的时间里,德军对波兰爱国者的屠杀都不曾停止,而苏联仍坚守在维斯瓦河畔的普拉加地区。斯大林及其助手却竭尽所能地使西方盟友相信,他们正全力拯救波兰起义军。[13]

9月9日,苏军开始向华沙起义军空投补给品,同日撤回了对美军提议利用波尔塔瓦地区空军基地实施援助的反对意见。苏方以一种随意的态度告知英国人,他们允许使用波尔塔瓦基地向华沙空

被遗忘的倒霉蛋：苏联战场的美国空军与大同盟的瓦解

投物资，英国人随即将消息转告给美国人。几乎在同一时间，苏联人还批准了"狂暴Ⅵ号"行动，不过该行动与华沙无关。

"狂暴Ⅵ号"行动组由美国驻英第8航空队执行，由77架"空中堡垒"和64架"野马"战斗机组成，计划轰炸位于开姆尼茨和布雷斯劳（今弗罗茨瓦夫）的德国工业目标。航空队完成任务后，于9月11日在乌克兰基地着陆，次日仍在基地待命，等待苏联人同意美方拟定的返欧途中的轰炸目标。美国飞行员并未察觉盟国高层间的紧张关系，他们很享受这个休整日，普通的苏联红军战士和当地民众对他们的态度也给他们留下了良好的印象。为执行"狂暴Ⅵ号"任务而来到基地的爱德华·马丁上尉，发现苏联人"和我见过的其他人一样友好"。[14]

9月13日，终于得到了苏联的许可后，执行"狂暴Ⅵ号"行动任务的飞机飞向意大利，轰炸位于匈牙利的目标。此次行动相当成功，仅有一架"野马"战斗机在飞往乌克兰的途中被击落，而在前往意大利的途中没有任何损失。但轰炸结果在当时被评估为"不尽人意"。直至战争结束后很久，此次行动才被认为是最成功的一次穿梭轰炸。原来，德军所有"虎式"和"豹式"重型坦克的发动机，都是在美军飞往乌克兰途中轰炸的位于开姆尼斯的军工厂生产的，这座军工厂被毁，使得德国坦克发动机的生产整整中断了半年。在一场即将结束的战争中，"半年"就意味着"永远"。[15]

斯大林在华沙一事上的回心转意，让美国空军指挥官颇为惊讶。美国驻欧空军行动副指挥官安德森少将在9月7日拜访白宫时，向罗斯福的特别顾问哈里·霍普金斯表达了自己对空投一事的担忧。安德森少将表明，从成本收益比的角度看，行动并不划算。

第十一章 华沙沦陷

他指出,要在交战区实现精确空投是很困难的,而低空飞行又会给机组成员带来风险。安德森还担心一味推动苏联同意美国的空投计划,可能带来高昂的政治成本,也就是苏联有可能让美方全部撤离乌克兰基地。当然,这番话是在苏联最终同意空投的两天前说的,但后勤运输成本和敌人火力可能给美军机组人员造成的危险仍需妥善处理。美国飞行员很快就会明白,既要成功完成任务又要活下去是多么不易。[16]

9月11日,艾森豪威尔将军下达了同意空投的指令。次日,他告知陆军参谋长乔治·马歇尔,行动将于9月13日开始,马歇尔随即向莫斯科的迪安发去电报,命令他尽快和苏联指挥官明确任务,协调配合。时间就是生命,电报的第一句便是:"华沙爱国者的情况万分危急,必须即刻行动!"最后一句话再次强调了这一点:"输送物资务必尽早完成。"[17]

迪安匆匆忙忙地去执行新任务了。9月12日夜,哈里曼和阿基鲍尔德·克拉克·科尔在莫洛托夫的办公室里请求苏联同意次日即执行空投计划。于是,莫洛托夫致电红军总参谋部副总参谋长阿列克谢·安东诺夫,对方则表示他们早已批准行动了。和之前动辄推迟数日或数周的行动相比,这次的效率真是高得惊人。然而,天公并不作美,美国战略空军不得不将首次空投时间一推再推,从9月14日延迟到15日,最终定于18日,这是北欧大陆大部分地区重现阳光的第一天。[18]

此次华沙行动的代号是"狂暴Ⅶ号",共有来自第8航空队的110架"空中堡垒"和73架"野马"参与行动。9月18日清晨,机群从英国机场起飞，朝华沙方向呼啸而去。飞行员心里清楚，他们此次执行的是人道主义救援任务而不是轰炸任务，因此士气格外高昂。可是，无论是不是人道主义任务，这次行动比传统的轰炸任务要更加危险。任务刚一启动，德军的防空作战协调员已识别出美军的目的地，他们的战斗机和防空炮兵已整装待命。飞机需要在5500米以下的高空飞行才能实现精准投放，因此它们很容易成为德国高射炮的射击目标。正午时分，机群抵达华沙上空，开始空投武器和补给品。[19]

下午晚些时候，当执行"狂暴Ⅶ号"任务的"空中堡垒"开始在波尔塔瓦和米尔霍罗德机场降落时，美国和苏联的技师简直难以相信他们的眼睛。一架"空中堡垒"和两架"野马"战斗机在战斗中被击落，19架"空中堡垒"严重受损，其中一架已完全无法修复，另有30架轰炸机和部分战斗机有轻微损坏。以"狂暴"系列行动的标准，这算得上是损失惨重了。

这次任务的结果同样令人失望。此次行动共空投了近1300箱武器、弹药、食品和医疗物资，只有四分之一落入了起义军手中，其余的不是误投到敌人的阵地，就是沉入了维瓦斯河。不过，盟军的空投提振了波兰军人的士气，延长了他们的战斗时间，但是对改变当地战局并没有起到什么作用。据起义军报告，自9月18日美军执行了空投计划后，苏军减少了空投行动。投入与收益的失衡使空投行动难以为继，无论是美军还是苏军的飞行员和飞机，都面临这个问题。

9月21日，迪安给苏联红军总参谋部写信，询问苏军空投的结果。据迪安所写，这最初是美国陆军航空部队司令亨利·哈普·阿诺德提出的要求,"因为他要考虑美军是否需要就空投行动提供进一步的支持"。阿诺德显然对此心存疑虑。安德森将军也是如此,在他写给华盛顿高层的信中,提及波兰人只得到十分之一的空投物资,认为"美国高层应该停止不切实际的空投行动"。[20]

英国人却坚持继续向华沙空投物资,罗斯福也同意了。9月30日,斯帕茨将军告知东线司令部,华盛顿已通过了关于华沙的"狂暴Ⅷ号"行动。他希望沃尔什将军及其下属得到苏方的必要许可。苏联虽建议不要空投,因为大部分供给品将落入德军手中,但还是批准了10月1日的行动。糟糕的气象条件将行动推迟到了10月2日。当天上午,安德森得到消息,苏联人撤回了他们的许可,背后的原因既现实又残酷——无论身处华沙的波兰人怎样抵抗下去,都不过是强弩之末了。[21]

在战斗者的尸山血海中,华沙起义被镇压了。此次起义在外援甚少的情况下共持续了63天,15 000多人在战斗中牺牲,约5000人负伤。剩余的15 000人在10月5日起义失败时被俘或投降。超过15万平民在交战中遇难,约70万平民被驱离华沙,整个华沙城被德军夷为平地。当苏联红军及波兰军队最终于1945年1月17日进入华沙城时,这座昔日的波兰首都已残破不堪。在随后的几十年中,华沙不得不在一片废墟中走着漫漫重建之路。[22]

对哈里曼而言,斯大林在起义初期拒不同意美军利用波尔塔瓦基地向波兰人提供援助,这已然成为美苏关系的转折点。这件事是压垮美国大使的最后一根稻草,同时也是压垮基地许多美军军官的最后一根稻草,他们确信已经无法继续和苏联人共谋事业了。斯大林突然的回心转意更多是出于政治考虑,却使情况变得更糟。在最后时刻发起的拯救波兰人的行动中,美军遭遇了自穿梭轰炸行动开始以来最惨重的损失。穿梭轰炸行动最初被寄予厚望,最终却草草收场。由于针对华沙的"狂暴Ⅷ号"行动被取消,新的行动也遥遥无期,在乌克兰的美国人已做好了撤退的准备,这一天无可避免。

第三部分
奇怪的"小伙伴"

第十二章　被遗忘在乌克兰的倒霉蛋

1944年10月5日清晨，雷达操作员帕尔默·麦拉和他的战友就离开了米尔霍罗德基地。等待他们的将是一次漫长而艰辛的旅程。他们将坐火车前往伊朗阿塞拜疆地区的都城大不里士，随后一路车船辗转返回英国。麦拉在日记中这样写道："在米尔霍罗德的日子，虽然危险重重、困难不断，却是我在军队里度过的最美好的一段时光。"由此可见，麦拉很珍视与当地人相处的这段日子，或许还希望看见感激的人群向即将撤离的美国人挥手告别。但他在米尔霍罗德的最后一天，街道上空无一人。麦拉已经注意到，就在美国人离开前的几周，苏联官方对美国人的态度已经发生了变化。他写道："我相信整座小城都意识到我们将要撤离，可能大家都想和我们道别，但是当我们从城镇中穿过时，没人敢站出来向我们挥手致意。现在，俄罗斯女人和乌克兰女人都不能和我们说话，也不能和我们有什么瓜葛。"麦拉想起来，素日友善的警卫不再朝美国人微笑了。每天都有斗殴事件发生。几年后，他写道："有时候，我们不禁会想能否活着走出那里。"[1]

10月7日，第一个离开乌克兰空军基地的美国空军编队从波尔塔瓦的火车站启程。此次共有395名官兵离开，三名苏联空军军官和一位"施密尔舒"代表陪同他们前往火车站。火车首先驶向哈尔科夫，再一路经过罗斯托夫、巴库、大不里士。苏联人给火车配备了软座和两节餐车，美国人则向东道主提交了书面感谢信，对他们在苏联受到的款待表示谢意。

10月11日，另有两列火车驶进了波尔塔瓦，接走了400名美国官兵。第一列火车于10月18日到达大不里士，将士们还要从地中海前往苏伊士运河北岸的塞得港，再于11月的第二周从港口登上前往英国的轮船，真是归途漫漫啊！总计约800名美国士兵经地中海回到英国，只有不到200人是坐飞机离开的。[2]

由于苏联人需要基地为己所用，莫洛托夫在8月就要求美国人撤离基地，这也是导致麦拉和他的战友离开基地的直接原因。还有一个原因是克纳尔少将在8月中旬来到基地时，已经察觉到苏联人希望美国人尽快离开，所以也给出了撤离的建议。克纳尔在写给美国驻欧战略空军的报告中建议："9月15日终止'狂暴'行动，所有尚在途中的设备和补给物资就不要再运过来了。"当月晚些时候，在意大利的盟军司令部的一次会议上，克纳尔重申了这一建议，参会的还有斯帕茨、埃克和基地总指挥沃尔什将军，他们均表示认同，但又希望这个冬天还能继续使用波尔塔瓦市的基地，于是决定等待哈里曼和莫洛托夫事关基地前途的谈判的最终结果。[3]

8月末，哈里曼发现自己深陷两个困境，一个来自莫洛托夫，另一个来自克纳尔。这两个困境不仅威胁到他和迪安将军花费大量时间才在苏联领土上建立起来的美军基地的继续使用,还可能破坏他们想要维持的同盟关系。8月29日,哈里曼向莫洛托夫妥协,提议关闭米尔霍罗德和皮里亚京基地,但保留波尔塔瓦基地供美国人使用,还建议裁减驻基地的美军人数,限制美军执行任务。那些继续驻守基地的美军将主要利用飞机从事侦察活动,维持基地的运转,直至来年春天穿梭轰炸行动可能继续的时候再做打算。莫洛托夫同意考虑一下。尽管基地不会立刻关闭,但前途依然未卜,美军士气更加消沉了。[4]

美方的假想是他们至少可以留在波尔塔瓦,但也已着手准备离开米尔霍罗德和皮里亚京。他们把一些多余的设备扔进河里,"施密尔舒"自然也注意到了这些举动。波尔塔瓦基地前途的不确定让基地指挥官感到沮丧,也让美国战略空军的决策者心神难安。9月27日,空军指挥官阿诺德在给莫斯科发去的电报中明确表示,波尔塔瓦基地一事始终悬而未决让他焦虑不安。次日,哈里曼给莫洛托夫写信并提醒他,美国人在一个月前已经发出请求了。然而,苏联方面依旧毫无反馈。迪安却相信,苏联人同意帮助美国人在波尔塔瓦的营地过冬,这暗示他们的许可很快就会来了。这位经验老到的克里姆林宫观察员是正确的。10月7日,苏联人同意美军继续使用波尔塔瓦基地,并将美军人数限制在300人以内。[5]

最终,大约200名美国人留在了基地,其中30人是军官,这些人都是自愿留下来的。事实上,最初愿意留下来的人更多,但美军考虑到这次任务具有重要的政治意义,便选出了那些之前与苏联人联系较少的人,这样可以尽量减少苏方对美国人具有反苏倾向的怀疑。就像1944年春,在英国挑选执行"狂暴"行动候选人时,那些疑似有反苏倾向的人都被排除掉了。[6]

然而，身居莫斯科的"施密尔舒"官员对美国官方就继续留在波尔塔瓦所给出的理由表示怀疑。其内部通信认为，美国人是以适时再度展开穿梭轰炸行动为借口而留在基地的。其下属也有类似的担忧。基地的苏联指挥官对美方的真实目的仍不清楚。一份当时的"施密尔舒"报告写道："我们的指挥官并不知晓在波尔塔瓦继续保留美军基地的意图。"反间谍官员尽其所能地搜集美军相关人员的信息，调查撤离人员和驻守人员的动机。被他们询问的大多数美国人都认为，自己留在波尔塔瓦是等待苏联对日宣战，这样一来，他们就能转移到远东地区了。[7]

这确实是远在莫斯科的哈里曼和迪安的美好构想。然而，除了等待苏方对远东基地做出允诺外，美国战略空军的指挥官们不得不给驻守人员制定新的作战任务。就像8月底在意大利举行的高层会议所阐述的那样，美国人希望维持基地的运转，以"避免外界将美军终止行动当作重要事件来解读"，正是这样的想法促成了这样的任务。整个9月，美军指挥官们都在商议此事，留守人员的主要职责是为侦察飞行提供支持，修理受损的战机，为苏联红军从东欧地区的德国军营中救下的美军战俘提供援助，还要做好基地的维护工作，以备来年春天重启穿梭轰炸行动。[8]

因为穿梭轰炸已经暂停，人们对美军留守的必要性议论纷纷，就连那些选择留在波尔塔瓦的美军飞行员，也不确定他们要做些什么。他们觉得自己被美国政府、美国战略空军的指挥官和美国公众抛弃了。媒体没有报道他们的存在，美国国内的民众甚至不知道自己的同胞仍在苏联的国境内战斗。用飞行员自己的话来说，他们觉得自己成了"被遗忘在乌克兰的倒霉蛋"。

沃尔什将军已被调往华盛顿担任阿诺德将军的特别助理，凯斯勒将军成了驻斯德哥尔摩的空军指挥官，波尔塔瓦基地需要新的指挥官。凯斯勒的职务被35岁的托马斯·汉普顿上校取代。此人作战经验丰富，在1944年春来到乌克兰之前曾在巴拿马运河保护区战斗，他还在驻英第8航空队中服役且表现出色。直到夏季结束，一直是汉普顿在负责基地的工作。

尽管汉普顿算得上是一名基地老兵，他不会讲俄语，处理和苏联的关系时非常依赖他人的帮助。专注研究基地美军新的指挥结构的"施密尔舒"官员注意到，汉普顿在所有的关键岗位和要害部门都安排了至少一名会俄语的军官，据苏方统计，总共有16人，而美方统计的懂俄语的人数要少一些。据报告，有4人的俄语如母语般流利，另外3人的俄语水平通过整个夏天的提升，已经可以应付日常沟通了。美军指挥官的态度比较谨慎，尽量不选择太多懂俄语的军人，因为他们现在已经明白，这群人是最先可能和苏联人起冲突的人。[9]

从和苏联人打交道的角度来看，一名俄语说得比英语还好的军官正担任着基地最重要的职位。他就是汉普顿的副官乔治·费舍尔中尉，负责汉普顿办公室的日常事务。21岁的费舍尔戴着一副眼镜，总是一脸严肃。他出生于柏林，但童年和少年时期的大部分时光都在莫斯科度过。他曾有个俄罗斯名字——尤里，还曾就读于一所苏联的精英学校，他和逃亡至莫斯科的欧洲共产主义者的孩子关系密切，其中最亲密的一位朋友便是后来民主德国国家安全部收集外国情报的负责人马库斯·沃尔夫。在西方情报部门中，此人被称作"无面之人"，因为情报部门连一张他的照片也找不到。费舍尔给马库斯起了个绰号——"米沙"。直到马库斯于2006年去世，他的苏联和俄罗斯朋友一直只知道米沙这个名字。

费舍尔在莫斯科期间成了一名真正的共产主义者。作为美国知名记者，他的父亲路易斯·费舍尔出生于费城，来自一个从沙俄移民到美国的犹太人家庭。他的父亲对社会主义深信不疑，但从未成为一名真正的共产主义者。他的母亲伯莎·马克来自俄国人掌控的波罗的海地区，出身于一个犹太商人家庭，是一名真正的共产主义者，在后革命时代早期与布尔什维克的精英们过从甚密。母亲伯莎有个讨人喜欢的俄语译名——"马库莎"，20世纪二三十年代，她和自己的两个儿子乔治和维克多一直住在莫斯科。与此同时，担任美国《国家》杂志驻莫斯科记者的路易斯·费舍尔则辗转世界各地，通过撰写文章推进左翼工作。在西班牙内战期间，他加入了国际纵队，同时充当苏联政府和西方左翼团体的联络员。

作为一名意识形态领域的自由斗士，或者说苏联政权的"同路人"（但并非忠诚卫士），随着斯大林政权的权力日益集中，路易斯逐渐有了麻烦。因为政府要求他写文章宣传斯大林的政策，而路易斯拒绝这么做，如此一来，他们一家人在莫斯科的处境愈发艰难，路易斯便打算安排全家人离开苏联。伯莎·马克则更加焦虑。随着1937年"大清洗"的开始，她的朋友和邻居（其中包括信仰共产主义的外国人和她在莫斯科结交的苏联官员）先后被逮捕，她遂摒弃了对斯大林政权的忠诚并越来越感到恐慌。当局以伯莎和孩子为人质，希望以此来影响路易斯·费舍尔在国外发表文章时的措辞。

第十二章 被遗忘在乌克兰的倒霉蛋

反对这家人离开苏联的并非只有苏联官员，17岁的乔治·费舍尔也不同意搬家。作为一名活跃的共产主义青年团团员和斯大林政权的信徒，乔治认为离开共产主义天堂，转而跑去西方资本主义世界是一件可怕的事。伯莎费尽口舌才说服乔治和家人一起离开苏联。乔治最终同意了，但他有一个条件：如果他想回来，要允许他回来。费舍尔一家人终于在1939年春离开了莫斯科，这是包括伯莎的旧相识埃莉诺·罗斯福[①]在内的许多人反复游说的结果。

经过了穿越欧洲的长途跋涉后，费舍尔一家在纽约暂时安顿下来。乔治并没有放弃自己的左翼思想，但因为"大清洗"，他对斯大林也开始颇有微词。1942年，乔治应征入伍，并希望成为一名情报官员。然而，他的家庭的共产主义倾向阻碍了他实现自己的愿望。他随后被派往伦敦，担任军队审查人员，在那里和代表工党左翼派系的政治家和作家成了朋友。他新结交的朋友中就包括为工党《论坛报》撰稿的乔治·奥威尔。也正是在伦敦，他父亲的一位老朋友（也是一名记者）向筹备"狂暴"行动的一名军官推荐了他。

尽管乔治·费舍尔还很年轻，但他在挑选掌握俄语的美军官兵担任基地翻译和联络官一事中发挥了关键作用。他后来在回忆录中写道："我们试图选出俄语流利，又能和苏联人愉快合作的最佳人选。"其实就是把那些能讲俄语、没有反苏倾向，亦不会被视为白卫分子的人挑选出来。这项任务并不轻松，大多数会说俄语的人都是从苏联逃往美国的难民，或者是难民的孩子，但是费舍尔尽了最大努力。据他回忆："我面试了数百人，只选出了十几人。"最终

[①] 即富兰克林·罗斯福总统的夫人。

他选出了 20 名联络官,这些人随后被派往波尔塔瓦的营地。[10]

费舍尔本人被派往皮里亚京的情报部门工作,并在那里度过了 1944 年夏天的大部分时间。他的回忆录一直写到 2005 年接近他生命终点的时刻。在回忆录中,他称苏联和俄罗斯为"母国",意为母亲的出生地;美国为"父国",即父亲的出生地。来到乌克兰,他可以既对自己的父国效忠,也可以对自己的母国效忠。起初,他非常高兴能回到苏联。他写道:"我很开心能踏上苏联的土地,能和苏联人民在一起,能听到别人说俄语,自己也能说,能在为基地官兵准备的苏联食堂内吃上当地的丰盛美食。"大同盟让他欢欣鼓舞,美国人视苏联人为"一个拥有伟大领导人的高尚民族",这更是让他兴奋不已。除了对斯大林的评价有所保留外,"我在分享着温暖的光辉和对战后的美好憧憬"。[11]

费舍尔的莫斯科背景自然引起了斯维什尼科夫和佐里纳的注意。"施密尔舒"特工整理了费舍尔的档案,并且试图从他昔日在莫斯科时的一位女同学那里搜集更多信息,这名女同学当时是波尔塔瓦基地的一名中尉翻译官兼"施密尔舒"特工,代号是"莫斯克维克卡"。"施密尔舒"在报告中将他的父亲路易斯·费舍尔描述为托洛茨基分子,即斯大林最大的政敌列夫·达维多维奇·托洛茨基的追随者。

随着时间的推移,费舍尔重返"母国"的激动之情逐渐开始转变,他发现他从英国精心挑选的懂俄语的联络官开始一个接一个地消失。他写道:"苏联每次都会挑选一名译员,又对每一个挑中的人不满意。东线司令部很重视他们的意见,把这些让苏联人不满的人都运走了。"7 月,他们把艾伯特·贾罗德也调离了米尔霍罗德。

第十二章 被遗忘在乌克兰的倒霉蛋

9月，又送走了伊戈尔·瑞福迪多——尽管他具有白卫军背景，但还是和费舍尔成为了好友，他们在波尔塔瓦一起约会女友，一起寻欢作乐。[12]

费舍尔后来想起，他在英国挑选的所有人中，只有一人在10月减员之后留在了基地，这个人就是迈克尔·科瓦尔少校，费舍尔称他为"迈克尔，我在新泽西的朋友"。1917年，科瓦尔出生于新泽西州帕特森的一个斯拉夫移民家庭（"施密尔舒"文件记载其为乌克兰后裔），他的俄语很流利。在来到波尔塔瓦以前，科瓦尔一直在第8航空队担任轰炸机飞行员，在没有战斗机护航的情况下完成了25次针对德国的日间轰炸任务，因为在那一阶段的对德作战中，同盟国缺乏能保护轰炸机的远程歼击机。1944年秋，科瓦尔接任了汉普顿上校原先的职务，成为基地的作战部指挥官。

费舍尔和科瓦尔之所以能留在基地，一个原因是苏联当局并没有把他俩视为白卫分子或反苏分子，另一个原因是"施密尔舒"驱逐美国官兵的不当方式，使得东线司令部拒绝像以往那样将不受苏联人欢迎的美国人调回英国。1944年9月的第二个星期，此时美国人正准备从基地撤离。9月7日，佩尔米诺夫将军向凯斯勒抱怨说，科瓦尔少校和费舍尔中尉在皮里亚京的通信中心和一名苏联军官发生了争吵，制造了一起丑闻，还试图袭击一名苏联女话务员。斯维什尼科夫在月底向莫斯科提交的报告中提及了此事，并宣称这是一起美国人的挑衅事件，已经被苏方解决了。[13]

基地的监察官拉尔夫·邓恩随即就此事展开调查。科瓦尔和费舍尔宣誓保证，声称根本就没有发生争执。邓恩还询问了基地的苏方指挥官叶尔科少校，据说是他最先收到了投诉，但叶尔科却对此

- 171 -

一无所知。邓恩撰写了一份报告,声称对美国军官的斥责是毫无依据的。他随后得出结论:苏联展开了一场针对有俄国背景或家庭与苏联有渊源的美军军官的行动,旨在诋毁他们的名誉。费舍尔和科瓦尔都被允许留在波尔塔瓦,当然,他们也愿意留在这里。苏联方面没有反对。在"施密尔舒"官员记录的两位军官的档案中,除了他们的背景资料和在皮里亚京发生的这次捏造的争执外,没有其他任何内容。[14]

美军从米尔霍罗德和皮里亚京撤离的最初几周内,美苏间没有发生重大冲突。关于美国人不当行为的报告,比如之前科瓦尔和费舍尔的事情,都成了过眼云烟。在波尔塔瓦,苏联人帮助美国人用那些从英国运过来的预制材料搭建新居。总的来说,苏联人对待客人的态度比夏末时要好了许多。随着波尔塔瓦基地的前景越发明朗,美国人的士气也提振了不少。乔治·费舍尔作为东线司令部指挥官的副官,或许很高兴能在报告中写下这样一段话:"11月是见证友谊的时刻,美苏指挥部的军官无论是在工作中还是在个人交往中,彼此间都保持了很好的关系。"[15]

庆祝十月革命胜利27周年的仪式则充分展示了美苏两国军民的团结和睦、情谊深厚。11月7日,一场由苏联红军、当地百姓和美国人共同参加的集会和阅兵活动在波尔塔瓦举行。美军行进到了波尔塔瓦市区的仪式地点,军政要员发表了长达两个半小时的讲话。美国摄影师拍摄了不少照片。

不过,照片所展示的团结并非全部的真相。集会结束后,美国人回到了基地,因为市区暂时不对他们开放,苏联民众担心喝醉的美军战士会寻衅滋事,而军官们则担心无法很好地约束下属。一回到基地，美国人便举行晚宴，庆祝节日。这一天算是平平稳稳地度过了，但美国人并不太愉快。威廉·卡鲁特在东线司令部官方史书的最后一段中，这样描述了1944年秋美军撤离基地后所发生的这件事："他们放了一天假，却被要求去参加一个仪式，在那里他们完全听不懂别人说的话，晚上又被要求只能待在机场。"[16]

11月7日波尔塔瓦举行纪念活动的那一天，身在美国的美国公民则参加了总统大选投票，他们要在富兰克林·罗斯福和共和党人纽约州州长托马斯·杜威中选出他们的新总统。在波尔塔瓦基地，关于这场选举的讨论暴露出苏联人和美国人在政治和文化上的鸿沟。苏联人相信他们的媒体，坚定地支持罗斯福，他们不理解美国报纸为何会大篇幅地正向报道杜威，要知道在苏联的宣传中，杜威可是他们的敌人。或许让苏联人更惊讶的是，美国人竟然可以公开批评他们的总统，并且投票支持他的对手；而苏联人则不怎么发表关于政治的长篇大论。卡鲁特写道："美国人拒绝同那些对美国政治体制一无所知的人讨论政治。"[17]

据乔治的报告，基地的美苏关系在10月和11月有了新的良好发展，但从12月起，双方的关系又逐渐恶化了。他列举了美军日益不满的三个主要原因：其一，美方向苏联提出了自己的诉求，即允许美国飞机从波尔塔瓦飞往莫斯科、德黑兰、乌克兰西部的机场和波兰机场，因为有些受损的美国飞机目前正滞留在这些机场等待，但苏联迟迟不予回复；其二，在两架曾往返于波尔塔瓦基地的道格拉斯C-47的控制权上，美苏双方飞行员之间产生了争议；其三，从这个夏天起，有些苏联人不断地偷窃美国人的财物。[18]

就第一个问题而言，苏联人确实不急于开通美国人想要开通的航线，他们对此仍心存疑虑，尤其是在当前穿梭轰炸行动已告一段落的时候。他们无法信任美国人自己驾驶飞机，所以从一开始便要求由苏联飞行员负责驾驶，美国飞行员担任副驾驶。在夏季的数月中，两架道格拉斯主要在乌克兰各基地之间穿梭。尽管美国人常常抱怨苏联飞行员飞得太低，冒不必要的风险，不过对于基地间的短途飞行而言，这算不上什么要紧事。然而，随着米尔霍罗德和皮里亚京基地重归苏联人掌控，苏联飞行员开始负责长距离飞行，诸如飞往乌克兰西部的利沃夫和克拉科夫地区的机场，于是美国人对苏联飞行员鲁莽的飞行方式愈加不满了。

  有一则小插曲完美解释了美国人为什么会满腹牢骚。依据科瓦尔编写的一份官方报告，11 月，一位名叫克沃钦的苏联飞行员从利沃夫返航时，他驾驶的飞机在波尔塔瓦机场着陆时差点坠毁。当时波尔塔瓦机场的气象条件不太好，不适宜降落，于是他又驾机飞往米尔霍罗德。机上的美国人告诉自己的同事，这架飞机撞击地面两次，仍未能在米尔霍罗德机场成功着陆。克沃钦再次返回波尔塔瓦，最终把飞机横在了跑道上。美国人事后发现，"那架飞机的滤油器里满是小麦和树叶，小树枝卡在操控面盘上，麦穗钻进了起落架舱"。就连油箱也是滴油不剩，因为在返回波尔塔瓦前，克沃钦试图在米尔霍罗德着陆时把油料都耗尽了。科瓦尔在报告中写道："通过向飞行员了解情况，我可以推断出，苏联飞行员是在凭直觉驾驶，并不打算利用无线电设备找到解决方法。当时夜间照明系统正常工作，所有的无线电设备运转良好，如果能很好地利用这些，着陆时的风险就会降低。苏联人似乎没有受过关于仪表飞行的良好训练，飞行员也只能胜任领航任务罢了。"[19]

第十二章　被遗忘在乌克兰的倒霉蛋

不过，在 1944 年秋，造成美苏间关系紧张的最重要的原因是小偷小摸。这个问题既复杂又有争议，没有一方是完全无辜的。尽管 8 月末开始采用的每日津贴制度抵消了美元对卢布汇率低的影响，但美国人仍然参与以物易物的活动，他们利用美国商店的商品和空军补给物资来换取当地的商品，或是进行黑市交易。包括徕卡、康泰克斯在内的照相机很受苏联人欢迎，在波尔塔瓦，它们的成交价一般为 2500—5000 卢布。美国人还出售他们的衣物，飞行员的皮靴尤其受欢迎。美军司令部禁止内部的以物易物，要求各级军官和士兵本人对分配给他们的设备和补给品负责，这使得美国人和苏联小偷沆瀣一气，同流合污。[20]

美军在波尔塔瓦的车辆调配场是偷盗肆虐之地。10 月 24 日，一名苏联红军战士试图驾驶一辆美军汽车离开基地；11 月 4 日，另一名苏联战士试图偷盗防冻液，或许是误以为它是能喝的东西；11 月 14 日，有些轮胎被人盗走，后来其中一部分在苏联车辆调配场被发现。美军的补给品由苏联卫兵负责守护，但是，他们经常玩忽职守或与盗贼串通。因此，美国人把自己的不满情绪都发泄到苏联卫兵身上，从而引发了冲突。

11 月 20 日，邻近午夜时分，在汽车调配场值班的美军军士发现两名苏联卫兵擅离职守，跑到附近的帐篷里睡觉去了。这名军士和另外两名美国军官进入帐篷与卫兵对质，其中一人逃跑了，另一人进行了反抗。其中一名美军军官罗伊·卡农准尉当晚曾在饭店待过一阵子，拔出手枪朝地面鸣枪示警。那名苏联战士只能放弃抵抗，但拒不合作，在他拒绝告知美方自己名字的时候，卡农扇了他两巴掌。美国人对苏联战士的羞辱最终传到了迪安那里，他向波尔塔瓦

- 175 -

的苏联指挥官保证，肇事者将被送上军事法庭。11月23日，卡农被送出了波尔塔瓦。[21]

1944年秋去冬至，这些"被遗忘在乌克兰的倒霉蛋"仍驻守在波尔塔瓦基地，美苏关系愈发紧张了。起初，那些选择留下来的人不是同情共产主义，就是对苏联及其人民抱有同情心，事实上，这也是他们愿意留下来执行新任务的原因之一。可是，美军中弥漫的反苏情绪以及不少美军对苏联政权愈发严厉的批评，让"施密尔舒"官员日益不安。讽刺的是，正是身为反间谍官员和特工的"施密尔舒"官员越来越冒犯的行为（比如，他们对驻守基地的美军进行了更加严格的审查和调查），才使自己的盟友变为不信任自己的人，进而成为自己的敌人。[22]

第十三章　瞭望塔

1944年10月14日，迪安终于找到了机会，可以直接就空军基地的未来征询斯大林的意见。此次机会源于美、苏、英三国军事指挥官和斯大林的一次会面，英国首相丘吉尔亦参与此次会面。会谈的主要议题是欧洲战场的作战指挥，以及东欧和巴尔干半岛各国的未来，太平洋战争也是议题之一。迪安赶紧抓住机会，向斯大林抛出关于是否参加对日作战等一系列问题。其中一个问题涉及在苏联远东地区开设美军基地。丘吉尔会谈后对迪安说道："年轻人，我很钦佩你有勇气向斯大林提出最后那三个问题。虽然我不认为你能得到答案，但问问倒也无妨。"[1]

令众人深感惊讶的是，斯大林在第二天的会上明确答复了迪安提出的全部问题。他同意在远东地区开设美军基地，但指出美国人必须找到一条经由太平洋的补给路线，因为西伯利亚大铁路必须全部用来运送苏联红军。斯大林还回答了哈里曼后续提出的问题，他向这位大使保证，假如苏方所提条件可以得到满足的话，苏联将会在对德战争结束三个月后开始对日作战。此刻，斯大林惦记的条件便是苏联对千岛群岛、南库页岛以及旅顺港的领土诉求，同时他还要在满洲地区建立自己的势力范围。哈里曼和迪安很高兴。"事情正在推进，我们信心满满。"[2]

在哈里曼看来，斯大林所做的承诺——同意苏联参加太平洋战争和允许美国在远东开设军事基地，是丘吉尔此次莫斯科之行的最大收获。剩下的问题则棘手得多。一想到欧洲的未来，哈里曼就感到闷闷不乐，这是因为丘吉尔10月9日便抵达了莫斯科，开始了为期10天的访问，而罗斯福虽然对"三巨头"会议很感兴趣，但由于美国总统大选在即，他本人无法前来，只委派哈里曼以观察员的身份代替他参会。哈里曼参加了斯大林与丘吉尔之间的部分会谈，但不是全部，因此他无法在一些必要的时刻代表和捍卫美国的立场。苏联前外交人民委员、当时为莫洛托夫副手的马克西姆·李维诺夫，在丘吉尔招待宴上提及《展望周刊》里一篇估算哈里曼财富的文章，忍不住问迪安："一个亿万富翁为什么会看上去闷闷不乐呢？"[3]

罗斯福不愿意积极参与决定波兰前途命运的议题，这更让哈里曼不悦，而波兰问题向来都是同盟国之间的棘手问题。得知斯大林拒不向波兰起义军施以援手，也不允许盟军利用波尔塔瓦基地向波兰提供援助后，哈里曼对波兰问题又多了些许个人情感。丘吉尔飞往莫斯科的首要议题就是波兰问题，哈里曼认为这也同样应该是美国的首要议题。如果罗斯福不能前来，何不让哈里·霍普金斯飞往莫斯科，和丘吉尔一起努力使波兰摆脱苏联的控制？哈里曼心中琢磨着。然而，情况并不如他所愿，哈里曼只得独自踏上行程。

1943年11月底和12月初，在德黑兰召开的"三巨头"会议上，

第十三章 瞭望塔

丘吉尔第一次提出了他针对波兰问题制订的计划。依据他的计划，斯大林可以继续拥有波兰东部地区的领土，这些领土是苏联以保护当地乌克兰人和白俄罗斯人为由，基于1939年的《苏德互不侵犯条约》而得到的。而伦敦的波兰流亡政府则要接受新的东部边界，即1920年时任英国外交部部长的乔治·寇松提出的寇松线[①]，这个边界划分或多或少和波兰东部地区的民族边界有所重合。但是，波兰人拒绝了。现在，丘吉尔把波兰流亡政府总理斯坦尼斯拉夫·米克拉吉塞克也带到了莫斯科，但依旧于事无补。米克拉吉塞克拒不合作，不同意将寇松线作为波兰新的东部边界。他尤其反对放弃利沃夫——一座四周皆是乌克兰定居点但中心城区主要为波兰人的重要城市。哈里曼清楚，谈判陷入僵局对斯大林是有利的。

利沃夫以及波兰东部边界的问题，被推迟到了1945年2月举行的另一次"三巨头"会议上讨论。与此同时，由于一直没有达成协议，斯大林可以在苏联红军已经占领的波兰领土上自由行事，西方盟友目前也无法到达这些地区。美国通往该地区最近的岗哨就是波尔塔瓦。唯一能进入利沃夫及这座争议城市周边地区的美军，就是飞往那里救援被击落的美国飞机的空军飞行员。此番新局面，出

---

① 寇松线是英国外交大臣寇松向苏俄和波兰建议的停战分界线。波苏战争期间（1919—1920），1919年12月8日，协约国最高委员会在巴黎和会上决定重建波兰国家，以民族边界线作为波兰东部边界，这条线沿布格河划分波苏边界。1920年7月11日，苏俄红军击退波兰干涉军时，寇松代表英国政府建议苏俄以这条界线为停火线举行和平谈判，波苏双方承认寇松线为波苏边界线，当波军转入反攻后，波兰政府拒绝承认寇松线。根据1921年3月18日的《里加和约》，寇松线以东立陶宛的一部分和西白俄罗斯、西乌克兰划归波兰。1945年8月16日，波苏两国签订边界条约，规定两国边界以寇松线为基础划定。

乎意料地使波尔塔瓦基地扮演起新的角色——成为观察美国在东欧的军事和外交利益的瞭望塔。[4]

威廉·菲钦上尉成了波尔塔瓦基地情报部门的负责人。他仅有26岁，便已经接受了自己和基地的新角色。菲钦毕业于加利福尼亚大学伯克利分校，攻读昆虫学并取得了学位。整个夏天他都在找人谈话，搜集有关德国空军、德国防空体系以及美军轰炸效果的数据。但轰炸行动在9月就结束了，这意味着除了从乌克兰西部和波兰东部地区回来的人，再没有其他人需要接受询问。

1944年10月21日，一架在中欧地区受损的C-47运输机经由利沃夫在波尔塔瓦着陆，机上载有美国飞行员。随着这架飞机抵达基地，菲钦和他的手下再次开始搜集关于德国和苏联两方面的信息，而这正是"施密尔舒"官员一早就怀疑的事。[5]

C-47运输机送来的两人，是在利沃夫和塔尔努夫附近的苏控地区紧急着陆的美国机组人员。考虑到苏联红军正向波兰推进，从英国和意大利起飞、执行对德轰炸任务的美国机组人员可以像这两人一样在苏联国境内紧急降落。他们最终落入了苏联红军军官之手，而苏联红军军官又将两人送到了波尔塔瓦。

首先询问情况的是菲钦，尽管内容和平时不太一样。紧接着提问的是美国驻莫斯科军事使团空军部副长官乔治·麦克亨利，他专程飞往波尔塔瓦参加飞行员的情况报告会。据一位美国空军史官所言，"麦克亨利主要是对与政治相关的内容感兴趣"。他想了解波兰东部苏占区的情况。两位飞行员报告，他们一被苏联人扣住，便一直处于被监控的状态，但他们的人身自由没有受到限制，苏联人

第十三章 瞭望塔

待他们也挺好。据他们的观察，苏联人和波兰人之间的关系明显很紧张。[6]

以上关于波兰苏控地区的第一批相关信息很快被其他美国飞行员证实，他们于1944年11月飞抵波尔塔瓦基地，而在基地工作的美国人也证实了一些波兰苏占区的情况。苏联人允许基地的美国技术员飞往被击中的飞机的降落点，修好飞机后再把飞机开回来。有些人待的时间短一些，还有些人要在当地待上数周执行维修任务。他们成为了解乌克兰西部和波兰东部地区情况的重要消息来源。他们的汇报将被定期送至驻莫斯科的美国军事使团那儿，有些甚至会摆在哈里曼的办公桌上。[7]

波尔塔瓦基地指挥官汉普顿上校的一份报告就摆在哈里曼的桌上。11月14日，汉普顿上校在几位懂俄语的军官和技术员的陪同下去了利沃夫，并于11月18日返回基地，他的随行人员包括作战部负责人迈克尔·科瓦尔、情报部塞缪尔·查夫中士和技术员菲利普·米申科。他们乘坐基地现存的两架道格拉斯C-47运输机中的一架飞往利沃夫，准备为在那里着陆的一架B-24"解放者"轰炸机提供燃料。B-24轰炸机比B-17轰炸机的机翼更长，但是不少人认为它的性能和稳定性不如上一代机型。返回时他们顺道捎上了乔·约翰逊上尉，他从10月6日起就在利沃夫救援坠落的飞机，是个重要的信息来源。约翰逊和基地的美军军官已经注意到了苏联内务人民委员部的监视，还发现苏联红军会干扰那些愿意和美国人约会的当地姑娘；通过观察以及和当地人偶尔的接触，他们还搜集了不少关于利沃夫的情报。

就像菲钦在10月询问的两人说的一样，汉普顿及其随行人员

- 181 -

发现，占利沃夫人口多数的波兰人对苏联人很是不满。他们在汇报中不约而同地认为，波兰人可能宁愿被德国人统治，也不愿被苏联人统治。汉普顿写道，当地人发现德国人的城市管理比苏联人更高效，"德国人让波兰人自己管好自己，波兰人继续着自己的生活方式，而苏联人什么都管，这显然使他们生活得不太开心"。此外，据汉普顿所言，为了让波兰人的生活水准和苏联人保持一致，他们还试图降低波兰人的生活质量，迫使当地人接受每周200卢布（相当于1美元，只够买一支黑色马克笔）的低薪。苏联人还高价出售通过《租借法案》从美国得到的罐头食品。为了生存，波兰人只能变卖财物。汉普顿写道："在苏联人的统治下，利沃夫的食物比德占时期更匮乏、更昂贵。"[8]

关于利沃夫的犹太人，汉普顿则讲述了完全不同的故事。据他的汇报，他见了许多曾目睹德军暴行的人，其中包括两位大学教授。他写道："犹太人总是纳粹枪下的受害者，令我震惊的是，那些和犹太人生活在一起并目睹德军暴行的波兰人，对犹太人并没有太多的恻隐之心。事实上，我觉得有的人甚至认同纳粹的反犹政策。"这或许也是利沃夫发生犹太人大屠杀的首要原因，也解释了为什么当地人在与美军指挥官和美国驻苏联大使馆官员接触时会扮演这样冷漠的角色。[9]

1944年8月末，苏联组织美国和其他盟国的记者前往波兰东部卢布林附近的马伊达内克德国集中营，让西方世界第一次看到了毒气室以及用于焚烧受害者尸体的焚化炉。一位名叫比尔·劳伦斯的记者在《纽约时报》上发表了一篇文章，他是这样描写这次炼狱之旅的："在这里，我见到了地球上最恐怖的地方——位于马伊达

第十三章 瞭望塔

内克的德国集中营,这是一个彻头彻尾的制造死亡的胭脂河工厂。据苏联和波兰当局估计,在过去的三年中,多达 150 万来自欧洲各国的民众被屠杀。"(此处的"胭脂河工厂"是劳伦斯的借用,指的是位于底特律西部、坐落于胭脂河畔的亨利·福特的知名工厂。)文章首次向世界披露了"对欧洲人的集体大屠杀",却没有强调这是针对欧洲犹太人的。[10]

凯西·哈里曼在和从马伊达内克回到莫斯科的劳伦斯交谈时,看到了他眼中的泪水。然而,无论是劳伦斯还是其他西方记者,都没有指出犹太人是大屠杀的主要受害者,也没有指出他们的所见所闻赫然证明了这是针对一个民族有计划的灭绝行动。他们的确不知道真相。苏联人之所以组织此次行程,一部分原因是想让正在组建的、得到斯大林支持的波兰政府合法化,另一部分原因是使记者有机会采访卢布林政府的名义领袖爱德华·奥索布卡-莫拉夫斯基。莫拉夫斯基宣扬德国法西斯对各国民众均实施了屠杀。凯西在写给玛丽的信中提到,共有 22 个国家的民众遭到了屠戮。这个数字显然来自劳伦斯,而劳伦斯是从苏联人和波兰人那里得知这些的。外界起初并不相信劳伦斯的报道,直到 1944 年秋,关于马伊达内克集中营的其他报道出来后,才证实了劳伦斯的所见所闻,然而,外界对于受害者的种族构成仍知之甚少,直到 11 月,受害者仍被描述为"犹太人和基督徒"。[11]

1944 年 11 月,汉普顿及其随行人员飞往利沃夫,后来被称为"利沃夫大屠杀"的真实情况在当时仍没有向公众披露。去过利沃夫的这些人,在听到了关于城内犹太人的遭遇和苦难的详细描述后,没有谁像情报官塞缪尔·查夫那般悲怆,他出生于基辅,也是一个犹太人。查夫在报告中转述了一位在德占时期侥幸活下来的犹太女人告诉他的事:"纳粹一进城,就开始围捕犹太人和长得像犹太人的人。通过当地的第五纵队,他们找到了亲纳粹的波兰人充当向导。她告诉我,在德军占领利沃夫的 6 个月里,全市有 10 万犹太人遭到了屠杀,约有 3000 名躲到其他省的犹太人活了下来。"约翰逊上尉自 10 月 7 日起就在利沃夫执行任务,他在报告中写道,通过"从大规模处决到当街枪杀儿童的一系列手段",利沃夫约有 16 万犹太人被屠戮。[12]

汉普顿及其随行人员估算的在利沃夫大屠杀中遇难的犹太人人数并没有被夸大。二战前,利沃夫曾是 11 万犹太人的家园,1939 年后,又有 10 万犹太难民迁至这里避难,并在 1941 年 6 月末见证了德国人对利沃夫的占领。根据如今的估计,利沃夫及其周边地区遇难的犹太人人数估计超过 10 万。其余的犹太人拥有怎样的命运,我们不得而知。而在利沃夫,撑到 1944 年 7 月苏联红军进驻的犹太人只有几百人。报告还准确描述了当地民众在大屠杀中所扮演的角色,如报告所写的那样,许多非犹太裔居民,包括波兰人和乌克兰人等,都参与了大屠杀的实施。[13]

汉普顿、查夫和他们的战友关于恐怖屠杀的讲述,只是他们汇报的一部分,他们主要关注的是苏联人在利沃夫及周边地区实行的政策。有明确的迹象表明,苏联人并不打算把利沃夫还给波兰人。波兰人可以选择成为苏联公民,或者迁往波兰中西部地区。约翰逊写道:"苏联人已宣称利沃夫是乌克兰城市,他们不想波兰人待在那儿。"科瓦尔少校注意到,内务人民委员部已经震慑住了当地的民众,波兰人不敢同他们这些美国人交流。但在私底下,他们告诉

第十三章 瞭望塔

美国人,美国的干预是他们唯一的希望。汉普顿写道:"利沃夫的波兰公民决定坚持下去,直到罗斯福和丘吉尔对此进行干涉。"查夫写道,不少人希望能移民去美国。[14]

波兰裔英国空军军官米奇斯瓦夫·卡罗尔·鲍罗德的一封信,经由汉普顿交到了英国驻莫斯科大使馆。鲍罗德出生于史坦尼斯拉维夫(今乌克兰的伊万诺-弗兰科夫斯克),1939年9月德军进攻波兰时,他刚刚完成飞行员受训考核。随后,他逃往英国,成为英国皇家空军的一名飞行员。1941年秋,一次在欧洲执行任务时,鲍罗德的飞机被德军击落。他随即被押往战俘集中营,后逃离集中营并加入了利沃夫的波兰地下组织。1944年7月,鲍罗德被苏联反间谍部门逮捕。苏军进入利沃夫后不久,他就以波兰"家乡军"地下组织成员的名义被起诉。鲍罗德在被拘禁期间向英国驻莫斯科大使馆写了一封求助信。这封信从监狱辗转而出,最终被交到了汉普顿的手中。然而盟军对此无能为力。1945年1月,鲍罗德被判处20年苦役,并被送往西伯利亚科雷马河金矿。[15]

汉普顿上校的团队并非最后一支前往利沃夫的队伍。在接下来的几周甚至几个月,其他人也会前往那里,其中就包括基地军医罗伯特·怀斯哈特少校带领的一支队伍,他们于12月6日飞往利沃夫。在那里待了4天后,怀斯哈特注意到,"当地民众对解放他们的苏联人没有太多感激之情"。绝望的波兰人将希望都寄托于美国人,甚至未来的美苏战争。他们一行人常会被问到此类问题:"你们什么时候把苏联人赶出波兰?""德国失败后,美国和苏联会开战吗?"带着对利沃夫局势的全新印象,怀斯哈特回到了波尔塔瓦,和他一起回来的还有那些在利沃夫迫降,又在附近乡下住了相当长一段时间的美军飞行员,他们带来了关于当地情况的第一手情报。[16]

从利沃夫返回波尔塔瓦基地的成员中,也包括"空中堡垒"轰炸机机枪手约翰·迪米特里辛。他是乌克兰后裔,可以听懂周围人的谈话内容。他一回到基地,就向菲钦讲述了自己在飞机被击落后的惊魂之旅。飞机被击落后,迪米特里辛开始了他人生中的第一次跳伞,降落伞顺利打开了,但他发现自己无法控制降落伞下降,一想到要一直在天上飘着,他就心生恐惧。他试图解开降落伞的绳索,但幸好没有成功。当迪米特里辛终于开始下降时,他意识到自己又陷入了另一个危机——有人正从地面向他射击。着陆后,他发现降落伞上有三个弹孔。迪米特里辛把降落伞藏在了灌木丛里,又用树叶遮掩自身,做好了同德国人相遇的准备。

他在藏身处静静趴了约半小时,突然听见有人用乌克兰语同他打招呼——是一位没带武器的农夫。他把迪米特里辛带回了村庄,该地曾被德国人控制。迪米特里辛最后被忠于卢布林政府的波兰警察发现了。他告诉对方自己是美国人,警察一开始待他很友好,但听见他说乌克兰语后,一名波兰上尉又判定他其实是德国人。波兰人随后将他带到了邻近的城市,并把他转交给了一位苏联红军上校,这名上校对迪米特里辛进行了4个多小时的审问,并声称他是德国人,为了完成任务而特地学了英语和乌克兰语。迪米特里辛告诉菲钦,大约凌晨2点的时候自己崩溃了,开始不断哭泣。苏联人随后放过了他。次日,他终于见到了自己的长官比姆中尉和另一位跳伞的战友,他们二人也是被苏联人和波兰人救起的。[17]

菲钦在迪米特里辛12月10日刚抵达基地时就对他进行了调查

第十三章 瞭望塔

询问。其余的飞行员于 12 月 18 日抵达基地,菲钦同样记录了他们的故事。他们的经历颇为相似,只不过有的人落在了乌克兰反抗军手里。乌克兰反抗军中既有波兰人,也有乌克兰人,在佩列梅什利(今普热梅希尔)一带活动,既和苏联人作战,又反对波兰人。他们对美国客人颇为友好。他们这些人中,有些人的家人已移民美国,有些人曾去过美国,还能讲些英语。他们和当地的波兰警察玩了一阵"猫鼠游戏",但最终还是让波兰警察找到了美国人。后来,波兰人又把美国人交给了苏联人。

凯利中士也是从利沃夫返回基地的成员之一,他做证称自己刚着陆就遇到了一位曾去过宾夕法尼亚州斯克兰顿的乌克兰反抗军成员。他还发现,波兰人对苏联人并不满意,但依然服从苏联人的命令,因为他们正在共同对付乌克兰反抗军。一名苏联军官详尽地审问了凯利和乌克兰"匪军"在一起的各种细节。还有一名新来的斯达伯斯中士同样落入了配有机枪的乌克兰反抗军之手,结果,反抗军中有一人不但会说英语,还去过斯达伯斯的家乡新泽西州。在斯达伯斯停留过的一座村庄里,他听说苏联人准备张贴告示,下令乌克兰人离开村庄。[18]

菲钦搜集的美国飞行员报告于 1944 年 12 月被转呈至莫斯科的美国驻苏联大使馆。这些报告清清楚楚地表明,苏联人正在当地创造新的局面。他们决心将利沃夫纳入自己的版图,赶走波兰人,并且宣称利沃夫属于乌克兰苏维埃社会主义共和国。然而,在穿越佩列梅什利的寇松线以西,他们和当地的波兰民兵联合起来打击乌克兰起义者,并将乌克兰人向东驱逐。到 1945 年 2 月,罗斯福、丘吉尔和斯大林三人在雅尔塔会晤时,该地区的种族构成已经发生了重大改变，这种改变一方面是当时尚不为世人所知的大屠杀造成的，另一方面与1944年苏联接管该地区后迅速实施的政策有关。1944年秋，卢布林政府和斯大林安插在乌克兰的代理人尼基塔·赫鲁晓夫签署了乌克兰与波兰的"人口交换"协议。[19]

1944年10月，美军在乌克兰的行动减少后，佐里纳少校接替斯维什尼科夫中校，成为监控基地剩余美军的"施密尔舒"负责人。汉普顿上校一行人于11月前往利沃夫之后，他第一次对美军在当地的情报搜集活动产生警觉。他认为汉普顿不过是以利沃夫之行为借口，行窃取苏联情报之实。据陪同汉普顿前往利沃夫的道格拉斯C-47的苏联机务人员所提供的证词，佐里纳得出结论，无论是汉普顿还是科瓦尔都不需要运送燃料，而这恰好是美国给出的官方理由。

佐里纳获悉，美国飞行员在利沃夫买了些东西，还与当地人会面，而当地人也会向他们兜售些小东西。这里所指的"当地人"包括一名匈牙利女演员和四名波兰女性。事后得知，这名匈牙利女演员曾被苏联秘密警察逮捕过，几名波兰人则被怀疑持有反苏观点，部分美国人也被指控持有甚至传播反苏观点。据称，查夫中士曾问过苏联同伴，为什么乌克兰和其他加盟共和国不选择独立，还说利沃夫的波兰人对待德国人要比对待苏联人更友好，而且波尔塔瓦的居民也不喜欢苏联人。[20]

佐里纳将汉普顿的利沃夫之行汇报给了苏联空军指挥官，并建议美军飞往该地区救援飞机时，需要由苏联高级军官陪同前往。从那以后，"施密尔舒"就试图在译员中安插线人，以便监控美军同当地人的交往。陪同汉普顿前往利沃夫的口译员嘉琳娜·甘楚柯娃似乎并不是"施密尔舒"的线人,也未曾提交相关报告。但在美军随后前往利沃夫的行程中(怀斯哈特和查夫也参加了此次行动),"施密尔舒"官员从代号为"奥利亚"的译员那里得到了一份详细报告。据这名线人汇报,怀斯哈特和查夫曾与当地大学的一名教授会面,这位教授在美国有一个兄弟,他希望与自己的兄弟重新取得联系。[21]

美国人向他们在波尔塔瓦基地和莫斯科的上级诉苦,指责苏联联络官和翻译官在他们飞往乌克兰西部和波兰的行程中,对美国人的监控几近公开化。美国人称他们为"猎鸟犬",谴责他们的所作所为已远远超过暗中监视。苏联的看守者们为了阻止美国人离开或返回波尔塔瓦,不惜提供错误的气象信息;为了防止美国人和当地民众联系而强制他们睡在飞机里。在波尔塔瓦基地,苏联人的活动日益频繁,监控美国大兵与当地百姓的交往,并试图再次阻止他们与乌克兰女性进行交往。[22]

第十四章　新年舞会

　　1945年悄然而至，苏联在新年之际，庆祝一场漫长而可怕的战争终于进入尾声。苏联红军已准备好向距离德国的心脏柏林几十英里的要地发起总攻，所有人都认为，占领德国首都将宣告战争的结束。元旦当天，苏联主流报纸《消息报》在头版刊登了一则漫画，画面上希特勒、希姆莱和戈培尔正躲在希特勒的地堡里，桌上则摆着一瓶用于镇静助眠的缬草酒，躲在桌子底下的是希特勒剩下的盟友，墨索里尼也在其中。漫画旁边还附了一首诗："正义的审判无可遁逃，绞杀吧！这群罪行累累的暴徒。敌人在新年即将到来时颤抖着，因为他们的生命将终结于此刻！"[1]与希特勒及其盟友不同的是，"三巨头"有充分的理由乐观地展望未来。

　　但未来也有些阴云萦绕，最突出的就是波兰问题。斯大林准备承认卢布林政府作为该国唯一的合法政府。罗斯福请斯大林推迟上述行动，但遭到了拒绝。1945年1月1日，斯大林在给罗斯福的便条中，除了送上"祝你健康和成功"的祝福，同时也表达了他本人的遗憾，因为他未能在波兰问题上使罗斯福认同苏联的立场。斯

第十四章 新年舞会

大林还狡猾地告诉罗斯福,他不能推迟承认卢布林政府的原因是事情已经超出了他的掌控——苏联最高苏维埃已经向波兰卢布林政府做出了承认其合法性的保证。就在同一天,丘吉尔在公开场合拒绝承认卢布林政府。他找到罗斯福,希望在即将召开的雅尔塔"三巨头"会议前,先和罗斯福在马耳他开个会。丘吉尔认为,他们必须在会见斯大林之前先协调好双方立场。[2]

大同盟发现,节日和假期虽然带来了欢乐,但也带来了烦恼。战争的结束指日可待,盟友间现存的裂痕却日益加深,这一切表明前路问题重重。在波尔塔瓦这个看似合作最密切的地方,在1945年最初的几周里,同盟国之间的不和表现得最为明显。

跨年夜,基地里的美国人情绪高涨。波尔塔瓦宣布不允许美国大兵入城,以防他们醉酒后和苏联红军战士及当地人起冲突,但是苏方允许当地女性参加基地的新年舞会。富兰克林·霍尔兹曼在家书中这样写道:"昨晚他们举行了盛大的迎新年活动,我可不想错过,大伙儿甚至可以带姑娘来俱乐部。"

霍尔兹曼在跨年夜值班,而大多数美国人都放假两天。由于无法参加跨年夜的舞会,霍尔兹曼便和另外两位朋友在元旦这一天跑去找他们在基地相熟的姑娘了。他们带上了各种酒,数量可观——四瓶香槟、一瓶白兰地、一瓶波尔图葡萄酒,外加一些食物。姑娘们负责烤鸡肉,准备土豆和甘蓝菜。这是霍尔兹曼在波尔塔瓦参加的第一次可以喝酒的聚会,他在事后给父母的信中说自己"感觉开心得飘了起来"。[3]

总的来说,霍尔兹曼对自己在波尔塔瓦度过的时光很满意。因为有机会与当地姑娘接触，他在米尔霍罗德基地学习的俄语也有明显进步。在米尔霍罗德，霍尔兹曼有过两位女友。一位是名叫妮娜·莫扎伊娃的高中生，两人是纯粹的柏拉图式爱情，真正与他发生关系的是另一位年长些的女人。在调往波尔塔瓦之后，霍尔兹曼又交往了一位女友，而且拥有很多和她共度时光的机会。他事后记起，有时几乎一半的美国人都没睡在基地，而是和他们的女友在一起。对于苏联方面骚扰与美国大兵约会的女性一事，霍尔兹曼也不以为意。两个月后，1945年3月12日，他的女友妮娜·阿法纳西耶娃被秘密警察拘禁并审问。他们强迫阿法纳西耶娃签署了两份协议，第一份是发誓对自己被拘禁一事守口如瓶，第二份则是迫使她断绝与霍尔兹曼的关系。[4]

如果不是因为霍尔兹曼跨年夜值班、无法邀请阿法纳西耶娃参加俱乐部舞会的话，秘密警察或许会更早地找到她，并破坏两人的浪漫恋情。作为汉普顿的副官，费舍尔在报告中写道："新年假期过去不久，一则消息就在军营四散传播：新年假期来到美国军人俱乐部的四位俄罗斯姑娘被秘密警察逮捕并审讯。"据说，姑娘们在审讯时被问及为何与美国人交往而不和自己人来往。[5]

经此一事，美苏关系在波尔塔瓦再度面临考验。1944年夏天集中发生的攻击美军女伴的情况，到了年底已很少见了，一方面是剩下的美军人数已经不多了，另一方面是因为寒冷的天气使情侣不方便在街上或公园的小径上漫步。因此，他们像霍尔兹曼那样在女方住所或是美军营地聚会，在苏联的协助下，美军在营地修建了两个俱乐部，一个面向军官，另一个面向战士，此外还建造了一座剧院。美国军人想邀请自己的女友参观这些地方，这就引发了关于基

第十四章 新年舞会

地进出权的争议问题。

苏联人可以决定谁能进出基地。他们制定了通行证制度,并将持有永久通行证的苏联人员限制在八人,主要是联络官和译员,其他人都需要申请通行证。美国军官和大兵必须提前48小时为自己的客人提出进入基地的申请。客人的全名、家庭住址、来访目的都要在表格上写明。苏联人尤其是"施密尔舒"和秘密警察需要花些时间研究这些申请。曾经有一次,负责发放通行证的苏联军官阿瑟尼·邦达连科中校要求费舍尔"剔除那些无权参观美军设施的不受欢迎者"。[6]

新规定在12月中旬开始实行,圣诞节和新年假期马上就要到了。为了避免美苏两国军人之间可能发生的冲突,汉普顿与苏联指挥官协商后宣布,禁止美军在跨年夜和元旦进城。如此一来,美国军人就只能在美军基地内和女友约会,而必须提出申请一事在要来约会的乌克兰姑娘中引起了恐慌。她们很清楚自己的名字和住址最终将出现在秘密警察的名单上,也会因和美国人交往而受到指责。有的美国人拒不为自己的女友申请通行证,还有人决定冒险行事,为女友办理通行证。不少来自波尔塔瓦的姑娘参加了基地的圣诞节和新年舞会。

美国人很快从自己的女友那里获悉了参加舞会的后果。费舍尔在报告中写道,关于秘密警察审讯来到基地的女性的谣言尚未得到证实,但已经有一位美国军官着手调查此事。基地的建筑工程师,后来成为基地史官的威廉·罗曼·卡鲁特精通俄语,时常在自己说英语的同事和苏联军官交涉时充当中间人。因此,他有很多机会了解到苏联的监控程度有多深,以及秘密警察是怎样严苛地破坏美国人与当地人，尤其是与当地姑娘间的关系。

和费舍尔一样，卡鲁特1944年5月抵达波尔塔瓦时也是苏联的拥趸。他来自一个与苏联联系密切并以左翼倾向为荣的家庭。他们在第一次世界大战即将爆发前，从乌克兰与白俄罗斯交界的平斯克前往美国。卡鲁特的父亲似乎在沙俄的工人运动中很活跃，后又以移民者身份成为纽约劳工维权人士，曾担任一家工人俱乐部的主席，还是亲俄报纸《俄罗斯之声》的编辑委员会成员。[7]

据"施密尔舒"的线人报告，1944年7月，在美苏两国军官共同参加的一次宴席上，卡鲁特（线人们认为他是乌克兰人）提起了他的俄罗斯名字——"瓦西里"。他告诉桌上一同用餐的人："如果我远在美国的父亲知道，他的儿子现在正在苏联，与苏联军官同享招待晚宴，他一定会喜极而泣。等战争结束后，我一定会安排我的父亲和姐姐来俄罗斯看看。""施密尔舒"的间谍表示卡鲁特对苏联人很友好，很愿意与他们交往。他会拉手风琴，还时常哼唱俄罗斯和乌克兰小曲，因而深受苏联军官欢迎。不过，有些歌曲却让"施密尔舒"的人深感不安。有人记下了歌词——"自由的苏联啊，自由何处寻"。在他们看来，卡鲁特对苏联政权至多只是部分接受。[8]

卡鲁特对苏联人的喜爱在1944年年底和1945年年初发生了改变。当时，他的战友请他施以援手，帮助他们的女友处理与苏联国家安全人民委员部波尔塔瓦分部的一些事务。当卡鲁特问秘密警察为何逮捕、审讯这些姑娘并没收她们的护照时，他得到的答案千篇一律：这些人是妓女，苏联人是为了不让美国人染上性病才这么做的。卡鲁特在询问涉案女孩后了解到，她们被捕后通常会被问及为

第十四章 新年舞会

什么要和美国人约会。这些姑娘被要求监视其美国男友的一言一行，尽可能多地搜集情报。秘密警察还让她们签署了承诺书，绝不吐露警局内发生的任何事，如有违背，须承担相应的法律后果。

卡鲁特注意到，这些姑娘小心翼翼，不会直接拒绝，但他指出姑娘们和她们的恋人之间除了性以外，很少有其他交流。她们唯一会说的英语就是"爱我"和"吻我"，而且他们的美国朋友也不太会说俄语。卡鲁特后来写道，美国大兵的语言技能仅限于"床上俄语"。苏联国家安全人民委员部的官员对此似乎有解决的办法。一个月后，他们会命令这些姑娘离开自己的恋人，转而与其他的美国人约会，希望那些美国人能说些俄语或乌克兰语，这样能对情报工作更有用。有的姑娘照做了，有的则没有。卡鲁特问那些不顾国家安全人民委员部禁令，继续与美国男友约会的姑娘为什么这么做，他发现这些姑娘们似乎已经听天由命，在心里做好去坐牢的准备了。她们希望美国军人和指挥官能代她们进行干预。[9]

"施密尔舒"和波尔塔瓦的秘密警察加紧招募与美军约会的姑娘成为线人，并取得了一定成效。1945年2月，苏联国家安全人民委员部波尔塔瓦分部报告，他们招募了一名参加过美军基地圣诞晚会和一名参加过新年晚会的姑娘成为新的线人。经过他们的劝说，第一位愿意合作的姑娘是17岁的伊丽娜·罗金凯亚，她受随军牧师、晚会组织者克拉伦斯·斯特瑞皮少校的邀请参加了圣诞晚会。罗金凯亚早就在与美国军人约会的乌克兰女性的名单上，并且从1944年6月就开始与美国军人交往了。事实上，她和负责基地医务工作的威廉·杰克逊中校见过两三次。秘密警察发现罗金凯亚没有什么嫌疑时，决定招募她当间谍，代号为"米哈伊洛维奇"。

被遗忘的倒霉蛋：苏联战场的美国空军与大同盟的瓦解

秘密警察不仅对美国人的信息感兴趣，对与之约会的苏联女性的信息同样很感兴趣，罗金凯亚是一个合适的人选，她在这两个群体中都交际广泛。另一位姑娘叫法因娜·艾吉娃，她比罗金凯亚年长几岁，与中士雷·孟鸿约会并受邀参加新年晚会，她的代号为"马楚列维奇"。秘密警察的报告显示，两人都愿意与"施密尔舒"合作。但事实究竟是怎样的，我们不得而知。对这两个女孩来说，一旦被发现和美国人约会，她们的未来甚至是自由都岌岌可危了。[10]

卡鲁特在1945年2月初又与秘密警察发生了摩擦。当时，他和科瓦尔少校一起，与苏联军官商议邀请波尔塔瓦医学院的女学生前往美军基地参加舞会一事。两人承诺晚会结束后会开车把女生送回来。苏联人同意发放通行证，但拒绝联系医学院。于是，卡鲁特和科瓦尔亲自操办此事，他们开车前往医学院，找到了一位相识的女学生，并请她邀请12位朋友来参加舞会。女学生答应了此事，但警告说她的不少朋友都不愿意把自己的名字和住址提供给苏联官员。然而，卡鲁特和科瓦尔还是列出了一张名单并交给了苏方，万事俱备，只待庆祝。苏联人发放了通行证，众人皆翘首以待。[11]

然而，当科瓦尔少校在2月3日下午驱车赶往波尔塔瓦，准备把姑娘们接到基地时，所发生的一切着实让他吃了一惊。在一位被卡鲁特称为"瓦利亚"的姑娘家里，科瓦尔发现她和她的母亲正在哭泣，并说马克西莫夫上尉刚刚拜访过他们。这个马克西莫夫极有可能就是基地的联络官，同时也是"施密尔舒"招募的首批特工之一，代号"马尔可夫"。马克西莫夫依照上级盼咐行事，让瓦利亚假装忙于应付考试拒绝参加舞会，还要求她拒绝以后的任何邀请。如果她告诉美国人马克西莫夫来过这里并说了这些话，她就会被抓

第十四章 新年舞会

捕并发配到西伯利亚。据事后报告记载,马克西莫夫那最后几句话吓住了瓦利亚的母亲,"科瓦尔来访时,她惊恐万分"。

既然在基地举行舞会的计划已经泡汤了,一群美国飞行员便在瓦利亚的住所举办了一场小型聚会,瓦利亚的几位朋友也参加了。科瓦尔很快便得知,其他姑娘也有类似的遭遇,与此同时,美国人因原定计划被取消而表示抗议。"施密尔舒"波尔塔瓦分部的佐里纳少校对此拒不负责。根据他的报告,劝说姑娘不要参加舞会是国家安全人民委员部的特工所为。波尔塔瓦安全部门的官员只是命令医学院院长禁止学生参加舞会。现在,他们希望基地新任苏方指挥官科瓦廖夫将军对美军的抗议做出反应,但科瓦廖夫拒绝了,他想和美国人维持良好的合作关系。[12]

科瓦廖夫是波尔塔瓦人,在夏季担任佩尔米诺夫将军的副职,现为少将军衔并成为基地负责人,他本人并不介意参加美军聚会。情人节晚会计划于2月14日在美军基地举办,科瓦廖夫对此很是期待。

据科瓦廖夫事后报告,他注意到美国人把招待宴会变成了化装舞会。卡鲁特中尉装扮成德国人,留着德国人的发型和胡子,口中喊道:"嗨!"其他人纷纷回应。怀斯哈特少校和卡鲁特共同行进,装出德国人从盟军战场上逃离的模样。美国护士穿上了苏联妇女的日常服装。几天前来到基地的美军飞行员则扮成了女人,穿着泳衣,涂着口红。除了维持秩序的科瓦尔少校、尼克尔森上尉以及当值军官,其他人都开怀畅饮。

在报告的结尾处,作为忠于斯大林的苏联价值观捍卫者,科瓦廖夫的陈述或许不算令人诧异。"这场晚会总体上和其他宴会一样

- 197 -

无序,一切即兴而起,随兴而为。没有本国女性在场让他们无拘无束,毫不遮掩自己最粗俗的一面,参加宴会的美军军官甚至当着苏联军官和苏联女性的面毫无顾忌地暴露自己的缺点,连最基本的文明准则也不遵守。"

不知为何,科瓦廖夫于宴会结束两周后,即3月1日才递交这份报告。或许是关于他参加美军晚宴的谣言已经传到了上级那里,他不得已才这么做。尽管科瓦廖夫在报告中就美国习俗向上级进行了一番评判和取笑,但"施密尔舒"官员还是挑出了他在晚会上的不当言行。一位莫斯科的高官这样评价:"科瓦廖夫并未立刻离开他所描述的粗俗且奢靡的宴会,也未向美国人提出交涉,反而与他的妻子以及其他苏联红军军官和家属一起留了下来,继续观看这些可耻的行为。"[13]

苏联对美国晚会的干预确凿无疑地表明,"施密尔舒"及像佐里纳少校这样的安全部门官员在基地获得了更大的权力,同时将科瓦廖夫这样的指挥官排除在权力核心之外。许多美国人知道他们处于监控中,再加上之前数月里积累的挫败感,他们越发不愿意同苏联人打交道。

2月,佐里纳提交了报告,控诉基地的美苏关系恶化,举了很多例子说明美方限制苏联军官进入基地,并要求美军不要和苏联人走动太多,也不要把事情都告诉苏联人。

"施密尔舒"官员并未把美国人态度的转变归结于自己的行为,而是归结于美军指挥官的反苏立场。佐里纳写道:"美军指挥官态度的转变,可以解释为美国高层对苏联的敌意。"佐里纳还引用了

第十四章 新年舞会

一个小插曲：科瓦廖夫将军拒绝提供飞行许可证，因为他正在等待莫斯科方面的批准，但汉普顿还是乘坐道格拉斯飞机离开了波尔塔瓦机场。汉普顿刚从克里米亚的萨基机场回来，去那里是为即将召开的"三巨头"会议做准备，而后又不得不返回基地继续自己的工作。他受够了苏联方面的拖延和阻挠，实在没有耐心继续忍受下去了。[14] 大同盟的裂隙正飞速扩大。

第十五章　雅尔塔

哈里曼是第一个提出将克里米亚半岛上昔日沙皇的狩猎场——雅尔塔——作为"三巨头"会面场所的人。1944年12月6日，哈里曼在会议筹备期间发电报给罗斯福："我们有两位海军军官曾于去年夏天到访过雅尔塔和塞瓦斯托波尔。据他们说，雅尔塔有不少建造精良的大型疗养院和酒店，而且它们没有在德占期间受损，以苏联的标准来看，这座小城相当整洁、干净。冬季的气候也颇为宜人。"哈里曼大使正盼望看一看这座他耳闻已久却从未亲临的城市。[1]

雅尔塔，或者说克里米亚，与罗斯福首选的会议地点相距甚远。罗斯福的健康状况明显每况愈下，他的生命只剩下最后几个月了。如果他知道剩下的日子那么短暂，或许会选择另一个地方作为最后一次出国之行的目的地。前往克里米亚需要穿过一段常有德国潜艇出没的大西洋水路，再经历一段漫长的飞行，在气压不稳定的飞机机舱内穿越仍被德军占领的巴尔干半岛。罗斯福请斯大林将会议地点选得离美国更近一些，但苏联领导人没有改变想法。他并不急于

第十五章 雅尔塔

和自己的盟友会面,因为这些盟友只是想讨论波兰问题以及苏联在东欧的政策。

罗斯福妥协了,他觉得自己不能再等下去了。他希望尽快见到斯大林,讨论太平洋战争问题以及创建联合国的计划。同样,波兰局势的发展和斯大林对卢布林政权的外交承认,让丘吉尔深感不安,他也渴望会见罗斯福和斯大林。正如前文所说,丘吉尔希望在马耳他与罗斯福先碰个头,双方先达成一致立场。1945年1月1日,也就是丘吉尔拒绝承认卢布林政府合法性的那一天,他给罗斯福发电报,请求私人会谈,并附上了一首自创的打油诗:"从马耳他到雅尔塔,谁也没改变。"他认为雅尔塔之行的前景十分黯淡。他向一早就赞成将克里米亚作为会议地点的哈里·霍普金斯埋怨道:"就算做十年的调研,世界上也找不出比这更糟的地方了。"[2]

1945年1月,当哈里曼准备动身前往雅尔塔时,他或许已经后悔自己当初的提议了。他原计划经波尔塔瓦到克里米亚,或者直接飞抵克里米亚半岛南部的萨基机场,坏天气却让计划泡了汤。最初向总统提议将会址选为雅尔塔时,哈里曼是这样写的:"那里一二月间的平均气温为三四摄氏度,南面气候宜人,高耸的山脉挡住了北风。"1945年1月中下旬,天公始终不作美。经过漫长等待,仍没有等来苏联空军司令部的飞行许可,哈里曼和他精力充沛、善于观察且富有好奇心的女儿凯西决定坐火车前往克里米亚。[3]

凯西在信中这样描写他们的旅程:"路途漫长,三天三夜,其中大部分时间我们都待在被炸毁的车站里。"莫斯科通往克里米亚最大城市塞瓦斯托波尔的铁路,向波尔塔瓦东部一直延伸了90多公里,这使得凯西有机会一睹沿途白雪皑皑的景象,去年夏天波尔

- 201 -

塔瓦之行时，她就已经熟悉这种风光了。她在给玛丽的信中写道："乌克兰农民似乎比莫斯科农民更加富足。他们的农舍涂着油漆，有着茅草屋顶，看起来像画一样美丽。"凯西和同行的伙伴在一座车站买了些新鲜鸡蛋，再配上罐装牛奶、波旁威士忌和黄油调成潘趣酒。然而，路途依旧漫长。在第三天傍晚时分，他们终于到达塞瓦斯托波尔，她的父亲迫不及待地要赶到80公里外的雅尔塔。虽然苏联人建议不要于暴风雪的夜晚在山路上开车，但哈里曼全然不顾此番忠告，坚持即刻动身。到雅尔塔的车程足足有三个半小时，其间还有一辆车陷在了雪地里。经历了这一番旅途，他们终于到达了雅尔塔。[4]

哈里曼父女在接下来的日子里将竭力为贵宾们（特别是罗斯福和丘吉尔）的来访做好全方位的准备。同盟国的西方领导人计划于2月3日抵达克里米亚的萨基空军基地。波尔塔瓦基地的美国军官接到指示，要确保贵宾顺利到达雅尔塔。他们将飞往萨基，尽全力保证此次会议的成功。

安排美军抵达离雅尔塔最近的萨基机场这一任务，交给了波尔塔瓦基地指挥官汉普顿。1月10日，丘吉尔最终同意在雅尔塔召开会议。随后不久，汉普顿及其下属把其他事务搁置一旁，将注意力全部集中在克里米亚事宜上。当时有一位军官写道，波尔塔瓦官兵得到的指示是"为克里米亚的秘密活动提供核心服务人员"。基地飞行员觉得他们不再是"被遗忘在乌克兰的倒霉蛋"了，他们发现自己参与了一项影响世界的政治事件，它将被证明具有重要的历史意义。雅尔塔会议结束后，波尔塔瓦基地将迎来新的任务，一是

第十五章 雅尔塔

观察苏联在东欧的行动,二是协助苏控地区的美军战俘返乡。

汉普顿在两位会说俄语的助手陪同下前往萨基,这两人分别是副官费舍尔和军士长约翰·马特勒斯。马特勒斯的祖籍是沙俄时期的比萨拉比亚,20 世纪 30 年代他曾在苏联参与过不少美国工程。其他人也会随即赶来,会议期间,他们或是短期驻扎,或是被临时调派至萨基机场和岛上主要城市辛菲罗波尔的色拉布兹机场。[5]

汉普顿一行人竭尽所能确保会议的顺利召开。事实上,这并不容易。像以前一样,苏方坚持往返于波尔塔瓦、萨基和色拉布兹机场间的所有美国飞机的主驾驶都必须是苏联人。但美国人并不信任苏联飞行员,认为他们常常冒不必要的风险,双方关系因雅尔塔一事迅速变得紧张起来。

一则插曲可以反映出双方互不信任的程度。此事与盟军欧洲远征空军部队的英国空军上将亚瑟·特德有关。特德刚飞到莫斯科与斯大林进行了协商,1 月 17 日,汉普顿将特德从莫斯科接到波尔塔瓦,次日与他一同乘机前往萨基机场。机上的苏联副驾驶坚持要担任主驾驶,汉普顿和特德表示拒绝,只同意其担任副驾驶。苏联飞行员很是不满,但是又不敢反驳这位刚与斯大林会过面的英国高级军官。然而,刚刚抵达克里米亚,特德就发现自己在飞机上随身携带的一个公文包不见了,此时这架由美苏飞行员共同驾驶的飞机已经返回波尔塔瓦了。

特德只好向汉普顿求助。1 月 19 日,费舍尔找到了萨基基地的一位苏联话务员,请他通过无线电联系波尔塔瓦基地,看看有没有机组人员找到特德的公文包。科瓦廖夫将军收到了求助信息,并得知公文包已经找到,即将空运到萨基。美方坚持让美国人做这件事，美国驻莫斯科军事使团也表示同意。但科瓦廖夫坚持让苏联人送回公文包。科瓦廖夫还违背了禁止苏联人审问美国军官的规定，质询了飞机着陆波尔塔瓦后在飞机上找到公文包的美国军士。科瓦廖夫的做法遭到了基地美军军官的抗议。最终，这个公文包没有交给苏联人，而是由美国人交还给特德。[6]

美苏间缺乏信任，这使得汉普顿在波尔塔瓦、萨基和色拉布兹之间往返的任务几乎不可能完成。美国飞机只有得到苏联当局颁发的许可证才能从波尔塔瓦机场起飞，许可证必须提前一天提出申请。在1944年的夏秋之际，通常只需数小时就能办好飞行手续，但随着双方关系的恶化，办理时间不断延长，有时甚至完全得不到许可。1944年12月22日，汉普顿和美国军事使团空军部指挥官埃德蒙·伊尔计划从波尔塔瓦飞往波兰东部，其请求就迟迟未得到许可。

基地的苏联指挥官对此做出的解释很简单：他们无权自行颁发飞行许可证，必须由莫斯科最终批准申请，但莫斯科方面常常数日都不予答复，有时甚至长达数周。莫斯科的苏联空军指挥官颁布了总令，1945年1月20日至28日（这是雅尔塔会议筹备最紧张的一段时间）禁止任何飞机进出波尔塔瓦基地，官方给出的理由是天气状况不佳。那一周的天气确实恶劣，暴风雪不断。但据基地的美国气象官报告，其间也偶有间断的可飞行时间。可是，直至2月4日会议即将召开之时，禁令仍然有效。[7]

即使气象条件有所好转，莫斯科方面仍拒绝颁发飞行许可证，这在波尔塔瓦引发了公开的冲突，这是汉普顿和科瓦廖夫两位指挥官首次直接卷入争端。1月29日，汉普顿乘坐C-47从萨基飞往波

第十五章 雅尔塔

尔塔瓦。他随后申请返回萨基的飞行许可,并声明苏联海军航空兵司令、负责雅尔塔会议航空通信的谢苗·扎沃龙科夫元帅已经批准了这一请求。科瓦廖夫向莫斯科转发飞行许可申请,却被告知尼基丁将军已经取消了当天的所有飞行计划。汉普顿表示反对,他必须于当天将美国军官送回萨基,并且已得到扎沃龙科夫的许可。

据"施密尔舒"汇报,汉普顿抵达基地一个半小时后直接违抗科瓦廖夫的命令,又飞回了萨基。苏联将军大发雷霆,他试图通过无线电联系飞机,但飞机已经飞出了信号传送器的接收范围。当时正在控制中心的卡鲁特目睹了科瓦廖夫的勃然大怒。"我可以想象年轻的战斗机飞行员违背我的命令,但绝对想不到会是汉普顿。"科瓦廖夫毫不掩饰自己的失望。他还补充说,他才是基地的指挥官,没有他的命令,任何飞机不得起飞。[8]

尽管科瓦廖夫从未就苏联拒绝颁发飞行许可证一事向汉普顿或其他美国人做出合理解释,但他有充分的理由表达不满。苏联红军总参谋部助理参谋长斯莱文在写给苏联海军参谋长弗拉基米尔·阿拉富佐夫(阿拉富佐夫正是批准汉普顿飞回萨基的扎沃龙科夫的直接领导)的一封信里说明了原因。斯莱文告诉阿拉富佐夫,汉普顿乘坐的 C-47 飞机上的全部机组人员均是美国人。斯莱文写道:"他们可以利用从克里米亚至波尔塔瓦的飞行,在没有我方飞行员和话务员的情况下,拍摄他们感兴趣的任何地点。"他还指出,美国军官利用波尔塔瓦和色拉布兹机场间的苏联政府专线进行通信联络。斯莱文让阿拉富佐夫警告在萨基的下级军官,不要让美国人使用政府专用线,也不允许他们在没有苏联人在场的情况下飞来飞去。

斯莱文的信写于 2 月 8 日,此时美国代表团已经抵达雅尔塔,正与苏联代表进行协商。这封信的语气和信中提及的政策,与斯大林对美国贵宾(尤其是对罗斯福)的友好态度形成了鲜明对比,斯大林一直试图保持和罗斯福的良好关系,无论是身体上、精神上还是政治上,斯大林都将罗斯福和丘吉尔区别对待。[9]

  罗斯福和丘吉尔如约于 2 月 3 日下午抵达萨基机场。如果说丘吉尔主要担心的是苏联在东欧的行动,那么罗斯福的主要目的是确保苏联不会违背斯大林早先做出的承诺——在欧洲战场取得胜利后,苏联将对日宣战。此外罗斯福还想说服苏联领导人同意苏联加入联合国——这是他设想的维护战后国际秩序的关键机构。
  美国派往雅尔塔的代表团原定不超过 70 人,而峰会即将召开时,实际人数增长了十倍,其中一个原因是罗斯福邀请了大量的美军指挥官。这么做其实是迫使苏联就参与太平洋战争展开谈判的一种策略。而苏方之前一再推迟相关谈判,美方高层又急于就此展开讨论,美国空军指挥官亨利·安德森因病无法参会,代替他参会的劳伦斯·库特少将对商议在太平洋地区开辟美军基地一事格外感兴趣。在会议召开前的几个月,苏联红军总参谋部的拒绝让此事一度毫无进展,迪安将军为此深感不安。唯一的希望是罗斯福的出现,或许能促使前来雅尔塔参会的苏联指挥官们就此展开协商。[10]
  2 月 8 日,会议召开的第四天,罗斯福在哈里曼的陪同下会见了斯大林,就太平洋战争问题展开商议,基地一事因此再次被提上了议程。罗斯福总统先婉转地指出,随着美国空军进入马尼拉,盟军需要加紧对日轰炸,美国空军正在日本南部岛屿建立新的基地。斯大林立刻心领神会。他告诉罗斯福,他准备同意美国在阿穆尔州

第十五章 雅尔塔

设立空军基地,这是一个空前的突破。斯大林还同意在布达佩斯附近地区建立新的美军基地,并批准了其他请求:允许美国军官进入东欧的苏联战线内,就美国近期的轰炸行动效果展开调查。

显然,斯大林的表现让人满意。但根据哈里曼的经验判断,斯大林的口头承诺不代表万事大吉,他也深知有必要在苏联红军占领的东欧地区做出一些表示。作为回报,罗斯福表示,苏联可以接管库页岛南部和远东的千岛群岛。他们同意随后进行协商。双方达成的协议是:以美军基地和苏联参战为条件,换取美国承认苏联获得的领土。斯大林和美军对此都很满意,美国的空军指挥官尤其高兴。如果他们能在东欧和远东地区建立新的空军基地,就可以把在波尔塔瓦积累的经验运用到新的基地,并关闭现存的基地。[11]

结果证明美国人的希望并不现实。波兰的未来是雅尔塔会议上讨论最多的议题,漫长而几乎无果的谈判表明,西方军队存在于苏联领土内的事实让苏联十分警惕。自华沙起义以来,波兰问题一直是美苏双方的核心议题,而汇报当地局势仍是往返于波尔塔瓦与利沃夫的美军飞行员的一项任务。罗斯福最后一次试图说服斯大林放弃波兰的利沃夫,但斯大林拒绝了。苏联红军控制了东欧的大部分地区,斯大林没有妥协的必要。他还是打民族牌的高手,民族关系对这个各种族混居、各宗教并存的地区的未来起着重要的作用。

斯大林声称自己是乌克兰民族利益的捍卫者,对罗斯福提出的将利沃夫还给波兰的建议不予理会。斯大林问罗斯福和丘吉尔:"如果(我和莫洛托夫)接受了盟国的建议,乌克兰人会怎么说?他们可能会说,事实证明,斯大林和莫洛托夫在维护俄罗斯人和乌克兰人方面,还不如寇松和克里孟梭。"这里提到的"寇松"当然指的就是1920年在巴黎和会上划定寇松线的那位英国外交大臣。哈里曼通过波尔塔瓦的情报得知，苏联人已经将平民从寇松线一侧转运至另一侧，目的是创造单一种族居住区，乌克兰人住在寇松线东侧，波兰人在西侧。罗斯福和丘吉尔都必须接受新的边界，即利沃夫仍处于乌克兰（实际上是苏联）的控制之下。[12]

在波兰政府的问题上，斯大林同样不怎么配合，他在波兰政府里安排了自己人。对于波兰未来的选举问题，他承诺安排选举，但决心施以控制。当迫在眉睫的波兰选举问题摆上台面时，斯大林向丘吉尔保证英国和西方外交代表可以自由进入波兰，观察选举，但必须直接与波兰政府协商。此时，斯大林的代表们掌控着波兰政府的关键部门，取与不取，易如反掌。雅尔塔会议后，波尔塔瓦基地仍是美国人可以搜集波兰局势情报的为数不多的地方之一。[13]

在接下来的雅尔塔讨论议题当中，对波尔塔瓦飞行员至关重要的议题直至2月11日（会议最后一天）才有了解决方案，迪安将军当天签署了战俘交换协议。此事运作已久，迪安有理由为此庆祝。1944年6月，迪安首次向苏联红军总参谋部提出美国战俘的问题，此时距离首批美国飞机在波尔塔瓦地区着陆仅过去几天，也是苏联"巴格拉季昂行动"的准备期。美军指挥官期盼苏军的进攻能将德国控制地区的同盟国战俘解放出来，希望苏联能配合美军将战俘尽快送回美国。当时，苏联人对此毫无兴趣。现在，他们终于准备满足美国人的请求并签署正式协议了。

11月25日，距离战俘问题提出近五个月后，莫洛托夫在递交给美国驻苏联大使馆的一封信里列举了协议的基本原则。莫洛托夫"原则上"同意美国的请求，允许美国代表自由接触已被释放的美

第十五章 雅尔塔

军战俘。他还提出了关于苏联战俘、德国国防军征用的前苏联公民,以及英美在西欧抓获的德国后备军问题。莫洛托夫希望把这些人放在独立的营地里,再将他们送回苏联。迪安没有异议,同意这份协议。根据规定,美国人将把美军占领地区的所有苏联公民送回苏联。作为交换,苏联同意美国从苏联红军控制地区撤回美国公民。[14]

迪安在雅尔塔会议的最后一天签署了这份自己全力促成的协议。或许只在这一天,他对协议是感到满意的。因为后来,协议给美苏关系带来了更多问题。他回忆道:"协议很好,但对苏联人而言,不过是一张纸。"协议未能解决美苏间深层的政治和军事文化差异。对美国军人来说,没有什么比营救本国战俘更重要的责任了,但斯大林却把战俘视为逃兵和叛国者。对斯大林而言,他们是应该接受最严厉处罚的罪犯。那些被捕时穿着德国军服的前苏联公民十分清楚这点,他们以曾效力于德国国防军为由而称自己为德国公民,以此拒绝回国。他们宁愿让美国人把自己当成德国人一样对待,也不愿被当成苏联人。有的人在被美军拘禁期间因不愿被遣返苏联而选择自杀。

像迪安这样的美国指挥官并不了解这些情况,也不愿去了解。美方首要考量的是美军战俘的福祉。如果苏联希望苏联公民回国,并以此作为协助美国战俘回家的条件,美国人是会同意的。苏联对于美国人待在波兰和其他东欧国家等苏联控制地区的事实是很介意的,而迪安低估了他们对此的偏执程度。迪安签署的这份协议并没有明确规定美国人可以立刻见到在前线附近被解救的美军战俘,而苏联人拒绝让美国代表靠近前线地区的任何地方。[15]

接下来的几个月被迪安称为"最黑暗的日子",他完全搞懂了在雅尔塔签署的协议中究竟有哪些陷阱和漏洞,也明白了美苏在对待战俘上的文化差异。波尔塔瓦基地的美军人员成了迪安推动协议落实的必不可少的帮手,因为他们是唯一一支可以进入东欧地区的美国小分队,而成千上万的美军战俘就滞留在那里。[16]

1945年2月8日,斯大林在招待罗斯福和丘吉尔的晚宴上说:"在一个同盟里,盟国之间不该互相欺骗。这想法或许有些幼稚吧?我为什么不去欺骗我的盟友?"他刚刚通过对英美代表团的住所实施的窃听,得到了关于他们谈话内容的汇报。斯大林继续说:"但是,我是一个率真的人,即使盟友是个傻瓜,我也认为最好不要欺骗他。"被斯大林暗讽的西方领导人们,正默不作声地听着译员的翻译。斯大林难以遏制口是心非的念头。"我们的同盟之所以这么牢固,或许就是因为我们彼此之间互不欺瞒。"他随后又想起了其他事情,"或者说,互相欺骗并不是那么容易的事。"他最后建议:"为牢不可破的三国同盟干杯。祝同盟强大而稳固,祝彼此坦诚以待。"[17]

美国阵营中有不少人认为,最后一句是斯大林最想说的话。会议在对未来的美好期待中结束了。美国人得到了他们想要的结果:苏联加入联合国并对日宣战,他们还发现斯大林在其他议题上也表现得异常友好,包括同意在苏控地区设立美军基地。当然,问题还是有的,尤其是在波兰问题上。可是想到斯大林在雅尔塔会议中展现出的善意,西方领导人们相信,这些问题同样能得到解决。哈里·霍普金斯在战后回忆时谈及了众人的感受:"我们发自内心地相信,我们祈祷多年、谈论多年的新生活迎来了黎明。"[18]

第十五章 雅尔塔

会议期间被临时调派至克里米亚的波尔塔瓦基地飞行员比美国代表团的其他人都更了解苏联人和他们的行事方式，因此对东道主苏联的印象远没有那么美好。费舍尔自然也不例外。会议召开前，这位汉普顿的副官就担忧可能发生新的世界大战，并担心持续向苏联妥协的美国政府如果不要求回报，"那么苏联人就会鄙视我们，我们也会厌弃他们"。尽管费舍尔很高兴有苏联同行的陪伴，但在萨基基地的这段时间也没能消除他的忧虑。他后来写道："大家玩得开心，有助于我们融洽相处。"盟军军官受到的高级军官待遇也有助于改善彼此间的关系。"食物很充足，"费舍尔回忆道，并且神情黯淡地承认，"在这片饥饿的土地上，会议提供的美味佳肴让我们像国王一样尽情吃喝，我们在饥荒年代享受了盛宴。"[19]

对于这段在克里米亚的自由时光，并不是所有波尔塔瓦基地飞行员的回忆都像费舍尔讲的那样美好。2月1日飞往萨基的威廉·卡鲁特记得，五天后苏联人组织了舞会，一些美军飞行员还邀请了当地的姑娘参加。当苏联军官靠近她们后，姑娘们就相继离开了大厅，她们对此做出的解释有时属实，有时也不尽然。一位姑娘说必须回家了，一位说要去工作了，还有一位说突然感到不舒服。很快，其余有机会和美国人交谈的当地人都走了，晚会也就此结束。对像卡鲁特这样从波尔塔瓦过来的人来说，情况再清楚不过了。秘密警察在萨基的所作所为，和在波尔塔瓦时没有什么不同。[20]

波尔塔瓦的飞行员们协助会议取得了预期的成功，但在波尔塔瓦的经历使他们对大同盟的前景不像罗斯福和丘吉尔那样乐观。他们清楚苏联人的言行之间有巨大的鸿沟。美国领导人很快就会重视波尔塔瓦老兵来之不易的经验判断。波尔塔瓦基地很快将成为观察

- 211 -

东欧苏控地区局势快速恶化的一扇窗口，对于这些被苏军解放后又被圈禁在临时营地的美军战俘来说，波尔塔瓦基地也是他们唯一的安全庇护所和最后的希望之地。

第十六章 战 俘

1945年3月4日,罗斯福批准将一封迄今为止措辞最为严厉的电报发给斯大林。双方上一次电报交流时间是2月23日——苏联红军节,电报内容谦恭客气,总统给斯大林送去了自己"最衷心的祝贺",苏联领导人的回复是:"总统先生,请您接受我对您友好祝福的诚挚谢意。"而3月的这封电报语气就完全不同了。"据我得知的可靠消息,我方在集合、援助和撤离美军战俘以及受困于苏联东部战线的美军飞行员等方面遭遇了重重困难。"电报开头还省略了通常的称呼语。[1]

罗斯福显然是生气了。苏联红军对被从德国集中营解救出来的数以万计的美军战俘置之不理,任由他们自生自灭,有人甚至一路搭顺风车跑去莫斯科看病和求助。与美方对雅尔塔协议的解读不同,苏联人没有把被解救出来的美军战俘所在的位置和人数告诉美方。迪安将军和他在莫斯科的助手提供了一个解决方案。他们希望将波尔塔瓦基地作为提供援助的补给站,以及提供医疗救助的集结地,美军战俘可以从基地出发,经德黑兰飞往美国。但苏联人并不同意将波尔塔瓦基地用于以上用途，就像六个月前他们不同意向华沙空投物资一样。[2]

罗斯福在华沙问题上表现得颇具外交手腕，但在美军战俘问题上可没那么克制。电报中写道："请颁布紧急指令，批准10架载有美国机组成员的美国飞机往返于波尔塔瓦和美军战俘与受困飞行员所在的波兰地区。我认为这一请求不仅从人道主义角度来说至关重要，也与美国民众的利益休戚相关，尤其关乎美军战俘和受困飞行员的福祉。"罗斯福之前收到了一些报告，提及美国军人在滞留苏联期间遭受了一些不公正待遇，这使得他不仅对这些人的命运感到担忧，也对大同盟的未来忧心不已。[3]

苏联对待美军战俘的态度导致了雅尔塔会议后的第一次美苏危机。苏联人不让美国人前往美军战俘在东欧的初始集结地，如此一来，不仅加剧了东欧未来的紧张局势，同时暴露了盟国之间深刻的文化差异。美国人一向视战俘为英雄，认为值得动用一切可能的援助手段去救助他们，送他们回国。而在苏联，人们把被敌人俘虏的战士视为叛徒。他们认为允许被解救的美军战俘自由行动已是对海外盟友相当礼貌的做法了，照顾被解救的美国军人并不是他们的义务。因此，美国人眼中苏联盟友简单粗暴的做法，在苏联人看来已经很人道了。波尔塔瓦的飞行员将再次发现，他们身处冲突的漩涡之中。

迪安在雅尔塔签署协议的第二天，身在莫斯科的美国军官最先发现关于战俘处置的协议内容出现了问题。

2月12日，波兰亲苏政府的代表告知美国驻莫斯科使团，波

第十六章 战 俘

兰境内有近千名美军战俘无人照管。这个消息最初源自两名美军战俘，他们设法说服当地的一位波兰官员将他们的困境转告给莫斯科。迪安从克里米亚返回后不久，于2月14日得知此事。美国使团即刻采取行动，就在当天，迪安手下的空军副指挥官埃德蒙·伊尔少将指示位于波尔塔瓦的东线司令部做好准备，基地将迎来多达15 000名战俘，且每次以100人为一组。处理战俘事宜的联络官将从英国飞抵波尔塔瓦，食物和其他补给品则经德黑兰运至基地。在波尔塔瓦，医护人员正忙于为即将抵达的人员准备好医疗设备。[4]

2月16日，由詹姆斯·威尔梅思中校带队的三人战俘联络组抵达基地，另两名成员为从莫斯科赶来的一名医生和一名译员。他们准备前往波兰救助那里的美军战俘。万事俱备，只缺苏联对他们离开的许可。迪安于2月14日提出申请，但苏联外交人民委员会却始终保持沉默。2月17日，基地的苏军指挥官科瓦廖夫不允许任何联络组成员登机前往波兰东部地区。威尔梅思给迪安发去电报："今天早上，一架执行救援任务的飞机离开，我们仍留在此地。"

美军指挥官汉普顿试图说服科瓦廖夫至少允许联络组的医生前往波兰，但毫无结果。他随后建议不派医生而是派译员前去，再次遭到了拒绝。第二天，迪安告诉威尔梅思，苏联红军指挥官反对将波尔塔瓦作为战俘接收中心，建议以敖德萨为接收地。美军战俘可以从敖德萨乘船前往地中海，再与那里的美国人会合。与此同时，苏联人依旧拒绝给威尔梅思颁发飞往波兰的许可证。威尔梅思猜测苏联人是在拖延时间，来为处理战俘问题准备一些严苛的条款。[5]

苏联人第一次接触到美军战俘是在1月23日，当时罗科索夫斯基元帅率领的白俄罗斯第一方面军攻占了位于格但斯克与波兹南

- 215 -

之间的舒宾村附近的 64 号战俘营。这座战俘营关押了近 1500 名在北非和西欧被俘的美国军官。在苏军抵达前，德军已经转移了大部分犯人，只留下近 100 名生病或伤残的军官。随后又有几十名从西撤队伍中逃离的战俘回到了营地。占领战俘营的苏联红军战士并不太关注这些战俘和他们的需求，一名自称是前线联络官的苏联红军军官几天后才出现在舒宾村。苏军把美军战俘分成若干小组向东转移，远离前线，并要求他们等待被转运至莫斯科或敖德萨。[6]

无论是在雅尔塔协议签署前还是签署后，苏联人都没有告诉迪安及其使团有关美军战俘的情况。迪安最早了解到苏占区内有美军战俘是在 2 月 14 日，三天后他收到了关于舒宾村战俘境况的完整汇报。2 月 17 日，三名战俘叩响了美国使团的大门。欧内斯特·格林贝格上尉和他的两位战友于 1 月 21 日作为西迁战俘离开了舒宾村，三天后，他们逃离了大部队，并设法赶到了苏联在舒宾村以西为美国人设立的甄别营。由于苏联人没有说明运送战俘的计划，三名美军战俘随即离开甄别营，自行向东前进，以避开苏联在华沙郊外为美国人设立的遣返营。他们一路上遇到的其他美国人也有着各自的悲惨故事，这些战俘经历了种种艰难险阻。他们白天搭乘顺路的苏联卡车，晚上借宿在波兰农民家中，最终他们登上火车，抵达了莫斯科。

美国使团成员像迎接英雄一样迎接他们。格林贝格上尉告诉迪安，许多美国人需要医疗救助，成千上万的美军战俘滞留在波兰无人看管。虽然波兰农民尽最大努力帮助美国人，但苏联官兵并不在意他们。有时苏联士兵还会拿走美国人在战俘营里设法留下的腕表等随身物品。其他逃出来的人也遇到了类似情况。

第十六章 战 俘

2月21日，另有三名关押在舒宾战俘营的美国军官被从波兰返回的空中救援队员带到了波尔塔瓦。威尔梅思中校询问了这三人的情况。他总结了从战俘那里听到的见闻，再加上自己和苏联人打交道的经验，写下了这样一段话："苏联人对待被解救的美军俘虏的态度，和苏联人对待被解放的国家的态度是一样的。俘虏是苏联军队的战利品。"[7]

威尔梅思在波尔塔瓦感到越来越绝望。迪安从苏联红军那里得知，苏联外交人民委员会于2月18日批准了威尔梅思及其团队前往波兰东部的卢布林，但科瓦廖夫仍一直在拖延。于是，威尔梅思开始琢磨有没有机会乘火车前往卢布林（所有美国人在坐火车前往敖德萨之前会被先送到那里），或者直接去敖德萨。在波尔塔瓦，当地的苏联党政官员和居民承诺将协助他动身，但正如威尔梅思在给迪安写的信中所言，他担心这些承诺不过是"搪塞一番"罢了。2月24日晚上，就在威尔梅思把自己打算乘火车前往目的地的计划告诉迪安的当天，科瓦廖夫终于告知汉普顿，威尔梅思已被批准飞往卢布林了。2月27日，因天气原因耽误一天后，威尔梅思和他的小队启程了。另一队美国人也离开基地飞往了敖德萨，此时距离美军战俘的消息首次传至美国使团已经过去两周了。[8]

威尔梅思认为自己被耽搁了这么久，是因为苏联人在这其间给卢布林的美国人准备了严苛的条款。结果让威尔梅思大吃一惊。负责遣返营的苏联军官说，他没必要赶到这里，苏联遣返委员会总部已经在前一天从卢布林迁往华沙郊外的普拉加。威尔梅思告诉对方，他想见一见美军战俘，但得到的答复是他必须先得到许可，而这许可只有华沙方面才能颁发。威尔梅思宣称要去华沙时，苏联人又说，他必须先得到莫斯科的批准。

威尔梅思只好拿出迪安将军的一封信，上面写明他的任务是帮助美军战俘回国，直到此时此刻，他才能免于被来回踢皮球的命运。苏联人或许并不想在莫斯科这个层面上制造任何麻烦。他们将威尔梅思带到91位美军战俘和129位英军战俘居住的营地。其中有些人在来到卢布林以前一度被安置在卢布林郊外的德国马伊达内克集中营。近八万人曾在那里惨遭屠杀，其中四分之三是犹太人。苏联人尽力宣传纳粹的暴行，但最终还是把英美战俘也安置在无数大屠杀受难者等待生命终点的同一个集中营内。

威尔梅思发现这些战俘因遭受的待遇而愤愤不平。在威尔梅思抵达的三天前，他们被匆匆转移到了另一个地方。新的住所没有热水，没有室外厕所，马桶里污水横流，床铺也不够，不少人睡在地板上；此外，他们没有被褥和干净的衣服，只有一条毯子，不少人身上长满了虱子。他们每天只有两餐，食物是黑面包和稀粥。大一些的遣返营是这种情况，那么小遣返营的情况也就不难想象了。美军战俘尽可能不去这样的营地，而苏联人对此则没有太多感觉。苏联战士生活和战斗的条件与此没什么不同，现在他们还要考虑拿出稀缺的资源去安置和供养这些被解救的战俘。在他们看来，这些人应该因为向敌人投降而遭受惩罚，而不是让胜利的苏联红军像对待英雄那样向他们致敬，盛情招待他们。[9]

威尔梅思提交了前往位于克拉科夫、罗兹和华沙的美军遣返营的申请，但苏联人希望他返回波尔塔瓦，在那里静待答复。威尔梅思拒绝了。他向苏军高级指挥官弗拉索夫上校递交了一份雅尔塔协议，但对方拒不接受。考虑到事情已陷入僵局，威尔梅思便留在了

第十六章 战 俘

卢布林。3月1日,他告别了这些英美战俘。战俘们将先乘坐货运火车,再经水路前往敖德萨。据苏方的声明,已有2500多名战俘集结于敖德萨。从波尔塔瓦前往敖德萨的美军联络组发现,当地条件还可以接受。尽管达不到美国标准,但和卢布林的情况大不相同。他们听到最多的抱怨是关于前往敖德萨的旅途:货车车厢内没有厕所,火车永远在停着等候进站。[10]

早在1945年3月初罗斯福给斯大林发去那封措辞强硬的电报时,苏联人已经建立了一整套用船只将战俘运往敖德萨的基本制度,涉及集结点、营地和火车转运衔接等。因此,斯大林在收到罗斯福电报后的次日(即3月5日)就做出了答复,他保证与战俘有关的一切问题都是过去式了。

东欧是苏联的战利品和新的政治博弈场,斯大林的主要目的是说服罗斯福不要把美国军人派往那里。斯大林在电报中这样写道:"没有必要因战俘一事派遣美国飞机从波尔塔瓦飞往波兰。你大可以放心,对于迫降的美军机组人员,我们也会采取适当措施。"尽管苏联人尽可能地阻止或限制美国人在美军战俘抵达敖德萨之前与他们接触,但并未阻止美国空军去救助被击落的美军飞机的机组成员。[11]

苏联人对待波尔塔瓦基地的空中援助任务的态度,和对待战俘撤离问题的态度完全不同,其中原因众多。例如,空中援助任务数量有限,只需很少的资源就能管控此事;而在战俘问题上,美国军官长期驻扎在大量的战俘集结地,更有可能了解到当地的真实情况,这让苏联方面更难以向盟国掩盖这些地方的真实情况。其中还

- 219 -

有一些文化和政治因素。那些迫降的机组成员并未投降，理应拥有更好的待遇。他们可以吃到盘装菜，而战俘们则不得不从木桶中寻食。美国机组成员曾在基地证实，"他们从苏联红军军官那里得到了他们所能给予的最好的待遇"。[12]

尽管无法像迪安在雅尔塔会议最初构想的那样帮助战俘，波尔塔瓦基地的空军在执行空中援助任务时仍竭尽所能地伸出援手。1945年2月，基地的气象学家唐纳德·尼克尔森少校和军士长怀斯哈特以救援队员的身份前往利沃夫，在当地医院里找到了近百名美军战俘。从利沃夫战俘那里得知的情报使他们相信，在苏联人新近占领的地区内有更多负伤的、疲惫不堪的美军战俘正在艰难求生。尼克尔森和怀斯哈特无法救助所有人，但他们想把来自64号战俘营的三人带回基地。他们是威廉·科里、彼得·盖奇和希尔·墨菲中尉。苏联人不同意，并表示战俘都应被送往敖德萨。在怀斯哈特的一再坚持下，苏联人妥协了。三名中尉于2月21日下午被飞机接到了波尔塔瓦。

三名中尉向自己的"救星"讲述了一个令人不安的故事。三人中的一人在被迫西迁时逃脱，另外两人躲在舒宾的战俘营里没有西迁。后来苏联人把233名美国人（其中有83人是病号）迁往华沙附近的伦贝尔图夫镇，他们三人也在其中。此时战俘危机刚刚发生，苏联人还没有决定究竟该怎么处置这些美军战俘。他们在营地里待了六天，随后被告知可以自行前往东部地区，苏联红军军官可以帮助他们搭乘开往那里的卡车，但有128名受伤和生病的美国人仍留在伦贝尔图夫。其余的人在没有钱、没有食物，也不懂当地语言的情况下，开始了漫漫东行路。

第十六章 战　俘

情报官菲钦上尉被任命为波尔塔瓦基地的战俘联络官。他这样总结三位军官在苏联人那里的待遇："他们可以到处逛逛，还被告知到下一座城市时，就会有人照顾他们了。"三名中尉在苏联人的帮助下终于搭上了前往卢布林的顺风车，最后的路程靠骑马赶到了那里，并于2月15日抵达利沃夫，此时距离苏联接管64号战俘营已经过去了三周。奇怪的是，他们被一个身穿波兰军服的苏联军官带去问话。整场问询从下午3点一直持续到晚上11点，盖奇因为会讲俄语而同意充当翻译，直到他们拒绝再回答任何与自己的背景和训练相关的问题时，问询才正式结束。

三名美国人随后被安排住在利沃夫的乔治酒店，他们在那里和莫斯科电台的记者弗拉基米尔·别列亚耶夫成了朋友，他是调查德国罪行的苏联委员会成员。根据事后的报道，别列亚耶夫"个人担保那三人得到了白人般的待遇"。而其他战俘的情况，在菲钦和其他人看来，可能算是"黑人般的待遇"。别列亚耶夫还"提醒他们，城里的许多人仍然很亲德"。有人认为别列亚耶夫与苏联国家安全人民委员部关系密切，尽管真相并不清楚，但是，无论他是自愿和美国人交好，还是苏联国家安全人民委员部让他这么做，美国人都很感激他所给予的帮助。[13]

2月22日，就在尼克尔森和怀斯哈特把三名中尉带回来的第二天，另有三位战俘——一名上尉和两名中尉，经莫斯科抵达了波尔塔瓦，费舍尔听取了他们汇报的情况。2月28日，又有一名战俘经莫斯科抵达基地。3月6日，一名基地救援队成员将在波兰东部和乌克兰西部找到的11名英美战俘带回了基地。美方原计划是用飞机将他们送往德黑兰，但迄今为止，苏方仍然坚持所有战俘应前往敖德萨，并且禁止波尔塔瓦救援队将更多人带往基地。苏联人留下了英国人，但打算将美国人送往敖德萨。美军指挥官并不同意，并寻求迪安的指示。迪安则设法得到了用飞机将11名战俘送往德黑兰的特别许可证。[14]

美国中士理查德·比德尔和英国列兵罗纳德·古尔德也是在美苏危机最严重的时期抵达波尔塔瓦的幸运儿。他们是3月17日被救援队成员、基地作战部副官罗伯特·特林布尔上尉带回来的。特林布尔和懂俄语的约翰·马特勒斯中士在利沃夫火车站附近遇见了比德尔和古尔德。这两名战俘还有三个同伴，他们五人从卢布林收容营逃离不久后被苏联红军士兵抓住，并将被送到市指挥官那里。[15]

特林布尔将战俘们带到了乔治饭店，他们在那里吃了饭，洗了澡，还住进了整洁的房间。五名战俘中的两名英国军官向特林布尔转交了威尔梅思递交给迪安的文书，尽管苏联人想将威尔梅思送回波尔塔瓦基地，但他此刻仍留在卢布林。特林布尔将其中的两名战俘送上了前往莫斯科的火车，而马特勒斯却将比德尔、古尔德和另一人送到了利沃夫的遣返营，他们将从那里前往敖德萨。管理营地的苏联军官向马特勒斯保证，他已经准备好送走这些战俘，在战俘动身前，会给他们提供暖和的营房、洗浴设施、衣服，甚至还有一家理发店。马特勒斯将这三人交给了苏联人，并把自己在酒店的电话也留给了他们，以备不时之需。[16]

然而3天后，比德尔和古尔德回来了。马特勒斯所托付的那位苏联军官虽然安排他们去洗澡，但让战俘们足足等了3个小时。他们随后被带到另一幢楼里，在那儿和10名法国士兵及2名平民同

第十六章 战 俘

住一间房。在冰冷的房间里，他们没有毯子，不得不睡在木地板上。没有大衣的比德尔和古尔德冻得睡不着觉。第二天，他们收到了一些衣物。可是，一群苏联红军战士在晚上把他们摇醒，拿走了比德尔的两件羊毛衫，给了他一件苏联服装"作为交换"。第二天，苏联人又将16名平民塞进了原本已拥挤不堪的房间，其中有男有女。此时，整个房间共有24个男人、6个女人。他们拿到的食物有汤、茶水和一片黑面包。[17]

比德尔和古尔德难以忍受，便跑回乔治饭店去找特林布尔。让他们欣慰的是，特林布尔还在那里。惊讶于自己所听到的消息，特林布尔决定将两人带回波尔塔瓦，他和马特勒斯给他们在饭店里开了一个房间。很快，又有6名精疲力竭、急需帮助的战俘出现在饭店。在马特勒斯离开利沃夫的前一天晚上，他又给另外五名绝望的美国人安排了房间。次日，就在马特勒斯准备登上前往机场的卡车时，又有七位美国军官和几位战士赶到了饭店，他们全都是战俘。马特勒斯所能做的就是给他们买些啤酒和茶叶，并祝他们的敖德萨之行一路顺风。马特勒斯回到基地后帮助特林布尔起草了一份报告，敦促美军指挥官向利沃夫派驻一位美军代表，以便帮助赶来的战俘。他发现自己在城里遇到的那些战俘"处境糟糕——饥饿、肮脏，身上满是虱子，没有人接待、指引、照顾他们，甚至无人给他们一杯茶或是一片面包"。[18]

3月17日，特林布尔上尉带着比德尔和古尔德返回基地的当天，罗斯福又给斯大林发去一份电报："我曾提出请求：允许美国飞机将补给品运往波兰并带病人撤出。您在给我的上一封信中说，此番请求并无必要。而我据可靠消息得知，在波兰医院里有为数众多的美国伤病员，同时还有许多健康状况良好、已重获自由的美军战俘正在波兰等待前往敖德萨的中转营，还有很多零散的战俘小队没有与苏联当局取得联系。"[19]

最后一句话，几乎一字不差地引自3月12日哈里曼从莫斯科发给罗斯福的电报。哈里曼告诉罗斯福，在拖延了48小时之后，苏联依然没有批准迪安将军要求飞往波兰、调查战俘状况的申请。他们希望迪安向波兰政府提出申请。迪安却认为这个要求很可笑，因为卢布林政府完全听命于莫斯科。苏联指挥官还要求终止威尔梅思中校在卢布林的任务，不允许任何一架携带医疗物品或其他补给物资的飞机从波尔塔瓦基地飞往卢布林，理由是波兰已经没有美军战俘了。哈里曼写道："很明显，苏联人试图通过日复一日的错误信息拖住我们，以阻止我们派遣更多的联络官，直到他们把俘虏全部送出波兰。"[20]

哈里曼大使催促罗斯福再给斯大林发一份电报，为此他提供了草稿。罗斯福表示同意，并加上了几句话以示强调。总统写道："坦率地讲，我无法理解您为什么不同意美国军官用美国的方式帮助他们的同胞。我们的政府已经尽一切可能满足您的要求，现在，我请求您在此事上也能满足我们的要求。"他还补充道："请致电哈里曼，他会详细解释我们的具体需求。"[21]

斯大林并没有给哈里曼打电话。但是，他在3月22日给罗斯福回了一封电报，表示美国总统所了解到的消息有误。只有17名生病的美国人还留在波兰，其余人都已前往敖德萨，而剩下的这些病号也将乘飞机前往那里。鉴于上述情况，斯大林表示，滞留在苏

第十六章 战 俘

占区内的美军对红军指挥官来说是一个包袱,苏联指挥官既要忙于为他们安排会面,还要保护他们免受德国间谍的伤害。这样一来,指挥官们就无法全身心地投入主要任务,斯大林还写道:"为了前线和后方的态势安稳,红军指挥官甘冒生命危险。"他还继续说,苏联人为美军战俘提供的条件,比美国收容营中苏军战俘的条件更好,在那里,苏联战俘和德国人关在一起,"还经常被虐待,甚至被殴打"。[22]

哈里曼看到这份电报的副本后勃然大怒。他给罗斯福去信,表示关于美军战俘状况良好的描述"严重背离事实……直到战俘抵达敖德萨,他们所经历的种种困苦是不可原谅的"。几乎所有来到波尔塔瓦的美军战俘的经历都证实了哈里曼所言。哈里曼希望罗斯福能在新的电报中把这一切告诉斯大林,但罗斯福没有同意。他在给哈里曼的回信中写道:"让我现在再给斯大林去信并不合适。"但他还是让哈里曼利用现存的外交渠道确保美国人受到尽可能好的待遇。[23]

与此同时,苏联人催促仍滞留在波兰的美国代表动身离开。卢布林遣返营于3月17日关闭,苏联人希望威尔梅思能结束此行任务,尽快前往莫斯科。3月23日,即斯大林答复罗斯福的第二天,迪安命令威尔梅思离开。因为没有飞机能把他带回波尔塔瓦,苏联当局表示要安排他坐火车回去。他最终于3月28日乘飞机返回波尔塔瓦。他在莫斯科遇见了闷闷不乐的迪安,迪安认为威尔梅思没必要因拒绝离开卢布林而让美苏交恶。但威尔梅思并不认可他的看法。他在提交给迪安的报告中,列举了27起美苏摩擦的案例,也包括苏联人无端对他所持的敌意。这清楚地表明,苏联人从一开始就不希望在卢布林看到他。[24]

3月31日,苏联指挥官下令暂停所有即将离开波尔塔瓦的航班。此时,已有27位英美战俘到达了基地。比起将他们送往德黑兰或英国等安全区域内接受医疗救助,让他们提供在苏联滞留期间的相关见闻更为重要。卡鲁特中尉在东线司令部官方史中所表达的观点比较中肯,他认为该对营救美军战俘收效甚微一事负责的并不是基地的战友,不是他们不够努力,而是苏联人对战俘的态度存在问题。[25]

所有美国人都认为苏联人对待战俘的方式令人困惑,甚至连基地里那些曾经亲苏的美国人,也觉得自己对苏联仅存的那一点好感也在消退。

第十七章 破　裂

1945年3月31日下午，波尔塔瓦基地的苏军指挥官科瓦廖夫少将召开了一次紧急会议。等到手下中尉全部到场，科瓦廖夫和他们分享了自己刚从莫斯科得到的建议。红军空军副参谋长科罗连科中将向科瓦廖夫建议，考虑到美苏关系愈发紧张，基地有可能发生武装冲突，科瓦廖夫和他的部下应该为此做好准备："你明白，跟美国人有关的事情一直进行得不太顺利。"

基地的两位营长汇报了可调配的士兵人数后，科瓦廖夫命令他的参谋长针对可能发生的武装冲突制订好作战计划。根据该计划，在紧急情况下，其中一个营将包围并封锁美军营地，另一个营负责控制机场和弹药库。反间谍排负责占领美军总部并控制电台，防止美方向外发出任何有关基地局势的讯息。行动将以军号为令。到那时，恰好在波尔塔瓦市区的美国人将被拘禁。随着科瓦廖夫手下两位营长开始对美军基地展开侦察，针对可能发起的攻击行动的各项准备工作立即启动，平日并不携带武器的工程营士兵也配上了枪支。一名司号员很快被调配给执勤军官，一旦接到命令，他就会吹

被遗忘的倒霉蛋：苏联战场的美国空军与大同盟的瓦解

响军号。[1]

科瓦廖夫正在做最坏的打算，美军指挥官汉普顿亦是如此。汉普顿要保证东线司令部文件的安全，其中最敏感的文件被他放置于副官费舍尔办公室的铁柜内。平时不带任何武器的费舍尔也开始随身携带手枪。他从各部门抽调一批人连夜誊抄重要文件，这意味着要打印一千多页通信稿。若有机会，这些文件将被运往德黑兰，或在紧急情况下被销毁。[2]

尽管汉普顿清楚地知道美苏关系正急转直下，但没有迹象表明他已经知晓科瓦廖夫打算接管他的总部。苏方不再允许任何飞机进出波尔塔瓦。苏军总司令部下发的暂停美国飞机进出波尔塔瓦的第011050号命令，正是斯大林本人授意的。[3]

导致新危机的一系列事件始于1945年3月8日。当时，美国驻瑞士情报局负责人艾伦·杜勒斯在意大利北部会见了德国党卫军副指挥官卡尔·沃尔夫①，商讨驻意大利德军可能投降的事宜。当时的沃尔夫正在执行一项经希特勒批准的、旨在离间同盟国的任务，因为他尚未得到代表德军指挥官进行谈判的授权，此次会谈也收获甚微。然而，杜勒斯就此次会面向盟军驻意大利指挥官提交了报告，这么一来，众人对德军可能投降一事都抱有更高的期待。英

---

① 卡尔·沃尔夫（1900—1984）是党卫军系统内地位和权势仅次于希姆莱的第二号人物，首要纳粹战犯之一。二战后被盟军抓获，在纽伦堡国际军事法庭受审时，作为首要战犯被判处无期徒刑。1949年，驻德美军下令将他释放。1962年被指控为大规模屠杀犹太人的同谋，被德国法院于1964年判处15年徒刑，剥夺公民权10年。1971年获得假释。

第十七章 破 裂

美指挥官都派了代表前往意大利,上级要求哈里曼告知莫洛托夫即将到来的谈判。莫洛托夫也请求让苏联代表参加在瑞士举行的会谈。[4]

哈里曼虽将莫洛托夫的请求转达给华盛顿,但他本人对此持不赞成的态度。迪安也是如此。他们推断说,以苏联人的行事风格,是不会邀请盟国参加德军在东线的投降谈判的,因此西方盟友也没有必要让苏联人参加这样的谈判。美军参谋部同意他们的推断,便建议苏联派遣代表前往位于意大利中部的盟国总部所在地——卡塞尔塔,并表示真正的谈判将在那里举行,而在瑞士伯尔尼举行的谈判不过是前奏。莫洛托夫表示抗议,要求终止瑞士谈判。"伯尔尼事件"演变成同盟国间的又一次危机。[5]

斯大林谴责罗斯福和西方盟友背着他单方面与德国达成和平协议。他宣称,他已得知德军同意将西线战场向盟军敞开,如此一来,盟军可以长驱直入,直插"德国心脏",但同时德国将会在东线继续和苏联红军作战。尽管斯大林暗示这个消息来自军事情报,但他的说法并没有事实依据。最重要的是,这番话暴露了斯大林对西方盟友的恐惧,以及对英美德之间可能达成协议来阻止苏联继续向欧洲纵深推进的担忧。在罗斯福的回复中,开篇和结尾都有"震惊"一词。在3月29日发给罗斯福的电报中,斯大林再次表示,美方的立场"激怒了苏联指挥部,埋下了互不信任的种子"。在3月31日的回电中,罗斯福提到了"一种令人惋惜的恐惧与不信任的氛围"。在当日发出的另一份电报中,罗斯福写道:"我不想向你隐瞒,自我们在雅尔塔举行富有成果的会谈后,最近涉及双方利益的事态的发展令人担忧。"[6]

- 229 -

大同盟明显陷入了困境，没有人比身在莫斯科的迪安更清楚这点，苏联人就美国空军在他们国土上做出的一系列行为提出了连珠炮似的抗议。就在科瓦廖夫停止给美军颁发进出波尔塔瓦的飞行许可证的两天后，也就是科瓦廖夫召开紧急会议并制订对美军基地作战计划的前一天，即3月30日，苏军总参谋长安东诺夫转给迪安一封信，信中满是对美军在苏联领土上的所作所为的谴责。安东诺夫措辞严厉地提及，美军曾三次拒绝服从苏联方面的命令并引起摩擦。

3月11日，负责战俘事宜的威尔梅思中校拒绝服从苏方命令，没有离开卢布林，他设法在那里一直待到了月底。这是第一起风波。

第二起风波与上尉唐纳德·布里奇有关，3月22日他驾驶飞机降落在波兰梅莱茨附近的苏联空军基地，加油后继续起飞，但这么做并未得到苏联的许可。一位名叫梅拉梅多夫的苏联上尉因此事而自杀，因为其上级和"施密尔舒"官员可能要对他问责。[7]

第三起事件尤其让安东诺夫将军感到不满。此事涉及一位"空中堡垒"飞行员迈伦·金中尉。1945年2月初，金的飞机被德军高射炮击中，但他成功地降落在波兰附近的一座苏军基地。苏联人帮他修好了飞机，并同意他飞回英国。然而，当飞机在波兰东北部什丘琴附近的一个苏军基地加油时，苏联人发现金和机上其他人员试图将一名身穿英国军服的波兰人带走。金说此人是"侧翼机枪手"，但一位苏联红军少校揭穿了他的谎言，冲着金大喊，并威胁说要向他开枪。金把自己的腕表递给了少校，试图向他行贿，但少校拒不放行。金和机上其他成员被苏联人拘押了近七周。直到3月18日，苏联人批准金前往基辅后，他们才重获自由，但金却开着飞机一路飞到了波尔塔瓦。[8]

第十七章 破 裂

汉普顿上校亲自调查了此事，并于3月29日将调查结果反馈给迪安。就在报告提交的第二天，安东诺夫的信也递到了迪安那里，事情有了出乎意料的反转。安东诺夫指责金将"一位从英国来到波兰的恐怖分子"带上了飞机。据安东诺夫所言，这名间谍曾参与波兰"家乡军"的反苏活动，后被在伦敦的波兰流亡政府派往波兰，金却试图将他带回英国。安东诺夫写道："以上所述事实粗暴地践踏了基于美苏友好关系之上的基本权利。"安东诺夫不仅要求迪安防止此类事件再次发生，还让他向苏联通报美方对信中提及的违规人员所采取的措施。[9]

麻烦事还没完。第二天，也就是3月31日，迪安收到了来自苏联红军总参谋部首席联络官斯莱文中将的一封信。其中提到了发生在匈牙利的一起事件，一架B-24轰炸机在苏联控制的机场迫降，随后带着一位名叫莫里斯·沙得罗夫的37岁的苏联红军上尉飞往意大利，沙得罗夫是俄亥俄州人，出身于一个俄国移民家庭，于俄国1905年革命爆发后来到美国。1925年，他回到了苏联，并一直生活在此。1944年春，他驻守在波尔塔瓦，但他与美国人的接触引起了"施密尔舒"官员的注意。1944年4月23日夜，就在美国飞行员抵达波尔塔瓦的几周后，沙得罗夫在企图前往美军基地的途中被苏军拘留了。几天后，他请求上级举办一次晚会，他想邀请美国朋友前来参加。当时基地的"施密尔舒"指挥官斯维什尼科夫中校得知此事后，下令将沙得罗夫逐出基地。[10]

1945年3月，沙得罗夫再次遇见了美军飞行员，不过这次是在匈牙利。他把自己的经历告诉了查尔斯·罗利中尉，并对他说自己想要回到出生之地美国。罗利让沙得罗夫跟苏联工程师一起帮忙维修美国飞机，然后把他伪装成飞行测试员带上了飞机。罗利飞到了意大利并在巴里着陆。沙得罗夫随后向美军请求庇护，但美军指挥官拘留了他并对他进行审问。美国军人在没有得到苏联机场飞行许可的情况下擅自起飞，还带走了一位苏联军官，这让苏联指挥官甚是恼火。斯莱文谴责相关的美方机组成员，称苏联人帮他们修理罗利的飞机，美国人却辜负了苏联人对他们的一番信任。他要求遣返沙得罗夫，并严惩罗利及其机组人员。[11]

安东诺夫与斯莱文对迪安一通炮轰，谴责美国人辜负了苏联作为盟国对他们的信任，同时他们还命令波尔塔瓦的科瓦廖夫将军禁止一切美军飞机进出基地。3月28日，科瓦廖夫下发了美国飞机停飞的禁令。此时，22个美国技术员正在乌克兰西部和波兰东部的不同地点维修飞机。他们因此无法返回基地，基地指挥官也无法给他们提供食物补给和维修所需的零部件。三架修好的飞机只能停在原地，因为没有飞行员能将它们飞回波尔塔瓦。进出波兰的飞机，以及波尔塔瓦至莫斯科、波尔塔瓦至德黑兰的航线统统停飞了。三位基地的美国护士此刻正在莫斯科，她们同样无法返回。因停飞造成的更加令人不安的结果是：六名急需前往德黑兰做手术的伤员被迫滞留在基地。[12]

科瓦廖夫的命令彻底震惊了美国人。因为他除了说这是莫斯科的命令之外，没有给出任何理由，这让基地的美国人不知如何是好。苏联反间谍人员在美国人和苏联人打交道的过程中，发现了美国人对苏联人的种种不满的迹象。他们拒绝向苏联人提供对方想知道的信息，不是回答工作日已经结束，就是反问苏联人这么问的理由是

第十七章 破 裂

什么。他们抱怨滞留在基地的人员没有得到足够的食物，还质问苏联人为什么不让他们的伤员撤离基地，同时要求苏方同意三位护士返回基地。尽管苏联人不断将筹备伙食的后勤人员从莫斯科调往波尔塔瓦，但他们仍不允许美国护士返回。[13]

对于苏联方面行为的骤然改变，美国飞行员表示无法理解。富兰克林·霍尔兹曼告诉"施密尔舒"线人："我不明白为什么因为个人纠纷就让航班停飞。我们双方已兵临柏林城下，根本没时间去争执，我们需要飞机为军事行动保驾护航。"曾参与英美战俘协助事宜的军士长马特勒斯认为，美国飞机之所以会停飞，是因为驻莫斯科的美国军事使团与苏联当局的关系日益紧张。查夫中士则告诉"施密尔舒"线人，美国驻莫斯科使团将责任归咎于基地的美军指挥官。

基地人员也反过来指责莫斯科。已晋升为上尉的乔治·费舍尔在报告中写道，波尔塔瓦基地的美国人对苏联人和美军驻莫斯科的长官都不满意。他们认为美国驻莫斯科使团"为苏联人做了太多让步"，才导致了苏联人的这种行为。费舍尔后来写道："在苏联颁布禁飞令的这段痛苦、沮丧和困顿的时间里，我很难描述弥漫在基地的真实情绪。从漠然到绝望，从反感到怀有短暂的期望，再到努力忘记来自苏联和总部高层的愤怒指责，如此循环往复。"[14]

"总部高层"此时正竭力缓和导致美军飞机停飞的冲突。3月31日，也就是迪安收到安东诺夫抗议信的第二天、斯莱文写信给迪安抱怨美国飞行员企图将波兰人和苏联军官带出东欧的当天，迪安在莫斯科的副手、美国空军指挥官埃德蒙·伊尔给波尔塔瓦的汉普顿去了封信。伊尔告诉汉普顿，美苏关系因美方人员未能满足苏

- 233 -

方要求、未能遵守苏方规章而格外紧张。他要求汉普顿叮嘱好自己的手下："为了缓和现今的紧张关系，我们要防止发生摩擦和争执，要举止有度，不要诽谤他人。"[15]

被夹在谨慎的上级和好斗的部下之间，汉普顿变得越发恼怒，他不打算再隐藏自己对苏联政府的看法。佐里纳少校从充当"施密尔舒"线人的译员那里，得知了不少汉普顿对苏联的想法。代号为"科兹洛夫"的伊凡·斯沃罗博夫中尉4月1日向佐里纳转述了汉普顿对另一位译员嘉琳娜·沙贝尔尼克所说的话："你们的自由只是嘴上说说，而事实上则被内务人民委员部所统治。你们的国民受到了恐吓，你们被禁止和外国人交往。"

沙贝尔尼克的代号为"莫斯克维克卡"，作为费舍尔曾经的同学，她补充了更多细节。汉普顿曾告诉她："你们的人民生活很糟。你们的报纸经常报道美国的失业者，可他们的生活水平比苏联有工作的人都高。"汉普顿有时还涉嫌"施密尔舒"口中的反苏宣传。他向沙贝尔尼克提供英文书刊，其中包含1937年叛逃至法国的苏联前外交官兼情报官亚历山大·巴尔明——佐里纳口中的"祖国的叛徒"——写的一篇文章。[16]

不只是秘密警察注意到了汉普顿对基地苏联同僚的不满日益增长，在递呈给美国空军指挥官和美国驻莫斯科军事使团的大量报告中，汉普顿也毫不掩饰自己对苏联的敌意。费舍尔在回忆录中这样讲述自己的长官："我们都患上了反苏狂热症，我们要进行神圣的改革运动。我们能做的就是推动我们的上级——美国空军驻巴黎总部和美国驻莫斯科军事使团做出改变。我们用大量的信息轰炸他们，发去了一封又一封的加密电报。我们详细解释了波尔塔瓦危机，讲

第十七章 破 裂

述了苏联人的不当行为和失信行为。我们不断催促他们采取行动：我们主张更加关注盟友和敌人，采取更加强硬的姿态。但高层并未回应。不过没关系，这反而激励了我们，要大声疾呼，勇猛前进。"[17]

与此同时，苏联当局认为事态的发展有些过火，是时候缓和双方的紧张关系了。斯大林希望大同盟至少能维持到战争结束。4月5日，他下令莫洛托夫宣布1941年4月签署的《苏日中立条约》无效。这向美方释放了一个清晰信号，表明苏联人很看重雅尔塔协议中苏方对日宣战的内容，并为在太平洋战区与华盛顿结盟奠定外交基础。在4月7日的一则讯息中，斯大林向罗斯福保证，他从未怀疑过罗斯福的"诚实与可信"。这位领导人相信自己的所作所为已经足够了，他也从罗斯福那里得到了他想要的保证：美国不会单独在西线谋求和平。[18]

同时，平息波尔塔瓦事态的措施也在进行。一个高级委员会于4月初从莫斯科来到基地，旨在调查科瓦廖夫将军为可能发生的武装接管东线司令部所做的准备。在科瓦廖夫下令做好攻占美军总部作战计划的两天后，也就是4月2日，负责在紧急情况下占领美军总部的佐里纳少校向驻莫斯科的"施密尔舒"指挥官递交了一份报告。他在报告中表达了对科瓦廖夫的计划可能引起美苏公开冲突的担忧。"施密尔舒"长官对此十分重视，这份报告当日便转呈给斯大林。斯大林做出如下批示："请让科瓦廖夫同志保持镇静，严禁他采取任何未经授权的行动。"4月3日，苏联空军副参谋长费多罗夫中将和"施密尔舒"高级官员别洛夫中校飞抵波尔塔瓦，调查此事。

调查证明，佐里纳所述情况皆属实。科瓦廖夫确实下令拟定好进攻计划。看上去，科瓦廖夫只是过于尽责罢了，但"施密尔舒"已经做好了最坏的假设。科瓦廖夫会是潜伏在内部的敌人吗？他是在企图挑起盟国冲突，然后使德国人受益吗？"施密尔舒"官员深挖档案，搜寻一切可能与科瓦廖夫相关的信息。佐里纳很快发现，1938年，在"大清洗"的高潮时期，作为一名出生于波尔塔瓦地区的乌克兰人，他曾因涉嫌加入乌克兰民族主义组织而被调查。该组织主要在乌克兰东部哈尔科夫市的苏联红军军校的学员中展开活动，科瓦廖夫曾在那里担任教官。两位接受调查的军官证实，1928—1937年，科瓦廖夫曾暗中监视苏联红军军官、侦察军事设施。他还被指控向军校学生灌输乌克兰民族主义思想。科瓦廖夫则辩称自己完全是无辜的。他很幸运，调查的关键人物——军校长官奥纽福瑞·纳胡利亚克拒绝把科瓦廖夫牵涉其中，而他自己因从事阴谋活动被枪决。另一名对科瓦廖夫做出不利指控的军官随后撤销了证词。科瓦廖夫全身而退。[19]

另一则可能伤及科瓦廖夫颜面的信息，是关于他在情人节参加美军基地舞会的报告。"施密尔舒"官员认为这场有损苏联红军军官荣誉的舞会是在2月14日举行的，但科瓦廖夫在报告中说他是3月1日参加舞会的。"施密尔舒"关于科瓦廖夫报告的备忘录写于3月27日，此时距离科瓦廖夫制订对美作战计划只有几天时间。"施密尔舒"官员发现，前一天科瓦廖夫还对美国人如此理解包容，第二天就迫不及待地要与之战斗。显然，在科瓦廖夫的上级看来，这两种态度相互抵消，都不足以构成犯罪。莫斯科的最高委员会训斥科瓦廖夫过度狂热，但仍授予他基地的军事指挥权。他的政治忠

第十七章 破 裂

诚并未受到质疑。不过,科瓦廖夫还是得到了如下指令:一定要避免和美国人发生公开冲突。

在美国驻莫斯科军事使团内,迪安及其助手伊尔将军也在寻找平息波尔塔瓦事态的方法。他们决定更换基地指挥官。苏联人尽管训斥了科瓦廖夫,但还是保留了他的职位。而美国人决定,即使不能光荣地把汉普顿送走,也要让他和平地离开。

4月7日,此时还是禁止美军飞机进出基地的禁令生效期间,伊尔告知汉普顿,他将从波尔塔瓦调往现驻巴黎的美国空军总部。他将在"不受成见"的情况下被解职,对基地二把手马文·亚历山大中校的安排也一样。4月10日,伊尔签署了两位军官的委任令。基地人员认为,迪安把汉普顿送走不仅是为了缓和美苏的紧张关系,也是对他引起危机从而造成航班停飞的斥责。尽管安东诺夫与斯莱文在3月底的来信中并未列明基地军官的违纪问题,但航班的停飞使基地指挥官成为美军高层发泄怒火的靶子。基地指挥官的调离向苏联人释放了信号:美国人正在倾听他们的话,并准备纠正过错。[20]

4月11日,美国人通知科瓦廖夫将军,汉普顿即将离开。然而,由于航班停飞,汉普顿在基地又多待了几天,等待离开苏联的机会。新任长官很快接管了他的职责,此人正是汉普顿的前作战部长官、费舍尔的密友——迈克尔·科瓦尔少校。4月12日,汉普顿收到了来自伊尔的新调令。科瓦尔在新职位上只待了不到一天的时间,原因是斯莱文将军反对任命科瓦尔。斯莱文将军解释说:"科瓦尔本人对苏联空军军官并不友好,还时常怀有敌意,这是双方关系僵化的导火索之一。"科瓦尔虽然能说一口流利的俄语,但诚如我们所见,他卷入了多起对苏冲突,多次被"施密尔舒"官员列在有间谍嫌疑的美军军官名单上。斯莱文要求解除对科瓦尔的任命，迪安和伊尔很快做出了妥协。伊尔将科瓦尔也调去了巴黎空军总部，并致电汉普顿，让他离开时捎上科瓦尔。指挥权就这样交到了来到基地不到两个月、帮助送回利沃夫战俘的特林布尔上尉的手中。[21]

美国驻莫斯科的军事外交官正竭尽全力安抚苏联人，以熬过此次危机。撤换基地指挥官只是计划的一部分，找出有违规行为的美军军官是计划的另一部分。试图私自将波兰公民带往英国的迈伦·金中尉以及把苏联少校莫里斯·沙得罗夫从匈牙利带往意大利的唐纳德·布里奇上尉，将接受军事法庭对他们的审判。

伊尔给科瓦尔安排了新的职务，在任命特林布尔为新任指挥官的当天，即4月12日，一架B-24轰炸机在波尔塔瓦机场着陆。这是自3月底禁飞令颁布后少数能在基地着陆的几架飞机之一。这架飞机将前往莫斯科执行一项绝密任务。在中转停留时，苏联军官带枪守卫，除了给飞机加油的维护人员之外，不允许任何美国人靠近飞机。飞机内，美国宪兵负责将沙得罗夫从意大利押往莫斯科，这似乎是通向死亡的旅程。甚至特林布尔也不知道这架飞机的飞行目的地和机上人员，直到他拒绝放行这架飞机后才获悉了真相。特林布尔随后不情愿地批准了飞行请求。这是上级下达的命令，他也无能为力。

就在同一天，特林布尔迎来了载有迪安和伊尔的飞机，他们正从莫斯科飞往美国，将与那里的美军指挥官会面。伊尔把特林布尔拉到一旁，告诉他要在自己的职权范围内尽一切努力与苏联人合作，这也意味着沙得罗夫将成为牺牲品。[22]

4月12日，迪安和伊尔正飞往美国，此时身在美国的罗斯福

第十七章 破 裂

总统当天做的第一件事就是与白宫行程官员杜威·隆商量飞往旧金山的最佳路线。联合国计划于4月底在旧金山召开成立大会。因雅尔塔之行的疲累，罗斯福正在佐治亚州进行温泉疗养。他想参加此次大会的原因有二，一是可以享受他最伟大的外交成就的荣耀，二是可以确保诸事顺利进行。

美苏关系处于艰难关口，雅尔塔会议达成的协议似乎也岌岌可危。美军战俘危机和伯尔尼事件促使斯大林做出决定，不派莫洛托夫参会，苏联在联合国成立大会上的代表层级因此有所降低，而联合国的成立是罗斯福在雅尔塔会议上提出的首要议程。苏联人还是来了，这是必须的。

上午10点50分，罗斯福正在处理文件，他的参谋长威廉·莱希上将从华盛顿发了一份电报至温泉疗养院，内容是发给身在莫斯科的哈里曼的一份简讯草稿。就在前一天，莱希将总统给斯大林的信转给了哈里曼，并让他转交给克里姆林宫。罗斯福希望能借此平息围绕伯尔尼事件的各种争议。简讯内容如下："在任何情况下，我们都不应该互不信任，将来不应再发生此类小误解。"哈里曼推迟转交简讯，他建议把描述伯尔尼事件中"小误解"的"小"字删去。但这不是罗斯福想要的，比任何人都更了解罗斯福的莱希替他起草了回复："我不想删除'小'字，因为我希望将有关伯尔尼的误解视为一件小事。"罗斯福想要避免任何可能威胁美苏合作的状况发生。

下午1点06分，罗斯福批准了回复哈里曼的电报措辞。9分钟后，他对身旁的人说："我的后脑勺疼得厉害。"他很快失去了意识。4月12日下午3点30分，罗斯福逝世。此刻是佐治亚州的下午，莫斯科和波尔塔瓦的晚上。[23]

第十八章　最后的阅兵

1945年4月13日凌晨,罗斯福病逝的消息传到了位于莫斯科的美国驻苏联大使馆。大使馆的当值官员通过公共广播接收到这一消息,随即致电哈里曼的住处。此时是凌晨1点,但哈里曼家还无人入睡,一场欢送晚会正进入高潮,这是为约翰·梅尔比举办的晚会。约翰·梅尔比是一位外交官,即将回国参加在旧金山召开的联合国成立大会。[1]

凯西·哈里曼接了电话,听到对方的汇报后,她将消息转告给自己的父亲。两人走到梅尔比身边,把此事告诉了他。其余客人都被打发走了,哈里曼也没有就晚会的突然结束做出任何解释。众人散去后,哈里曼父女、梅尔比和另外几位重要人士聚在大使的办公室商讨局势。他们决定立刻将罗斯福病逝的消息告知莫洛托夫。长期受失眠困扰的斯大林经常工作到次日凌晨,他要求自己的下属也和他一样。当哈里曼打电话告诉莫洛托夫这一突发事件时,他确实还在办公室。莫洛托夫坚持要立刻赶到大使馆表达哀悼之意。[2]

斯大林似乎也很难过,这是4月13日晚上哈里曼拜访克里姆林宫时的印象。斯大林对他说："罗斯福总统逝世了，但他的事业必须继续下去。"应哈里曼的要求，斯大林决定收回自己早前的决定，改派莫洛托夫率领苏联代表团参加联合国成立开幕式（他原本打算派苏联驻美大使安德烈·葛罗米柯前往），这也是罗斯福的期望。如今，听到罗斯福去世的消息，斯大林决定实现罗斯福的愿望。他或许还希望莫洛托夫去了解一下未经考验的罗斯福接班人——美国前副总统、现任总统哈里·杜鲁门。[3]

尽快与杜鲁门接触也是哈里曼的首要议程。就在罗斯福去世前的几周，哈里曼一直打算飞往华盛顿见他，劝说他在对苏和对斯大林的问题上采取更强硬的立场。现在，哈里曼决定加快行程，尽快飞往华盛顿，在新一届政府确定对苏政策方面为杜鲁门总统贡献自己的力量。在出发前，哈里曼于4月15日再次拜访了斯大林，美国驻华大使帕特里克·赫尔利陪同他参与了此次拜会。当时，赫尔利已经离开了华盛顿，正准备前往中国重庆。

这不是一次友好的会面。当着赫尔利的面，哈里曼就苏控东欧地区近期局势的发展与斯大林起了争执。这次会面的主要议题是波兰政府的组建，然而最激烈的分歧是美国空军的问题。斯大林指责美军飞行员支持波兰地下组织和苏联红军作对，并举出美军中尉迈伦·金试图将一名波兰地下特工偷偷带出波兰的例子。哈里曼感到不高兴，他告诉斯大林，做出这样的指控无异于质疑乔治·马歇尔将军的忠诚。斯大林回答说，他只是在质疑一名下级军官的判断，还补充说美国人缺乏纪律。哈里曼则宁可将此称为"一名战士的愚蠢行为，他或许有几分勇敢，但很愚笨"。两人间的谈话变得愈发激烈，愈发不符合外交惯例，这让赫尔利颇为吃惊。他并不知道

- 241 -

美国飞行员的问题在外交官与苏联人的日常交往中已经变得这么重要。

4月17日，哈里曼动身前往华盛顿，此刻他的内心满是挫败感，这种挫败感来自他本人和他的美国伙伴，以及刚接到撤离命令的基地军官在过去几个月与苏联人相处的经历。哈里曼还决定要把他们眼中的苏联政治和苏联人的行事方式告知华盛顿。他向杜鲁门和美国政府其他领导人递交的情况简报，在美国新政府对苏联的态度转变中发挥了至关重要的作用。[4]

4月13日清晨，罗斯福总统离世的消息通过英国和德国广播传到了波尔塔瓦基地。对原本士气就很低迷的美军将士来说，这又是一个新的打击。基地的飞机已停飞两周多了，那里的人无所事事。被击落的美军飞机上的机组人员来到基地，却又滞留在此，他们觉得自己要么是被忘记了，要么是被抛弃。汉普顿上校、亚历山大中校和科瓦尔少校已被免职，却因停飞而无法离开，他们的滞留使美军中普遍存在的沮丧感愈加浓厚。人人都对苏联人的所作所为感到愤愤不平。有人甚至觉得，如果数月前斯大林没有让他们的总统前往雅尔塔进行这场危险又劳累的旅行的话，总统说不定还活着呢。[5]

科瓦廖夫从莫斯科方面得到美国总统逝世的消息后，再次将部下召集到一起。他命令他们列队向美国军营前进，以此彰显苏军的团结。科瓦廖夫用这种出乎意料的方式来表达同情，着实让美国人感到惊讶。苏联红军队列的到来使美国军人不再对此无动于衷。次日，他们也举行了阅兵。他们列队行进，走在前排的护旗手高举美国国旗,这是基地第一次以这种方式展示国旗。之前,为了不和苏联人产生隔阂,美国人放弃了以醒目的方式展示国旗的举动。而如今已没有什么可顾忌的了,美国人已不再羞于展示他们的标志。[6]

当天,美国军官集合起来纪念他们的总统时,一律身着A级制服,这是富兰克林·霍尔兹曼在波尔塔瓦第一次看到他的长官们这身打扮。新任指挥官罗伯特·特林布尔在仪式上发言。他朗声宣读:"今天,东线司令部失去了一位伟大的领导,美国失去了一位伟大的领袖。""伟大的领导"指的是汉普顿上校,此时上校就坐在前排,身边是参加仪式的苏联代表团领队科瓦廖夫。霍尔兹曼回忆说,特林布尔在发言里先提到了汉普顿,后来才是罗斯福,这引得台下观众一阵惊诧。作为一名大学生,霍尔兹曼认为特林布尔没什么文化,是个想法简单的老好人,在基地面临困境时,特林布尔不得不填补基地指挥官职位的空缺,但却难以胜任。[7]

4月15日,特林布尔以基地指挥官的新身份拜访了科瓦廖夫,并告诉对方,他接到上级的指令,要尽一切所能改善与苏联的关系。科瓦廖夫解释说,基地双方关系变得紧张是因为被击落飞机上的机组成员滞留此地无法回家。数小时后,科瓦廖夫下令允许滞留人员飞往德黑兰。停飞带来的问题依然存在,不过对基地的封锁实际上已经结束了。科瓦廖夫,或者更确切地说,科瓦廖夫背后的莫斯科高层领导们希望借罗斯福离世的机会,表明苏联人无论在华盛顿还是在波尔塔瓦,都愿意和新的领导层展开合作。他们对基地的美国军官只有一个问题——"杜鲁门总统是谁?"美国人自己也不清楚该怎么回答。[8]

禁飞令的部分解除提振了基地美军飞行员的士气,然而,几乎没有人对美苏合作的前景感到乐观。在巴黎的美国战略空军指挥官们也持这种态度，他们认为没有什么理由继续保留波尔塔瓦基地。到了3月底，美军在太平洋地区的攻势，使美国有可能在离日本本土较近的岛屿上修建军事基地。由于政治矛盾以及漫长补给线带来的后勤问题，美军对苏联军事基地的需求正不断减弱。苏联迟迟不在布达佩斯地区开辟新的基地，给美军使用东欧地区基地的总体前景蒙上了一层阴影，美军在西线的快速推进也使得这一需求变得无关紧要。美国人现在可以利用在西欧和中欧最新占领的机场来支援轰炸计划的实施。

随着在远东和布达佩斯地区建立军事基地的计划在4月中旬被取消，美国战略空军决定关闭波尔塔瓦基地。4月13日，这个提议交到了乔治·马歇尔手上，就在这一天，特林布尔开始全权负责基地事宜并主持了罗斯福的悼念仪式。4月19日，马歇尔批准了关闭基地的提议。4月27日，苏联正式解除了所有航班进出基地的禁令。此时，苏联人明白，他们一直期盼的事实现了——美国人要走了。[9]

美苏战时关系即将翻过旧的一页，但美方的怨恨将会持续下去。4月20日，在华盛顿，哈里曼报告杜鲁门，苏联人正在发动"一场对欧洲的野蛮入侵"，并且他们误将美国人的大度视为软弱。杜鲁门也很乐于接受这个看法。

4月23日，哈里曼在和杜鲁门及其顾问会谈时，又得到一个完善自己想法的机会。此时在总统办公室的还有迪安将军。这场会谈最后演变成了一场头脑风暴，为的是在杜鲁门与莫洛托夫会谈的前夜给他提供建议。奉斯大林之命，莫洛托夫将在旧金山会议召开前先在华盛顿作短暂停留。会谈的关键议题是新一届波兰政府的组建。苏联人提出了一项方案，在这个方案中苏联共产党人与非共产党人的比例为3∶1。哈里曼在迪安的支持下，坚称苏联人的立场违反了雅尔塔协议，因为苏联人在协议中已同意组建新的政府。

并非所有人都同意哈里曼对雅尔塔协议的解读。持怀疑态度的人中就包括战争部部长亨利·史汀生。军方认为苏联人实际上兑现了他们在军事领域的所有承诺。史汀生怀疑哈里曼和迪安在莫斯科的经历使他们心存偏见。史汀生在日记中写道："他们在一些小事上因苏联人的所作所为而遭受了长时间的困扰。"他对此表示同情，但也担心他们反苏的观点会占据上风："他们要求总统采取强硬的立场和措辞。"

史汀生对局势的判断非常准确。当天晚些时候，杜鲁门和莫洛托夫会见时，杜鲁门要求苏联兑现雅尔塔协议上关于波兰的承诺。莫洛托夫向杜鲁门抗议："这辈子还没有人这样对我讲话。"杜鲁门反驳道："履行你们的协议，就不会有人这么跟你讲话。"哈里曼记得，杜鲁门对莫洛托夫的态度也让他惊诧不已，因为这可能会让莫洛托夫向斯大林报告，说罗斯福的对苏合作政策正被抛弃。然而，哈里曼当时的行为却并未显示出对杜鲁门立场的担忧，他认为美国必须利用一切可用的手段去影响苏联在东欧的行动。

在5月10日和杜鲁门的私下会谈中，哈里曼建议以缩减《租借法案》的援助项目来威胁苏联，以此向莫斯科表明杜鲁门在波兰和东欧问题上的提议是严肃认真的。杜鲁门签署了一份被解读为即刻终止援助的政令。政令从5月12日起生效。因为运往英国的援助也受到了影响，此举随即招致苏联和英国的抗议。政令立即被收回，因为美国人还是希望苏联参与对日作战，苏联人也需要新的武器、弹药和食物补给。[10]

白宫态度的转变看起来越来越像美苏关系的改变。杜鲁门的行为昭示着：为了确保苏联不在东欧确立势力范围，他甘愿冒着苏联不加入联合国的风险——这一点是罗斯福永远不会考虑的。哈里曼在促成这种转变的过程中起到了重要作用，他劝说杜鲁门妥协是没有出路的，苏联人需要美国人更甚于美国人需要苏联人。这种想法也深深根植于波尔塔瓦基地的美国军官的心中，他们非常清楚，苏联人驾驶着美国飞机，开着因《租借法案》而被援助的汽车和卡车，却视美国人为待得太久而不受欢迎的人。[11]

到了1945年5月初，美苏几乎无法在任何事情上达成一致，也包括欧洲胜利日。5月7日晚上5点，德国投降的消息通过广播电台传到了波尔塔瓦基地。伴随着鸣枪声，欢庆活动拉开了帷幕，但这只是美国人的"独乐乐"。苏联人尚未从莫斯科方面得到德国投降的官方公告，所以拒绝参加庆祝活动。

5月7日凌晨，美国人已在法国兰斯宣布要庆祝对德作战的胜利。艾森豪威尔将军的参谋长沃尔特·比德尔·史密斯代表西方同盟国在德国无条件投降的文书上签字。阿尔弗雷德·约德尔代表德国政府签字。苏方代表是伊凡·苏斯洛帕罗夫，他在文件上英法两国军政代表的名字旁签下了自己的名字。德军在西线和东线同时投降，但苏联人却认为，他们的胜利果实被西方伙伴窃取了。

苏联政府并不承认法国兰斯的投降仪式，并于5月8日在柏林郊外的卡尔斯霍斯特举行另一次受降仪式。仪式上，苏方的关键人物是格奥尔吉·朱可夫元帅，德方是陆军元帅威廉·凯特尔。代表西方盟国签字的是两位空军代表，英国的特德元帅和美国战略空军驻欧指挥官斯帕茨将军，两人都与东线司令部负责的基地行动有关。现在，苏联人终于也可以公开欢庆胜利了。

5月9日凌晨2点，德军在柏林投降的消息传到了基地的科瓦廖夫那里。庆祝仪式随即展开，当天白天，美苏举行联合阅兵。查夫军士发表于军报上的文章这样描述道："陆军航空部队的战士和苏联战友们肩并肩地参加阅兵和狂欢。"实际上，他们的列队是分开的。美国人注意到，一些在苏联人的看守下参与波尔塔瓦基地重建工作的德国战俘看到美国国旗时，纷纷脱帽致意。美国人却对此不屑一顾，有人说："现在表现你们对美国的敬意未免太迟了。"结果证实，这些所谓的德国人其实是流亡苏联的波兰人。他们希望在将来和美国人搞好关系，因此没有对苏联国旗致敬。[12]

5月9日，在苏联胜利日和美苏阅兵的当天，刚刚在卡尔斯霍斯特签署完德国受降书的斯帕茨将军又签署了一份命令——关闭波尔塔瓦基地，并依据《租借法案》将大部分设备和补给品移交给苏方。美苏关系再次得到改善。双方共同欢庆胜利的活动一直持续到5月底，苏联人还在苏联剧团的演出中给美国人预留座位。现已被任命为东线司令部官方史官的卡鲁特写道："我们之间的私人关系很友好。"随后又补充说："这是东线司令部的外交使命。"[13]

这个"外交使命"是"狂暴"行动的策划者们在1944年年初提出的，意在巩固大同盟并改善美苏关系。东线司令部许多官兵离开时因这段经历而有了态度上转变。和苏联盟友面对面的接触给基地的美国人留下了深刻印象，尽管他们的印象并未向美军指挥官和苏联东道主希望的方向转变。有些基地官兵来到乌克兰时期望甚高，深怀对苏联人的同情，但离开时希冀完全破灭，多半还带着对苏联政权的公开敌意。另外一些美国人仍然怀着最初的亲苏想法，对苏联人很是同情。

4月28日，费舍尔上尉按照命令离开波尔塔瓦。在乌克兰生活了将近一年后，他对自己的美国身份有了新的认识。他经由德黑兰、希腊和意大利，飞往巴黎——美国战略空军驻欧指挥部的所在地，他正是被调往这里。他来得很及时，正好赶上庆祝欧洲胜利日。费舍尔觉得自己被召回总部是要担任备受瞩目的对苏联络官一职，或许就是为艾森豪威尔本人服务。但让他失望的是，上级并未给他安排如此显要的工作。汉普顿上校此时已离开了波尔塔瓦，很担心他的副官能否安然无恙。他希望费舍尔能在陷入真正的麻烦之前离开苏联。

在离开波尔塔瓦之前，费舍尔曾将一本由他的母亲马库莎·费舍尔撰写的回忆录《我在俄国的生活》赠给了汉普顿。该书1944年在美国出版发行，坦诚地讲述了费舍尔一家在苏联的经历，也包括"大清洗"时期的遭遇。马库莎写下了苏联企图阻止她和她的孩子离开充满希望的共产主义国家的过往。费舍尔在基地的储物柜里还放了很多本《我在俄国的生活》，汉普顿觉得，要是这些书被苏联人发现的话，他就会遇到麻烦，无法离开苏联了。[14]

对于费舍尔来说，在波尔塔瓦这一年的经历并未动摇他对自己口中的"母国"之爱，这个"母国"是俄罗斯，或者说苏联，是他母亲的出生地,以及他本人成长的地方。但是这一年的经历使他愈发讨厌斯大林政权。费舍尔在他的回忆录中写道:"我的旧恨啊,波尔塔瓦这一年使它越发激烈。离开莫斯科后,我的嫌恶之情便油然而生。1937年,这种感觉达到了难以想象的程度。现在,我再次被惊到了,再次刷新了这种情绪,这促使我投向了'山姆大叔'的怀抱,投向了我的'母国'最大劲敌的怀抱。在波尔塔瓦之行即将结束时,我终于做了这一决定。"[15]

新任史官卡鲁特的转变更加引人注目,如前文所述,卡鲁特满怀激动地开始了自己在波尔塔瓦的服役。他曾批评更为保守、疑虑更多的同胞,其中包括瑞福迪多中尉、科瓦尔少校和汉普顿上校。然而,与苏联人的朝夕相处改变了他的看法。1945年5月,他对"施密尔舒"的线人坦言:"我对苏联的看法发生了巨大的转变。我以为这里有着完全的自由,可实际上内务人民委员部统治着这里。"他继续说道:"我没发现你们的军官感到自由,人民也不能说出他们真实的想法。"在波尔塔瓦的最后几周,爱好社交的卡鲁特已试图远离苏联人了。[16]

据"施密尔舒"的报告,基地美军军官中唯一没有感到理想破灭的就是查夫,他于1944年8月来到基地,比其他人稍晚些。如果"施密尔舒"官员的报告所言属实的话,查夫是自愿将身边的美军军官对苏联的态度告诉他们的,当苏联人没有对此采取行动时,他甚至深感不安,而其他军官则仍安于其位。他抱怨说,他身边几乎所有人,包括费舍尔和卡鲁特在内,都持反苏态度。[17]

即使如此,查夫也没有得到苏联人的信任。乌克兰犹太人背景,懂俄语,而且在基地情报部门工作,这些使他立刻登上了"施密尔舒"间谍嫌疑人的名单。他的那些看起来颇为天真的问题，例如为什么乌克兰不能独立于苏联，这使"施密尔舒"官员有理由认为他在进行反苏宣传。为了写一本有关斯大林格勒战役的书，他希望多接触一些苏联军官，而这一想法被视为企图在苏联红军中从事间谍活动。[18]

霍尔兹曼仍然没有留意到"施密尔舒"监控自己和其他美国军人，以及驱逐自己女友的行为。他离开波尔塔瓦时对美苏同盟的前景很是悲观，但对苏联人的态度要比以往更友好些。他现在精通俄语，而且完全爱上了苏联音乐。他并未意识到前女友与自己的交往受到了秘密警察的阻止，他还与另外一位名叫娜塔莉亚的姑娘建立了关系。他并不打算同娜塔莉亚结婚，却不知道为什么娜塔莉亚一直不跟他合影（这清楚地表明，她不愿留下任何与美国人有关系的证据）。但为了维持他的俄语口语能力，霍尔兹曼经历过两段情感经历后考虑过和一位俄国女人在美国结婚。但这个计划最终不了了之。然而，霍尔兹曼在米尔霍罗德学会的俄语最终对他的人生产生了深刻影响，同时决定了他未来的职业。[19]

还有一些美国人伤心欲绝地离开了波尔塔瓦。他们在这里遇见了一生挚爱，却无法与她们结婚。米申科军士便是其中一位。他的父亲来自俄国，母亲来自奥匈帝国，作为来自美国的乌克兰裔移民，米申科因掌握俄语和乌克兰语两种语言而被选为"狂暴"行动的机修人员，因为在基地工作很需要这种能力。米申科承担了美军军官和苏联人交流的翻译工作，也用自己的语言能力促进了美国大兵与当地女孩的接触。他的语言能力使他很快登上了间谍嫌疑名单。"施密尔舒"招募了一位和米申科一起工作的苏联机修师监视他。[20]

第十八章　最后的阅兵

"施密尔舒"的情报工作人员很快发现,米申科与一位颇有魅力的金发女郎叶莲娜·塞米珍诺娃有联系,她在邮局工作。随着苏联人开始骚扰与美国军人约会的当地女孩,叶莲娜便成为秘密警察的主要目标。在他们约会的 11 个月中,叶莲娜一共被内务人民委员部逮捕了五次,她被告知米申科是间谍,并被要求报告他的行为。叶莲娜拒绝了这个要求,并表示米申科不是间谍,没有什么可汇报的。因拒不合作,她多次被逮捕。她第五次被逮捕时被拘留了两日,米申科感到很不安,便前往当地的内务人民委员部分部询问叶莲娜的情况。当值军官告诉他,他的未婚妻实际上是一名妓女,曾和德国人发生过关系,患有性病。

内务人民委员部拒绝释放叶莲娜。当她的母亲请求释放自己的女儿时,官员们表示这都是米申科的过错。叶莲娜的母亲坚称自己的女儿是和苏联的朋友约会,而不是和苏联的敌人约会,而对方给出的解释是:"今天是我们的盟友,明天便是我们的敌人。"米申科转而向科瓦廖夫求助,科瓦廖夫向米申科保证叶莲娜是被误抓的。确实,她很快被释放了。她告诉米申科,秘密警察在允许她离开前,在半夜把她叫起来审问,并对她说,她已经被男朋友抛弃了。秘密警察告诉叶莲娜美国人不值得交往,还威胁说如果她坚持和米申科约会,将会面临十年的牢狱之灾。最后,他们让叶莲娜签署了一份承诺书,保证永远不把拘禁期间发生的事告诉任何人。[21]

尽管不断遭到内务人民委员部的干扰,米申科和叶莲娜还是决定要结婚。米申科在美国的父亲给他送去了祝福,但在莫斯科的美国驻苏联大使馆却不同意。米申科曾飞往莫斯科,向大使馆提出结婚申请,但申请被驳回了。考虑到苏联政府不允许本国女子随美国丈夫一起离开苏联，美国军事使团并不鼓励这类婚姻。米申科带着坏消息返回波尔塔瓦，这让叶莲娜陷入了绝望。据"施密尔舒"汇报，她担心一旦米申科离开，秘密警察就可以随意处置她了。"施密尔舒"担心米申科可能会把他的未婚妻送上前往德黑兰的飞机，把她悄悄带出苏联，但他没有这么做。心碎的米申科于1945年6月离开了基地。叶莲娜·塞米珍诺娃留在了波尔塔瓦，依旧是秘密警察的调查对象。[22]

卡鲁特试图帮助米申科应付苏联人，还把他和叶莲娜的故事写进了东线司令部的官方史书中，而他本人却是基地美国军人中唯一一个将浪漫爱情修成正果的。1945年4月，在众人的见证下，卡鲁特和基地的美国护士克洛蒂尔德·戈沃尼中尉结了婚，两人在波尔塔瓦市政大厅举行了婚礼。基地高级军官特林布尔上尉充当了克洛蒂尔德父亲的角色。苏联空军军官高兴地送来礼物。这对新婚夫妇在埃及度了几周的蜜月，尽管他们的旅程一开始因飞行禁令而有所延误。[23]

1945年5月，卡鲁特回到基地，参加了基地关闭仪式。6月23日，特林布尔和卡鲁特成为最后离开基地的美国人。特林布尔登上了一架道格拉斯C-47"空中火车"运输机前往莫斯科，再飞往美国战略空军驻巴黎总部。卡鲁特则乘坐类似的飞机前往开罗。他对自己的新身份"军事使团史官"很是尽心尽责，临行时带走了一批珍贵的物品——东线司令部的文件资料，这些文件资料成为他从事历史研究和史书编纂的基础，也是本书的主要信息来源之一。波尔塔瓦基地的故事终于结束了，与之相关的冷战历史悄然拉开了帷幕。[24]

第四部分

冷战来了!

第十九章　战利品

离开的美国人带走了他们在波尔塔瓦的心碎记忆，留下了一年前修建机场跑道所用的金属板，同时留下的还有大量设备和弹药。因运输成本太高，美国人无法将所有的设备从基地运走，苏联人同意将留下的物资算作《租借法案》中美国对苏联的援助。美国人还留下了他们的食物，据苏联人事后统计，总计有两吨面粉、一吨果酱和两大袋糖。这些食物被分给了仍留在基地的苏联官兵。苏联军人也乐于出售多余的美国商品。口香糖、糖果棒和香烟等深受孩子和大人喜爱的商品很快便出现在波尔塔瓦的市面上。[1]

科瓦廖夫及其副官分得了大部分食品。对于科瓦廖夫以及他的高级副官来说，这是他们待在基地的最后几天。许多人将被派往苏联在德国的占领区。1945年6月26日，最后一批美国人离开基地后没几天，科瓦廖夫就被任命为苏联驻德军事管制机构空军部副总指挥官，管理德国苏占区内的事务，处理与控制德国其余领土的西方盟国的关系。用不了几年，苏占区将成为德意志民主共和国，亦称东德；西部地区将成为西德，官方名称为德意志联邦共和国。朱可夫元帅担任苏联驻德军事管制机构的总指挥，成为斯大林任命的德国苏占区的总指挥，也是科瓦廖夫新的最高长官。苏联驻德军事管制机构的总部位于被分区占领的柏林。

朱可夫指挥的白俄罗斯第一方面军在1945年4月末和5月初攻克柏林的战役中发挥了关键作用。8万多名苏联官兵牺牲，受伤人数更是牺牲人数的三倍之多。战争胜利之时便是复仇的时候，胜利者将对失败者进行最严厉的审判。到6月下旬，苏联红军进入德国后不久，屠杀平民、轮奸妇女和抢劫肆虐的情况就逐渐减少了。在几个月前的雅尔塔会议上，斯大林成功说服了犹豫不决的罗斯福和丘吉尔，他们同意苏联从战败的敌人那里索求价值100亿美元的赔偿。苏联驻德军事管制机构的任务就是确保将工业设备、艺术品、古董家具和其他各类价值不菲的商品运往苏联。

作为赔偿的设备和商品大部分都是经由铁路运往苏联，但也有一些是空运到苏联的，科瓦廖夫就负责这一工作。他的顶头上司是空军指挥官季莫费·库茨瓦洛夫中将，库茨瓦洛夫和朱可夫相识已久，一直在他手下效力。两人均于1939年在蒙古的哈拉哈河战役中担任指挥官并初露锋芒，他们击败了日军并被授予"苏联英雄"勋章。朱可夫和库茨瓦洛夫需要善于和美国人、英国人及法国人打交道的人。正如雅尔塔协议中各方所认可的那样，占领德国也好，攻克柏林也罢，都是盟国的协力之举，而苏联人想要的众多资产位于苏占区（德国东部的农业地区）以外，主要在盟军掌控的鲁尔工业区。[2]

在苏联红军中，很少有人比刚被派驻到德国的科瓦廖夫及其基地同事在与美国人进行日常合作方面更有经验。战争结束时，波尔塔瓦基地的首任指挥官佩尔米诺夫已成为空军第18集团军指挥官，

第十九章 战利品

该军团尤其擅长远距离轰炸,佩尔米诺夫也多多少少从美国人那里学到了一些轰炸技巧。波尔塔瓦基地的作战指挥官马克西莫夫也被派到了德国。几十名译员也被派往这里,其中包括在与盟军的四方会谈中担任科瓦廖夫将军译员的 22 岁的安德烈·萨奇科夫中尉。科瓦廖夫在此的职责包括与盟友谈判,还要经常和自己的上级库茨瓦洛夫参加盟军空军指挥部的会议。[3]

1945 年 11 月,科瓦廖夫在建立通往西柏林的空中走廊方面发挥了关键作用,正是这条走廊在 1948—1949 年封锁期间保证了柏林人的生存。使用空中走廊,盟国就不需要向有柏林周边制空权的苏联当局进行请示了。科瓦廖夫也参与了在德国西部建立苏联军事基地的谈判。或许是缘于他在波尔塔瓦的经历,他请盟国派出技术人员协助在德国西部基地的苏联人。与之相关的一个问题产生了:美国人和英国人与苏联人不同,他们并不因为自己的地盘上有外国人而感到困扰,但英国没有足够多的技术人员可以支援苏联。因此,苏联方面可以派来更多的技术员来维护他们的飞机。[4]

科瓦廖夫的职责之一是协调各方关系,以便在苏联人感兴趣的领域获取相关的德国技术知识。在德国,苏联和西方盟国的关系是既合作又竞争。在火箭科学、航空业、坦克制造及其他武器制造领域,德国的科学家和工程师的水平往往领先于苏联、美国和英国的同行,在争夺这些领域的德国专家时,同盟国之间更是竞争激烈。然而,科瓦廖夫在柏林的任期并未持续太久。1946 年 8 月,他被召回苏联,在莫斯科的空军学院担任教员,对于正在为国效力的将军而言,这显然是降职调动。而在柏林,他因对下属的体谅周到和关心照顾而被人铭记。

导致科瓦廖夫被召回的原因，并不是他没处理好与同事的关系，而是斯大林对苏联红军指挥官发起的一场清洗。朱可夫元帅于1946年4月被召回，后被调往乌克兰敖德萨的二级兵团。俄国公众眼中的"常胜元帅"被指控劫掠德国豪宅与博物馆中价值不菲的艺术品和家具，以此敛财。而科瓦廖夫则被指控侵吞美国人离开波尔塔瓦基地时，以《租借法案》名义提供的补给品，不得不接受调查。今时不同往昔，如果说1945年3月科瓦廖夫曾因对美国盟友表现得太过好斗而遭受训斥，那么现在，他发现自己又因对美国人太过友好并从中获利而接受秘密警察的审查。[5]

1946年2月，斯大林在最高苏维埃的选举大会上发表了讲话，清洗随即拉开帷幕。他对刚刚结束的战争进行了点评，提醒苏联人民铭记列宁的观点：只要资本主义制度存在，战争就不可避免。这一论断在许多西方人看来是苏联人准备发动新的战争的借口。事实上，斯大林只是为了把战争期间自己暂时让予行政长官和军事指挥官的权力夺回来。斯大林告诉聚集在莫斯科大剧院的听众："他们说胜利者永远不会被批判，他们不会被批评、不会被审查。他们错了！胜利者可以也必须被批判，同样可以且必须被批评、被审查。这么做不仅有利于我们的事业，也有利于胜利者自己。"[6]

斯大林所指的胜利者是谁？他准备对他们做出怎样的批判？这些问题的答案在1946年4月开始变得明朗。此时，他批准了对航空工业人民委员阿列克谢·沙胡林的逮捕。当月晚些时候，空军司令员亚历山大·诺维科夫元帅也被关进了监狱。1944年2月，斯大林曾命令诺维科夫同意美方在苏联设立军事基地的请求。迪安曾称他为"苏联红军的阿诺德将军",将诺维科夫比作美国战略空军的头号人物亨利·哈普·阿诺德。无论是沙胡林还是诺维科夫,都与斯大林之子——空军将领瓦西里·斯大林起过冲突。瓦西里曾向自己的父亲抱怨,飞机故障导致了飞行员的高死亡率。对诺维科夫的指控是有意使用沙胡林生产的有技术缺陷的飞机,从而导致飞行员的牺牲。他俩都需要为苏联飞机的质量落后于西方而承担责任。

问题确实存在,在波尔塔瓦看到过"空中堡垒"的苏联飞行员可以为此做证。在整个战争期间,苏联红军总计损失了8万余架飞机,其中47%的飞机并不是因敌人的炮火而坠毁,而是因为技术缺陷导致的意外。然而,斯大林让秘密警察调查航空业和空军的领头人并不是因为飞机的技术缺陷。他在战争期间就很清楚苏联航空业的水平赶不上美国,也能容忍这些不足。自从1944年美国的C-47运输机和B-29轰炸机在远东地区迫降并落入苏联人手中后,多年来,他们一直在仿制这两款飞机。比起惩罚未能使航空业赶上美国的官员和军人,斯大林所想的应该更多。斯大林将目标锁定为军方高层,他认为这些人因战争而大权在握,对自己的权力构成了潜在的威胁。[7]

此次"飞行员案"的头号调查官是维克托·阿巴库莫夫,他长期担任"施密尔舒"最高领导,并于1946年5月被任命为国家安全部部长。就起诉将军而言,谁能比军队的前反间谍最高长官做得更好呢?阿巴库莫夫希望诺维科夫能说出对朱可夫元帅不利的证词——元帅此刻已从柏林被召回。诺维科夫最终在为他准备好的供词上签下了名字。他事后回忆:"他们因'飞行员案'逮捕了我,但审问我的却是另一件事。他们整日整夜地审问我,直到次日清晨

6点，此时犯人们已被叫醒，我才返回了牢房。经过两三天的折磨后，我无论站着还是坐着都能睡着，但很快就会被叫醒。几天几夜没能睡觉，让我怎么说都可以，只要别再这么折磨我就行了。"[8]

在诺维科夫写给斯大林的信中，他指出朱可夫已经表现出了对国家领导人的不敬之意。据称，朱可夫曾对诺维科夫说："斯大林嫉妒我的声望，他可不会忘记，我能够有力地反驳他、和他争论，这是他不太习惯的。"这还不是全部。阿巴库莫夫在给斯大林的报告中写道："诺维科夫表示，这可不仅仅是一番不知天高地厚的狂妄之词，这表明朱可夫或许正策划着某个军事阴谋。"对于朱可夫在战争期间在军队高层中积累的威望和权力，斯大林显然颇为忌惮，而这一点恰好也被他视为对自身领导权的重大挑战，他必须在潜在威胁转变为实际威胁之前将其消除。[9]

1946年8月，斯大林得知海关人员扣押了朱可夫从德国运往苏联的七节火车车厢，里面装的都是德制家具。国家安全部部长的弗谢沃洛德·梅尔库洛夫及其手下奉命采取行动。朱可夫还在敖德萨时，阿巴库莫夫的调查官就搜查了朱可夫在莫斯科的寓所和郊外的乡间别墅。他们发现了朱可夫从德国私人住宅、私人藏馆和博物馆里劫掠的大量珍品，包括珠宝、雕塑、绘画和家具。阿巴库莫夫依循惯例将自己在朱可夫乡间别墅的发现汇报给了斯大林："从波茨坦等德国各地搜刮来的名贵地毯和挂毯共44件，悬挂于各屋的价值不菲的大幅古典镶框画共55件，有些准备挂一段时间后就收藏起来。"这样的指控并非莫须有，朱可夫元帅对"战利品"的偏爱是公开的秘密，他本人事后亦对此供认不讳。[10]

随后，与朱可夫元帅过从甚密的数位将军被相继逮捕，其中包括苏联驻德军事管制机构的一些高级副官，逮捕的过程中，由苏联红军军官和驻德反间谍官员组成的有组织的盗窃与腐败关系网也浮出水面。一件起初针对飞行员的案件演变成了针对将军的案件，即"战利品案"。1948年年初，苏共中央政治局审议了调查结果，文件记录如下："朱可夫同志本受命于国家，但他滥用职权，从德国劫掠和运走了大量珍宝为己所用，为了达到自己的目的，他放纵且贪婪，利用企图讨好他的下属从事犯罪活动，事实确凿。"[11]

此时，身在敖德萨的朱可夫被流放至乌拉尔山，担任一个三级军区的指挥官，与他相伴一生的战友季莫费·库茨瓦洛夫不久后也来到此地。1947年，库茨瓦洛夫从德国被召回，先被派往位于塔甘罗格的一所二流飞行员学校担任长官，后在军事学院学习，最后被分配到乌拉尔山。库茨瓦洛夫和朱可夫一样从未被真正逮捕，但他有可能供出朱可夫及其同僚从德国劫走的大批物资，因为其中的大部分都是库茨瓦洛夫麾下的运输机协助运往苏联的。[12]

朱可夫和库茨瓦洛夫幸运地保住了自己的军衔、奖章以及最重要的东西——自由。他们的不少同僚和部下则免不了牢狱之灾，其中也包括朱可夫的密友弗拉基米尔·克留科夫将军。在1945年12月被召回之前，克留科夫可是加里宁格勒和东普鲁士的无冕之王。调查人员搜查了他的3套公寓和2幢乡间别墅，共发现2辆奔驰汽车、1辆奥迪汽车、107千克具有极高艺术价值的银器、87套套装和312双鞋子。10天后，他们逮捕了克留科夫的妻子——苏联流行民歌歌手，同时也是战时士兵的大众情人——莉迪亚·鲁斯拉诺娃。克留科夫和妻子将在监狱和劳改营中生活近五年之久，直到1953年斯大林逝世后，他们才被释放。[13]

科瓦廖夫人生的转折点发生在1947年10月，此时距离他从德国被召回已经过去了14个月。就在当月，掌管内务部和国家安全部的贝利亚收到了一封来自帕夫洛·邦达连科少校的信，邦达连科曾负责监督苏军向波尔塔瓦基地的美军飞机提供燃油、零配件及技术支持。他指控自己的前长官涉嫌与美国人进行可疑的接触，还在美军撤离基地后侵吞美军留下的物资。据称，科瓦廖夫有两位共犯，他们是尼古拉·施琴潘柯夫中校和帕维尔·杰明中校。[14]

邦达连科不太可能编造此事。他出生于乌克兰北部的苏梅地区，是一名职业军官。1940年，他因在对芬兰的战斗中表现英勇而得到了人生中的第一枚勋章——红星勋章；在保卫列宁格勒的战斗中，他荣获了红旗勋章；1944年，在夺回乌克兰西部地区和白俄罗斯的战役中，又荣获了苏联战功奖章。在波尔塔瓦时期，尽管一直身处暗处，邦达连科仍表现优异，但美国人对他毫无兴趣，因此他的名字从未出现在"施密尔舒"的报告中。

邦达连科的上级称赞他为1100架次的运输机飞行、900架次的B-17轰炸机飞行和138架次的侦察机飞行提供了技术支持。1944年12月至1945年3月，邦达连科在救援迫降于乌克兰西部和波兰东部苏控地区的美军飞机中发挥了重要作用。他先后七次飞往现场，帮助美国人修理受损的飞机。简而言之，他是一名出色的军官。1945年3月31日，日后将被他以贪污罪举报的尼古拉·施琴潘柯夫中校在一封推荐信上签了名，推荐邦达连科为一项更高的国家荣誉——伟大的"卫国战争二等勋章"的候选人。[15]

邦达连科对自己前长官的指控极为致命，罪名从贪腐一直到叛国。他检举科瓦廖夫侵吞了美军留下的两吨小麦和一吨果酱。美军

第十九章 战利品

留下的食品被科瓦廖夫、施琴潘柯夫和杰明给私分了。他们三人还侵吞了美国汽车，杰明甚至将一辆威利斯吉普车赠给了当地的集体农场，另一辆汽车则被一位当地官员私吞。邦达连科在信中还附上了两张科瓦廖夫与美国人聚会的照片。他表示科瓦廖夫收到了一件皮大衣，作为交换，他把苏联空军的机密地图给了美国人。这一举动背后的含义很明显：既然美国人不再被视为苏联人的盟友，那么这些地图就可以在美国空军对苏作战中发挥重要作用。

在涉及朱可夫和其他将军的"飞行员案"和"战利品案"的调查全面展开之时，阿巴库莫夫领导的国家安全部的反军事间谍部门下令就邦达连科的控诉展开调查。他们审讯了科瓦廖夫及几十位目击者，于1947年12月底完成了调查工作。阿巴库莫夫手下的特工表示，科瓦廖夫确实在基地与美国军官有过多次因公和因私的会面。邦达连科宣称科瓦廖夫与美国人在酒会上狂饮作乐，但这一说法没有证据支持。调查人员证实，科瓦廖夫曾协助组织和参加了空军基地为欢迎哈里曼大使、罗斯福之子艾略特·罗斯福以及迪安、沃尔什和伊尔等将军所举行的宴会。他还和施琴潘柯夫中校一起参加了基地的美国军官俱乐部的周末聚会。调查人员并不认为这样的招待会和礼节性拜访算是酒会，他们对于科瓦廖夫喝掉了多少酒并没什么兴趣。

对于科瓦廖夫收受礼物一事，调查人员的态度也比较温和。他们无法证明科瓦廖夫收受了美国人的皮大衣，他本人对此也予以否认。科瓦廖夫没有否认收到过一些美国物品，但称那些均是美苏间作为礼物交换的东西。沃尔什和迪安将军在拜访基地时曾送给科瓦廖夫一把全自动猎枪、一支钢笔和几盒香水，作为交换，科瓦廖夫回赠了他们一些水果。科瓦廖夫从伊尔将军那里收到了丝质睡袋，但这是因为他曾在莫斯科送给伊尔将军一双皮靴，将军才回赠于他。科瓦廖夫还从美国人那里得到了打火机和其他一些小玩意。但调查人员显然没把这些当回事。

  调查证明，确有地图被交到了美国人手上，但此事已获得了官方批准，这是因为美国人需要从波尔塔瓦飞往德黑兰、莫斯科以及在乌克兰西部地区紧急迫降的路线图。而基地美军留下的食物被分给了全体官兵，另有部分运往了基辅军区总部。当然，调查也发现科瓦廖夫及其副官分得的食物比别人多。至于汽车，实际上科瓦廖夫和杰明得到的好处主要来自苏联红军在德国缴获的物资，而非受惠于美国人。科瓦廖夫的汽车是由运输机从德国运往波尔塔瓦的，施琴潘柯夫和杰明的汽车则是从那些未经官方允许私自把车从德国开回苏联的军官那里得到的。

  对于阿巴库莫夫的调查官们而言，他们最感兴趣的是科瓦廖夫有没有单独和美国人相处过。他们发现科瓦廖夫和汉普顿上校会谈时大多有译员在场。在这种情况下，他不会说英语反而成了好事。倒是美国翻译费舍尔和查夫在场时，他与汉普顿的会谈更加令人生疑，因为调查人员发现费舍尔和查夫都受雇于美国情报部门。然而，没有迹象表明他们之间的会谈有任何异常。此时，调查官已无法约谈邦达连科，他已于1947年6月27日死于军队医院，死因不详。数月后他的检举信才被交到贝利亚的手上。

  对于科瓦廖夫及其副官而言，调查官报告得出的结论并不乐观："经调查，邦达连科少校所述内容基本属实。"事实上，调查结果只能证明他的检举部分属实。然而，面对"飞行员案"和"战

第十九章 战利品

利品案"的指控浪潮,调查官们在做出官方结论时宁可有所偏差,也要站在政府的立场上。他们最不希望的就是被指责隐瞒真相,于是,他们将调查结果汇报给阿巴库莫夫的助手尼古拉·谢利瓦诺夫斯基。而谢利瓦诺夫斯基决定将调查结果递呈伊凡·莫斯卡连科将军。莫斯卡连科和谢利瓦诺夫斯基一样,都曾供职于"施密尔舒",现在是一个反军事间谍部门的负责人。[16]

对科瓦廖夫来说,这可是一则好消息。莫斯卡连科来自乌克兰的农业区,他的职业生涯也始于航空业。更重要的是,莫斯卡连科的女儿哈雷娜·赫林科-奥克洛维奇曾在波尔塔瓦空军基地担任科瓦廖夫的译员。如果莫斯卡连科对科瓦廖夫展开彻底的调查,可能会给自己的女儿带来危险。此时,身在莫斯科的科瓦廖夫正在空军学院任教,已处于半流放状态的他显然不会被逮捕了。最终科瓦廖夫的名字并没有出现在"飞行员案"和"战利品案"中被指控人员的名单上。1964年,他以自由之身离世,此时,他在人生的第二事业——苏联导弹工程中亦取得了成功。他这项事业的成功或许得益于他在德国时曾设法帮助苏联科学家获取德国技术机密。[17]

科瓦廖夫幸运地躲过了此次清洗。尽管阿巴库莫夫的调查主要关注他与美国人的交往,但秘密警察考虑最多的还是揭露可能存在的腐败。1947年,莫斯卡连科将军终结了对科瓦廖夫案件的调查,国家安全部开始重新整理波尔塔瓦的"施密尔舒"档案,旨在找出可能存在的间谍。冷战的到来,使得美苏关系的各个方面都变得敏感,仅仅是和美国人接触过就可以成为展开间谍案调查的充分理由。波尔塔瓦基地的档案将作为罪证被进一步深挖。

第二十章 波尔塔瓦的嫌疑人

对许多波尔塔瓦基地的美国老兵而言，战后的柏林给他们一种似曾相识的感觉。让他们有此感触的，与其说是这两个城市都被炸毁的街道，不如说是在美苏控制线另一侧的军官中有诸多熟悉的面孔，更重要的是，还有那些熟悉的想法、态度和行为方式。并非只有苏联人会把前波尔塔瓦基地的军官派往其驻德管制机构，美国人同样如此，他们将"波尔塔瓦专家"纷纷调往欧洲的核心地区。

始于波尔塔瓦的美苏缘分再续于柏林。柏林被分为四个占领区，由战后两个超级大国的代表掌控着。曾在波尔塔瓦相遇的美国人和苏联人发现他们又要开始打交道了，表面上是盟友的身份，实际上则越来越像对手。美国人对苏联人并不信任。苏联人既不信任美国人，也不信任己方曾在波尔塔瓦工作过的老兵，他们对所有在波尔塔瓦或柏林与美国人有过接触的人展开了调查。甚至那些曾在基地替"施密尔舒"从事间谍工作的军官如今也遭到了怀疑。冷战使两国精英间谍间的冲突不断升温。在柏林，战时的盟友正缓慢但确定地转变为敌人。

第二十章 波尔塔瓦的嫌疑人

基地东线司令部的前指挥官罗伯特·沃尔什在1944年秋离开莫斯科去了华盛顿，1946年秋他又回到了欧洲。沃尔什接管了驻扎在德国西部的巴特基辛根的第12战术空军司令部，后于1947年4月前往柏林，成为新任驻德军事长官卢修斯·克莱将军领导下的欧洲司令部的情报主管。沃尔什一直担任此职直到1948年10月回到美国。作为克莱的重要参谋，他在冷战最初数月美国对苏政策的形成方面起到了关键作用。[1]

沃尔什在柏林任职时，美苏关系每况愈下。1947年年初，杜鲁门宣布外交政策转向，即推行世人所熟知的"杜鲁门主义"——西方将遏制苏联的地缘政治野心。杜鲁门承诺向土耳其和希腊提供经济和军事援助，随后也承受了来自莫斯科和其他社会主义国家的压力。如此一来，日暮西山的大英帝国在地中海地区无力继续扮演的角色，由美国接替。同年，国务卿乔治·马歇尔在哈佛大学毕业典礼的演讲中，宣布了向饱受战争蹂躏的欧洲提供经济援助的计划，即后来人们所熟知的"马歇尔计划"。在德国，美国试图通过合并美国、英国和法国占领的德国地区来建立一个新的国家。苏联对此表示反对。[2]

在斯大林看来，"马歇尔计划"意味着美国将进一步巩固自己在西欧的经济、政治和军事控制权，并且企图诱导新投入苏联怀抱的东欧国家疏远苏联。斯大林意识到苏联无法和当时世界上最大的经济体一较高下，除了宣传政策和威慑，他能给东欧国家的并不多。克里姆林宫在德占区进行了军事演习，并散布盟军不得不离开柏林的谣言。不久，苏联开始阻碍盟军火车前往柏林。凶兆已现：美国人及其盟友迟早要离开柏林，整座城市将为苏联人所有。[3]

被遗忘的倒霉蛋：苏联战场的美国空军与大同盟的瓦解

克莱将军第一次注意到苏联人行为的转变是在 1947 年 8 月，当时接替朱可夫担任苏联驻德最高军事指挥官的瓦西里·索科洛夫斯基元帅拒绝了美方提出的货币改革，此项改革旨在使该地区摆脱肆虐的通货膨胀，将会影响整个被占领的德国。克莱并不觉得索科洛夫斯基想在德国和美国进行军事对抗，但担心他可能受到了高层的影响。有一段时间，克莱并没有把自己的想法告诉别人。但是在 1948 年 3 月，他写下了自己对于柏林可能爆发军事冲突的担忧。克莱是在沃尔什施加的压力和给予的协助下才这么做的。[4] 作为和苏联人打交道的老手，沃尔什向没有战时对苏工作经验的克莱提议："卢修斯，如果你觉得可能会发生战争，我们最好向华盛顿汇报。"

为了表明自己的严肃态度，沃尔什拿着笔和纸坐下来，准备记下克莱的想法。"长久以来，出于理性分析，我认为并且坚信至少在十年之内不会发生战争。然而，过去几周，我感觉苏联人的态度发生了微妙的变化，尽管我无法准确描述这种变化，但现在我有一种感觉——这种转变可能会来得非常突然且剧烈。我无法用任何数据或是外交方面的证据来证明我所感受到的这种转变，只能把它描述为：与我们有官方关系的每一个苏联人身上都散发着一种紧张感。"1948 年 3 月 5 日，克莱把备忘录的最终版本发给了华盛顿，这一天恰好是斯大林的生日。[5]

克莱的电报转到了国防部部长詹姆斯·福雷斯特尔那里，随后促使美国启动了关于美苏将发生军事对抗的可能性的调查。除了沃尔什将军外，多数情报官员认为战争不太可能发生，因为苏联人还没有做好大规模对抗的准备。不过，西方国家在柏林面临的政治挑战是显而易见的。很快，克莱和沃尔什就得到了他们之前缺乏的证

第二十章 波尔塔瓦的嫌疑人

据，可以证明美苏间的对抗将愈加激烈。1948年6月24日，为回应盟国宣布的在德国西部成立国家的计划，苏联对西柏林进行了地面封锁，理由是：鉴于该国不再被共同占有而是将被分割，苏联控制下的柏林地区必须完全由苏联人掌控。

华盛顿部分人士对此表示认同。但其中并不包括沃尔什，他和克莱一起据理力争，反对放弃柏林。6月26日，即封锁开始的两天后，美国政府命令空军部队利用空中走廊向被围困的西柏林地区投放补给物资，该走廊是1945年在科瓦廖夫将军的帮助下通过谈判争取到的。在苏联封锁的当夜，沃尔什在电报中解释了做出上述决定的逻辑："想在柏林保住我方的地位已经不太实际，所以不应该以此为基础进行评估……但我们坚信，我方留在柏林，对于维护我们在德国和欧洲的声望是至关重要的。无论结果是好是坏，这已成为美国意图的一个象征。"空投开始两天后，被初步证明是可行的，杜鲁门总统于是对此给予了正式批准。[6]

1948年10月，空投开始三个月后，沃尔什被召回华盛顿，担任美国-加拿大和美国-墨西哥联合国防委员会的美方空军代表。空投仍在继续，共持续321天，以C-47"空中列车"和C-54"空中霸王"为主力机型的英美运输机共出动27.2万架次，每45秒就会有运输机在柏林滕珀尔霍夫机场着陆。面对美国人的决心、卓越的空中力量，以及能够向被困城市提供长达近一年的食物、燃料、药品、衣物和其他必需品的强大经济实力，苏联人让步了。1949年5月11日，莫斯科宣布终止封锁，西柏林依旧处于美、英、法的联合控制之下。[7]

被遗忘的倒霉蛋：苏联战场的美国空军与大同盟的瓦解

沃尔什将军不是唯一一个在冷战爆发初期身在柏林且有波尔塔瓦工作经历的美国军官，还有另一位是基地前副官——费舍尔上尉。1945年夏，他加入了克莱的团队，当时克莱是美国驻德占领军司令艾森豪威尔将军的副手。费舍尔在柏林的顶头上司是克莱的参谋长威廉·惠普尔，此人毕业于西点军校和普林斯顿大学，并获得过牛津大学的罗德奖学金，其军事生涯最终以准将军衔结束。惠普尔真正感兴趣的是土木工程。他在德国的主要成就是协助克莱废除了"摩根索计划"，该计划曾得到罗斯福的支持并以其财政部部长小亨利·摩根索的名字命名，主要设想是使德国去工业化。重建德国而不是惩罚德国民众，同样也是费舍尔的主张。他当记者的父亲路易斯·费舍尔来德国采访美军指挥官时，小费舍尔还得到了惠普尔的盛赞。路易斯结束柏林之行后，在给儿子的信中写道："我正准备离开时，惠普尔发表了一通对你的看法。他说你很出色，充满激情。"[8]

不仅在美国人中能轻易找到费舍尔主张的支持者，在德国社会民主党的左翼中亦然。他们中的许多人曾是纳粹集中营的囚徒，其基本信仰并未因牢狱生涯而动摇。被盟军释放后，他们继续从事战前的活动，试图将德国工人组织起来，既反对美国的资本主义，也反对苏联的共产主义。费舍尔尽其所能地帮助德国社会民主党党员，例如：他会设法在黑市上出售他从美国总部搞到的香烟和其他物品，然后把收益交给他们。这让他陷入了麻烦，一些同僚怀疑他投机倒把，谋取私利。甚至他的母亲也不再把美国制造的手表寄给他——为了资助自己的事业，他可能会把手表卖给苏联人。[9]

第二十章 波尔塔瓦的嫌疑人

在柏林，费舍尔和自己在莫斯科的两位老熟人重新取得了联系。一位是费舍尔的弟弟维克多的朋友——康拉德·沃尔夫，朋友称他"库尼"，还有一位是旅居莫斯科的德国共产主义者之子洛塔尔·弗洛赫。战争期间，库尼和洛塔尔各为其主，库尼加入了苏联军队，洛塔尔加入了德国纳粹。1943年，17岁的库尼应征加入苏联红军，成为苏联某部队政治委员会外宣部门的一名军官。战争结束后，库尼的好友、德语译员弗拉基米尔·加尔邀请他加入哈雷市苏联军政府的文化部门。洛塔尔的父亲在1937年的"大清洗"中被处决，随后洛塔尔回到了自己的母国德国。他成为一名德军飞行员，并在东线与自己昔日的共产主义朋友展开战斗。[10]

如前文所述，在波尔塔瓦的经历促使乔治·费舍尔的世界观发生了转变，他放弃了自己青年时代的共产主义信仰。这一点通过他与库尼的兄长马库斯·沃尔夫（亦名米沙）在柏林见面时的表现能得到最好的证明。费舍尔回忆说："在30年代的莫斯科，他是我的密友，也是德国'红色流亡者'中最好的朋友。"自从费舍尔和他的兄弟维克多以及母亲于1939年离开苏联后，他与马库斯在1945年第一次重聚。马库斯来到柏林，为德国"自由之声"电台工作，并为《柏林日报》撰稿。该报是一份亲苏的德国报纸，首刊于1945年5月21日在苏控柏林地区出版发行。在对德国纳粹战犯的纽伦堡审判中，沃尔夫是代表该报的记者。费舍尔和马库斯在柏林经常会面，但昔日的亲密感已经消失了。"他和我从来不聊个人的事，只谈高层政治，"费舍尔回忆道，"对于我们共同的出生地德国，米沙力主推行有限民主。我并不赞同，我主张至少实行资本主义民主。"[11]

马库斯后来写道，他和费舍尔"很高兴能再次见到对方，但已经无法忽视那种刺痛感，互不信任已经出现在我们的关系中"。马库斯谴责自己的老朋友跟工人运动中反苏反共的"分裂派"交往，并批评他和这些过去的社会民主党叛徒一见如故。数年后，马库斯才相信费舍尔与美国情报部门有联系。1949年，马库斯加入了民主德国的外交机构。1952年，他成为涉外情报部门"斯塔西"的创始人之一。如前文所述，马库斯成了冷战时期最狡猾、最成功的间谍组织首脑之一，在西方他被称为"无面之人"，因为西方的情报部门几乎无法找到他的照片。[12]

即使没有马库斯，出现在柏林的费舍尔也会被情报部门注意到。在冷战的大幕即将拉开之际，情报部门千方百计地搜寻美国间谍。他们了解到，费舍尔在1945年5月初离开波尔塔瓦基地后曾去过开罗。同年7月，他们在柏林发现了费舍尔，基地的苏联前译员安德烈·萨奇科夫中尉在费舍尔位于美控柏林地区的公寓中和他有过会面。据苏联特工所言，费舍尔从波尔塔瓦回来后，"曾在美国托洛茨基派的圈子里，吹嘘他在苏联时和一位苏联将军成了朋友"。苏联间谍未能查出这位将军究竟是谁，据说他曾在伦敦待过一段时间，后来带着费舍尔参加了雅尔塔会议。[13]

1953年，当萨奇科夫从德国回到苏联后，反军事间谍部门对他展开了调查。萨奇科夫的新工作所在城市——乌克兰东部的伏罗希洛夫格勒（现名卢甘斯克）的官员想检验他的忠诚，并且对他和费舍尔的关系尤其感兴趣。他们似乎并未在调查中得到太多信息——萨奇科夫经受住了严酷考验。作为久负盛名的军事翻译院校的毕业生，萨奇科夫最终在苏共中央委员会的外交政策部门找到了

第二十章 波尔塔瓦的嫌疑人

工作。萨奇科夫的事业开始崛起，在接下来的许多年里，费舍尔仍然高居苏联拟定的美国间谍嫌疑人名单的榜首。[14]

苏联和西方盟国的关系刚开始降温时，搜寻与波尔塔瓦基地相关的美国间谍的工作就已经展开了。苏联国家安全部的领导在1947年2月第一次下达命令，要求关注曾在波尔塔瓦服役过的美国人。也就在那时，在国家安全部工作的前"施密尔舒"官员列出了涉嫌为美国进行间谍活动的美国军官和苏联平民的名单。除了费舍尔，名单上还有艾伯特·贾罗德、威廉·卡鲁特、彼得·尼古拉耶夫、菲利普·坦德、伊戈尔·瑞福迪多和亚历山大·别别宁。名单上最显眼的是塞缪尔·查夫。[15]

费舍尔和其他美国军官现在已是鞭长莫及，苏联反间谍部门便将注意力转向了曾与美国人接触而可能被招募为间谍的苏联红军军官。第一个被怀疑替西方搜集情报的是卡鲁特的老熟人、苏联空军第四军的副领航员丹尼尔·巴比奇中尉。在美方的基地记录中，卡鲁特被标注为建筑工程师，但是"施密尔舒"官员认为他几乎没做过任何工程类工作，反倒是他流利的俄语、乌克兰语以及外向的性格，使他能够和说俄语的苏联红军军官以及乌克兰当地民众建立广泛联系，他也因此成了头号间谍嫌疑人。

1944年8月，"施密尔舒"拿到了卡鲁特的笔记本。卡鲁特第一次和巴比奇相遇是在英国，"施密尔舒"在笔记本上找到了巴比奇的地址和办公室电话。根据"施密尔舒"的记录，巴比奇在那里承担着一项"特殊使命"，检查并接管美国依据《租借条约》提供给苏联的飞机。苏联反间谍特工注意到，巴比奇从英国回来后，

- 273 -

对苏联政府的态度就发生了转变。在他们看来，战时英国的生活质量给巴比奇留下了过于深刻的印象，他不恰当地将其与他在国内看到的情况做比较。"巴比奇表达了对服务、纪律、生活条件和后勤供给的不满，贬损苏联人民和苏联红军军官。与此同时，巴比奇对英国的生活条件尤其是英国军官赞不绝口，说他们很有教养，也有能力。"[16]

这些信息传到了空军第四军的反间谍军官那里。而1944年，巴比奇正在驻扎于波兰的第四军服役。这些消息在当时并未引起反间谍军官的警觉，因为当时英美仍是苏联的盟友。可是，1947年夏，形势发生了大逆转。6月，反间谍官员写信给基辅军区的同行，试图了解巴比奇与美国人接触的相关情况。[17]

基辅军区军官很乐意提供帮助。他们很快向空军第四军总部发去了报告，根据他们的记录，卡鲁特确实记下了巴比奇的地址和电话号码。而且，卡鲁特在波尔塔瓦服役时向当时身在莫斯科的巴比奇送去了问候。基辅军官还提供了一张卡鲁特和他未来的妻子克洛蒂尔德·戈沃尼的合照，这张照片是1944年在波尔塔瓦基地的圣诞庆祝活动上拍摄的。他们无法确定巴比奇和卡鲁特的关系究竟是何性质，但是巴比奇在英国的经历以及他对同事们讲的话，使他成为主要的英国间谍嫌疑人。我们不知道调查结果是怎样的，然而，调查活动一定引起了巴比奇的极大焦虑，也不利于他的军人生涯。因为尽管他在战场上表现优异，但他的名字并未出现在战后苏联空军杰出人物名录中。[18]

随着冷战加速升级，苏联反军事间谍部门对许多曾在波尔塔瓦服役过的空军飞行员和技术员展开了调查。通常，此类调查都是从

第二十章 波尔塔瓦的嫌疑人

他们结束在德服役、回到苏联的新岗位之后开始展开的。在急于证明自己能力的调查官眼中，即使是那些曾在基地充当"施密尔舒"线人的人，同样不能排除嫌疑。

其中一名嫌疑人就是基地最活跃的"施密尔舒"特工——维克托·马克西莫夫上尉，他是基地作战部的一名军官。由于经常与美国人打交道，他的确是1944年4月最早被"施密尔舒"情报网招募的一批人员。基地"施密尔舒"部门的长官斯维什尼科夫中校和佐里纳少校直接领导马克西莫夫。战后，马克西莫夫被调往柏林，在苏联驻德军事管制机构空军部的科瓦廖夫将军麾下供职，经常代表苏方与西方盟友就航空运输与空中走廊方面展开谈判。[19]

马克西莫夫在德国的下属认为他是一位称职的军官，他的英语流利，对那些来自移民家庭、有俄国背景、说俄语的美军联络官态度强硬。他也有一些重要的社会关系，他的一位兄长在苏联驻美大使馆担任空军部专员，拥有上校军衔。但这些对于喀山（马克西莫夫在1953年1月从德国回来后被分配到这里）的军队反间谍部门来说似乎并不重要。他们对于马克西莫夫和费舍尔、米申科和别别宁的联系倒是格外感兴趣。别别宁是美国空军上尉、基地老兵，曾在柏林和科瓦廖夫、马克西莫夫一起参加了几场谈判。[20]

马克西莫夫竭力证明自己的清白。他告诉调查人员，自己的主要任务就是从与他打交道的美国人那里搜集情报。波尔塔瓦基地的"施密尔舒"官员打开了有关马克西莫夫所有联系人情况的特殊文档，其中包括他们的简历。这些文档按月更新，马克西莫夫自称在文档的准备和更新工作中发挥了积极作用。对照波尔塔瓦的档案资料，他的嫌疑似乎可以洗清。1963年，在为军队效力25年后，他以中校军衔退役。之后他致力于民防基础知识教学，在冷战时期，民防可是一项重要科目。在喀山建筑与建造研究所执教近30年后，72岁的马克西莫夫才在1993年完全退休。[21]

反军事间谍机构梳理了波尔塔瓦的"施密尔舒"档案，主要是寻找在美军基地工作或是去过基地的男性军官和平民从事间谍活动的证据。当然，女性也没有被间谍猎手排除在外。1948年10月，空军第12军的反间谍官员向曾在波尔塔瓦基地餐厅工作过的女招待莉迪亚·罗曼舍夫斯卡亚了解情况，她在1944—1945年与美国空军有过接触，因此被怀疑与美国情报部门有联系。[22]

苏联红军空军军官的妻子也受到了怀疑。据说，基地前护士、嫁给中校军官阿瑟尼·邦达连科的玛利亚·索洛多夫尼克对官方文件和军人事务表现出了不同寻常的兴趣，反间谍官员为此不惜从"施密尔舒"那里深挖一切相关资料。直到1950年，在阿尔汉格尔斯克军事区服役的邦达连科都在接受调查。

与此同时，反军事间谍机构开始调查娜塔莉亚·拉夫林斯卡亚。1944年，因为和美国军人约会，当时年仅15岁的娜塔莉亚被波尔塔瓦基地的"施密尔舒"拘留。反间谍官员之所以对娜塔莉亚格外感兴趣，是因为她战后嫁给了明星飞行员——苏联英雄叶菲姆·帕拉欣少校。调查毫无结果，但可能影响了帕拉欣的事业发展。1957年他退休时仍是少校军衔，没有晋升。后来他定居于波尔塔瓦，1997年在那座小城离世。[23]

经过秘密警察的调查，马克西莫夫、萨奇科夫和其他许多因自己或妻子与基地美军有过接触而接受调查的军官均被宣告无罪。然而毋庸置疑的是，在波尔塔瓦服役的经历让他们有机会直接面对美国人，这原本可以使他们未来的军旅生涯充满希望，但谁都没有想到，随着冷战大幕的拉开，这段经历从优势变成了劣势。他们中的许多人在1945年夏被派往柏林，因为美苏起初都致力于构建同盟关系，他们的技能满足了这种需求。但随着双方合作的可能性逐渐渺茫，人们不再像原来那样，热切期盼苏联军官和译员在基地掌握的外交技能可以为己为国所用。波尔塔瓦的人们不再是值得信赖的同志和专家，而是嫌疑人，而后许多年的情况皆是如此。

对那些在波尔塔瓦基地及其周边地区曾与美国人接触过的乌克兰人而言，他们的境遇也很类似。情况最艰难的是曾与美国人交往过、一直等着他们归来的女性。在美军飞行员离开基地很久很久以后，秘密警察仍然对这些平民的风流轶事颇有兴趣。

第二十一章 猎　巫

任何在20世纪40年代末和50年代初读过苏联报纸或是收听过苏联广播的人都认为，在克里姆林宫与西方的这场未宣之战中，美国是苏联的主要敌人。

在幕后，斯大林和苏共中央委员会未受媒体调查的影响，下令国家安全部（苏联内务人民委员部国家安全总局战后的改组）进一步排查西方间谍，尤其是美国间谍。针对美国的反间谍工作被分配到了国家安全部的二局二处。这对二局来说是一项艰巨任务：跟与德国人的来往不同，很少有苏联人接触过美国人，因此很少有人具有被指控为替美国人工作的确凿证据。在刚并入苏联的立陶宛共和国，据说国家安全部二局的官员们在1950年的前10个月里逮捕了15名为德国间谍与反间谍组织工作的特工、7名英国间谍，此外只有1人被指控替美国人效力。[1]

苏联对美国的敌意越来越深，间谍狂躁症随之而来。任何与美军基地有关联的人都成了苏联反间谍人员的首要目标，而乌克兰特工在处理这些问题时要比立陶宛特工更有优势。3座美军基地都位

第二十一章 猎 巫

于波尔塔瓦行政区,因此也在波尔塔瓦地区安全总部和反美情报部门的管辖内。

高居有间谍嫌疑的美国军官榜首的是初为中尉军衔、后来升任上尉的乔治·费舍尔。名单上第七号人物是他的朋友——会说俄语的花花公子伊戈尔·瑞福迪多。我们已经知道他因在饭店与人发生争吵、言语侮辱苏联红军及苏联政府,于1944年9月被调往英国。1947年2月,国安局初步拟定了美军情报工作者嫌疑人名单,名单上不仅包括费舍尔和伊戈尔,也包括他们在基地的异性朋友。

波尔塔瓦官员在寻找美国间谍和特工的过程中,格外关注那些曾与有间谍嫌疑的美国军官交往过的当地姑娘。金发碧眼的波尔塔瓦姑娘——季娜伊达·贝卢沙同时认识费舍尔和伊戈尔,因此她成为秘密警察长期调查的首要目标。季娜伊达来自苏联精英阶层,在1922年出生于一个高级警官家庭,她的父亲安德里·贝卢沙掌管着波尔塔瓦地区的监狱系统,在"大清洗"的高潮期被逮捕和枪杀,判刑和枪决发生在同一天,即1938年10月17日。安德里留下了季娜伊达和奥廖娜两个女儿。两人对苏联都不太忠诚,也没有因和德国人或美国人约会而感到不安。

国家安全部的档案记录了季娜伊达和伊戈尔首次见面的诸多细节。当时,季娜伊达正在当地的河边沐浴,伊戈尔和一位朋友走向她,并询问是否可以和她拍一张照片。她同意了,伊戈尔的朋友替他俩拍了张合照。当晚,伊戈尔、季娜伊达以及同来的汉娜·曼科一起在当地的一家剧院见了面。他们相约在1944年7月15日星期六晚再聚。但当时苏联人对与美军约会的乌克兰姑娘进行攻击的风头正盛，约会未能实现。[2]

伊戈尔和他的朋友——另一位俄国移民、空军中尉亚历山大·别别宁一同前来，季娜伊达也带了一位朋友丽达。他们在公园刚见面不久，一个苏联醉汉就走上前去踢打丽达。别别宁立刻做出反应，对准醉汉的脸挥了一拳，醉汉立刻挂彩。一位赶到现场的苏联红军巡警告伊戈尔和别别宁，太阳下山后所有美国人必须待在营地。伊戈尔后来向季娜伊达承认，美苏关系并不好。斗殴时有发生，且多数与女孩有关，还有些美国人甚至遭到了抢劫。[3]

1944年11月，伊戈尔离开乌克兰几个月后，苏联秘密警察对季娜伊达展开了调查。据一位代号为"丽丽"的特工汇报，季娜伊达曾在德占期间和德国军官约会。不过，这似乎没那么重要，因为调查针对的是她充当美国间谍的嫌疑。更重要的是，"丽丽"表示，季娜伊达不仅在1944年七八月间和伊戈尔交往，还经人介绍认识了费舍尔，对方还提议晚上和她见面。季娜伊达从未向"丽丽"提起他们究竟有没有见面。[4]

那时候，波尔塔瓦的密探们对季娜伊达和她与美国人接触并不在意。之后好些年，他们都未曾关注此事。可是到了1950年，随着情报机构重新对伊戈尔和费舍尔产生了兴趣，季娜伊达再次受到怀疑，汉娜也是如此——1944年7月，季娜伊达和伊戈尔第一次见面时曾带着她一起去了剧院。[5]

1924年，汉娜·曼科生于一个坚定的共产主义家庭。她的父亲捷连季·曼科是革命时期的典型，作为农民的后代，他被任命为农业建设学院院长，而那时他本人甚至还没有从这所学校毕业。但

第二十一章 猎 巫

在1938年夏,这一切都变了。汉娜回忆起6月22日,这个决定命运的日子里所发生的一切,当时她只有14岁。"我被敲门声吵醒了,两位穿着制服的人带着父亲,还有一位邻居一起进了屋,邻居是作为目击证人被找来的。他们翻遍了屋里的一切,包括书籍和父亲的文稿。母亲和奶奶痛苦地哭泣着,父亲好像完全被击垮了,但仍站在那里试图保护她们。他们把父亲带走时,外面天色已亮。"

1938年9月,他们逮捕了汉娜的母亲。一个月后,她的父亲以从事反苏活动的罪名被判处死刑。汉娜回忆道:"可怕又黑暗的日子接踵而来,我战战兢兢地从七年制学校毕业,然后我决定上医学院……1941年我完成了学业。日子过得很难,非常难。我被视为'阶级敌人'的女儿。"就在汉娜毕业的当月,希特勒的军队开始入侵苏联,比原计划提前了一年。汉娜遭受的一切使她对于当时节节败退的苏联军队没有什么特别的感情。代号为"德米特里耶娃"的特工认为汉娜欢迎德国人的到来。后来的报告表明,她曾与到过她公寓的德国军官约会。她和同为受迫害者的女儿、同样不介意和德国人交往的季娜伊达关系很好,后来还经季娜伊达介绍认识了伊戈尔。[6]

波尔塔瓦国家安全部的官员第一次得知汉娜认识伊戈尔是在1951年1月。当时,一名代号为"博洽罗娃"的特工正因与纳粹警察有关联而接受国家安全部的调查。她急于向国家安全部证明自己的价值,便报告说汉娜曾向她透露,1944年夏天,有一次她和好友季娜伊达走在一起时遇上了几个美国人,大家还"聊了几个小时"。后来,"博洽罗娃"看见汉娜和季娜伊达、伊戈尔一起观看了剧院演出。"博洽罗娃"亲眼看见汉娜走到季娜伊达身边,三人

- 281 -

在一起聊天。[7]

急于起诉伊戈尔的国家安全部官员有意将汉娜招募为线人,但她的某些行为又令人生疑。她是否已经被美国人招募,从事针对苏联的间谍活动?一位代号为"季先科"的女线人在战前曾与汉娜一起在医学院学习,现在又与她同在流行病学部门工作,她告诉国家安全部官员,汉娜在德占时期就生活得很好,战后依然如此。"季先科"报告说:"现在,汉娜的穿着仍很时尚。一有新的流行趋势,她就会有全套新款。"汉娜的财富来源仍然是个谜。"季先科"接着汇报:"她没有父亲,只有母亲,有着一份并不令人羡慕的工作。我知道,以一份助理医师的薪资,不可能穿成那样。"确实,在战后乌克兰,拥有一条连衣裙无异于拥有一件奢侈品。国家安全部官员下令特工继续观察汉娜的行为。[8]

当国家安全部获悉有一位名叫米哈伊洛的现役军人是汉娜的男友时,他们的疑心就更重了。代号为"库兹涅佐娃"的女线人问汉娜是否想嫁给米哈伊洛,汉娜回答,他们无法结婚的原因有很多。国家安全部因此产生了新的疑问,不过,对于这些问题,"博洽罗娃"有所回答。1951年3月,"博洽罗娃"汇报了一段她与汉娜之间有关其未婚夫的谈话。原来,汉娜愿意嫁给米哈伊洛,但担心对方一旦知道自己的父亲是被国家安全部逮捕并处决的,就会拒绝她。

汉娜的担心是有理由的。二战刚结束的时候,她爱上了一位名叫帕维尔的苏联军官。二人准备结婚时,帕维尔询问汉娜父亲的情况。当他得知汉娜的父亲被逮捕后再未回来、她的母亲也被监禁了半年之后,他告诉汉娜,作为一名反间谍官员,他不能和一位曾在德占区生活过且父亲还在坐牢(汉娜此时尚不知道她的父亲已被处决)的人结婚。汉娜告诉"博洽罗娃",回想起自己和帕维尔之间曾发生的这些事,她常常伤心流泪。她希望米哈伊洛的情况能有所不同,他和帕维尔不一样,不在反间谍部门工作,仅仅是一名军医。[9]

随着未婚夫谜团的解开,国家安全部准备招募汉娜作为新的线人。在申请招募汉娜的报告中,国家安全部情报官员陈述了她和季娜伊达曾与费舍尔、伊戈尔约会的事实,并指出,汉娜和其他曾与美国人约会过的女性的关系是很有价值的。国家安全部的报告中写道:"她有政治意识,有文化,很成熟,善于迅速和陌生人熟络起来,知晓国际形势。"国家安全部的计划是将汉娜传唤至警局,审问她与美国人的关系。报告接着说:"如果她将自己知道的事情坦诚相告,那我们就建议她与我方部门合作,随后让她签署一份恰当的协议。"1951年9月7日,这份申请得到了批准。[10]

我们不清楚汉娜是否愿意回答国家安全部的问题,并使对方相信她是坦诚的,即便她做到这一点,我们仍不清楚她是否打算要为国家安全部工作。我们可以肯定的是,汉娜终其一生都待在战时工作的医院里,做着相同的工作。1991年苏联解体后,当地记者在调查"大清洗"时曾求助于她,要寻找有关她父亲的一些材料,汉娜讲述了父亲被捕的情况,以及她作为"阶级敌人"之女的生活,无论在政治层面还是社会层面,她都是战后苏联社会中的被排斥者。她还向记者展示了父亲在被捕当天原计划要进行答辩的毕业论文。汉娜说道:"现在,我将他的演算稿视为神圣又亲切的遗物。"[11]

国家安全部是否成功招募了汉娜,我们无从知晓,但他们确实将季娜伊达招致麾下。他们召集了所有曾接近过季娜伊达的特工，去搜集有关她行动和态度的一切信息，但似乎还不满足。最后，他们招募了季娜伊达的丈夫鲍里斯，代号"费多托夫"，他被迫汇报自己妻子的情况。国家安全部在20世纪50年代初搜集到的信息表明，尽管季娜伊达和不少德国人和美国人约会过，但她没有替美国情报部门工作。

1952年9月，季娜伊达在接受了长时间的审讯后，终于同意为国家安全部工作。她承认在战时曾与德国和匈牙利军官约会。"我必须承认，在德国占领波尔塔瓦期间，我的所作所为并不光彩，没有表现出一个苏联公民应有的尊严。尤其是，我和德国军官在一起度过了一段时间，我们多次在我家聚会，喝酒、跳舞、听音乐。我还和他们去过几次剧院……我认识一位名叫汉斯的飞行员，他是一名军士，我还认识一位从事食物供给工作的名叫理查德的军官、一位叫汉斯的匈牙利飞行员。"季娜伊达也承认在1944年7月和8月间曾与伊戈尔约会。作为新招募的特工，季娜伊达的代号是"泰加林"。[12]

在这场招募特工的游戏中，季娜伊达最终没有成为国家安全部喜欢的那类特工，她几乎没提供过什么有价值的信息。1955年，在她被招募为特工后不到三年，当时已更名为克格勃的国家安全部将她从特工花名册上除名了。然而，1958年11月，她的名字再次出现在克格勃的档案中。原因再简单不过：乔治·费舍尔正在苏联访问，还有可能要来波尔塔瓦。在克格勃看来，1944—1945年曾见过他的波尔塔瓦居民是暗中监视这位美国客人的潜在人选。就在当地的克格勃官员准备联系季娜伊达时，他们接到了莫斯科方面的

第二十一章 猎 巫

简讯：费舍尔不会来波尔塔瓦。[13]

季娜伊达不再是克格勃的监控对象了，然而讽刺的是，美国从未在她的视野中消失。她没有放弃希望，想要找到远在美国的伊戈尔并和他取得联系。1959年秋，她请求一位熟人——曾被关押于德国集中营的叶夫根尼·奇科帮助她寻找伊戈尔，奇科战后曾在欧洲住过一段时间，在美国也有亲戚。奇科如约给居住在美国新泽西州帕塞伊克的舅舅写了封信，请求他帮助寻找伊戈尔。但季娜伊达只知道伊戈尔住在加利福尼亚，这点信息可远远不够。1959年12月底，奇科收到了一封来自新泽西州的回信，信中告知他没能在加利福尼亚找到伊戈尔。奇科的舅舅表示，伊戈尔可能已经改名了。[14]

1964年5月，波尔塔瓦的克格勃再次对季娜伊达产生了兴趣。在克格勃口中代号为"野马"的费舍尔将再次访问苏联。他们估计费舍尔会去波尔塔瓦，于是，克格勃开始研究利用季娜伊达去接触他的可能性。1964年5月，克格勃官员找到了季娜伊，再次了解她在战时与伊戈尔和费舍尔的接触。关于费舍尔，季娜伊达告诉审问官，她只是在伊戈尔介绍他们认识时见过他一次。对于伊戈尔，她可说的更多，她曾与他交往了两个半月，而且他们之间的关系是"纯粹的亲密关系"。伊戈尔告诉季娜伊达，他来自加利福尼亚，自1944年9月他离开波尔塔瓦后，两人再未联系。

季娜伊达承认，她曾试图通过自己的熟人奇科寻找伊戈尔。克格勃建议季娜伊达请求奇科通过他在美国的亲戚再次寻找伊戈尔。季娜伊达按照命令做了。克格勃的档案并未记录寻找的结果，很可能是奇科的亲戚没能帮上什么忙。季娜伊达未能和自己的战时男友

- 285 -

再次取得联系。[15]

波尔塔瓦的克格勃显然对此很失望。不过，他们认为伊戈尔是美国间谍的想法很是牵强，季娜伊达与伊戈尔同样不可能有什么未来。伊戈尔从波尔塔瓦调回英国后，加入了第8航空队第13作战联队。二战结束前，伊戈尔和英国皇家空军学院的中士宝林·南·米勒德结婚了。1946年，他们带着儿子乘船去了旧金山。1955年，他们定居在安纳海姆，那一年迪士尼乐园亦在此开园。

接下来的几年中，他们又添了三个儿子。伊戈尔成为博伊斯市场的经理，晚上靠打牌赚外快。1987年，他和他的儿子托尼（当过戏剧导演，后来是一名美食评论家）在加利福尼亚的圣安娜创立了"遥远的百老汇"剧场。始于沙皇俄国时代，投身于剧院和艺术事业的家族传统在加利福尼亚得到了复兴。伊戈尔很长寿，他在和自己相伴29年的第一任妻子离婚后再婚。2015年2月，95岁的伊戈尔在加利福尼亚的富勒顿安然离世。[16]

季娜伊达后来经历了什么，我们不得而知。1968年，有人向克格勃告发她在战时与德国人有联系。告发者在写检举信时，对当时正受雇于波尔塔瓦地区的检察机关的委娜伊达显然非常不满，声称季娜伊达曾在一家德国医院生过孩子。克格勃调查了此事，但一无所获。他们始终没有放弃季娜伊达能帮助他们找到伊戈尔和费舍尔的希望。毕竟在克格勃列出的波尔塔瓦基地美国间谍嫌疑人名单上，乔治·费舍尔的名字一直都位于前列。[17]

第二十二章　华盛顿的重逢

"一个人的垃圾是另一个人的珍宝。"这句谚语不仅适用于考古学家，同样适用于间谍工作。1955年1月初，在华盛顿，美国联邦调查局的特工在苏联驻美大使馆的垃圾桶里找到了不少东西。从情报价值的角度来说，它们堪称珍宝。新年伊始，苏联外交官便把去年的活页台历给丢弃了。也许是因为当时苏联人尚不知碎纸机为何物，也或许是因为台历在他们眼中并不是什么要紧的东西，不管怎样，有些台历活页最终被扔进了垃圾箱。

1954年8月7日的活页上写着一个人名和一处地址，这引起了联邦调查局特工的注意。"乔治·费舍尔教授及其夫人，布兰迪斯大学，沃尔瑟姆市，马萨诸塞州。"联邦调查局华盛顿外勤办公室将他们的发现上报总部。消息又传至波士顿，当地特工拜访了这所于1948年由犹太人社区在波士顿郊外创立的无宗派学院。该校招生办公室的一个女员工告诉联邦调查局的特工，学校里确实有一位叫作费舍尔的教员。他生于1923年5月，现年31岁，妻子是凯瑟琳·霍格。这家人不住在沃尔瑟姆，而是住在附近剑桥市的沃克大街39号。

　　费舍尔的身份现已确认，但他的名字为什么会出现在苏联大使馆的台历上仍旧是未解之谜。他是间谍吗？有能证明他清白无辜的解释吗？联邦调查局的特工决定找出真相。这是一个前路未知的时代。威斯康星州的参议员约瑟夫·麦卡锡宣称，苏联共产党人已渗透至美国核工业，甚至是中央情报局。苏联反间谍官员深受冷战阴霾之苦，美国人同样受此影响。任何曾与战时的盟友、现今的敌人接触过的人，均沦为"铁幕"两端共同怀疑的对象。[1]

　　从1947年年初至20世纪50年代中期，费舍尔的名字一直位于苏联人所怀疑的美国间谍活动嫌疑人名单的前列。任何与他有过一面之缘的人都会成为主要嫌疑人，并受到国家安全部门的严密调查，季娜伊达的例子就是明证。[2]

　　然而，在1955年的最初几个月里，调查费舍尔与苏联大使馆关系的联邦调查局特工对此一无所知。要是他们知道苏联反间谍部门对费舍尔的看法，肯定会大吃一惊。因为他们所有的发现都不能证明"施密尔舒"和苏联国家安全部的推测。相反，费舍尔更像是为苏联充当间谍的完美人选。苏联人是否成功地使他背叛了他在二战时为之效忠的国家？或许他发现，比起战后的敌意，战时的同盟关系更令人无法抗拒。

　　调查人员首先查阅了过去的档案，他们从位于丹佛的美国空军档案馆调来了费舍尔的服役记录。他们发现在1946年4月29日之前，费舍尔一直驻扎在海外，退役时为上尉军衔。随着调查进一步展开，调查官得知费舍尔退役后很快回到了威斯康星大学，1942

第二十二章 华盛顿的重逢

年他正是从那里离开后加入空军的。1946年5月31日，费舍尔重入大学开始学习，1947年9月顺利毕业。拿到学士学位的费舍尔又前往哈佛大学，继续攻读斯拉夫语言与文学硕士学位。1948年，也就是捷克斯洛伐克共产党取得政权的那一年，他前往布拉格参加了一个暑期课程，1949年正式毕业。

1951年，克莱德·克拉克洪教授（当时是哈佛新开设的俄罗斯研究中心的主任）邀请这位年轻的毕业生，参与该中心与美国空军联合发起的关于苏联政治和社会制度的研究项目。研究建立在对苏联前公民（主要是战后难民）的采访上。采访需要在德国难民营进行，需要像费舍尔这样的参与者飞往那里。此次旅行还需要通过安全调查。美国空军的反间谍部门——特别调查处负责提供必要的审查，该部门对费舍尔持保留态度。调查显示，他由德国著名共产党人保罗·马辛的妻子赫德·马辛抚养长大，而他的父亲路易斯·费舍尔是"许多共产主义阵线组织的成员"，也是1943年一场间谍案的调查对象，特别调查处的报告中写道："有证据表明，乔治·费舍尔本人也有强烈的共产主义倾向。"所引证据来自1942年费舍尔试图加入美国海军情报部门时所表述的观点。[3]

特别行动处不太确定该如何看待他们的发现，便委托联邦调查局展开调查。联邦调查局的官员已经准备行动，尤其是波士顿分局的高级特工托马斯·苏利文。他们在纽约找到并询问了费舍尔以前的监护人赫德·马辛。实际上，赫德曾与联邦调查局合作过。1949年，对苏联间谍阿尔杰·希斯进行第二次审判时，赫德做出了对其不利的证言，她回忆起20世纪30年代中期发生的一件小事。作为苏联情报机构的招聘人员，她曾与当时为苏联军事情报机构效力的希斯发生过争论，争议内容与美国国务院雇员诺尔·菲尔德应该向苏联间谍网的哪个分支机构做汇报有关。赫德说她从20世纪30年代末起就不再为苏联人工作了。当被问及费舍尔时，赫德回忆说，1937年10月到1938年6月她在莫斯科期间，"乔治·费舍尔非常亲苏，不遗余力地替当时正在发生的'大清洗'辩护"。她告诉特工，费舍尔早在1938年就改变了他亲苏的观点，"但从未直言不讳地批评苏联政权，因为他的许多朋友和熟人仍住在那里"。

联邦调查局想知道费舍尔是真的放弃了共产主义立场，还是为了不暴露自己为苏联所做的秘密工作而将真实想法藏于心中。同在威斯康星大学、曾是苏联共产党员的联邦调查局线人证实，在信仰方面，费舍尔其实是反苏的。他在哈佛大学的熟人也这么说。哈佛大学俄罗斯研究中心副主任德米特里·希姆金认为费舍尔是"一个中间偏左的自由主义者"。希姆金在研究中心的上司、邀请费舍尔参加难民项目的克拉克洪教授也认为他不构成安全威胁。克拉克洪指出，两位颇有声望的外交官埃夫里尔·哈里曼和查尔斯·奇普·博伦都认可费舍尔，对他的评价很高。根据联邦调查局的档案，二战期间，另一位美国驻苏联大使馆的重要人物——曾在普林斯顿大学任职的乔治·凯南[①]也对费舍尔信任有加。他曾邀请费舍尔担任自由俄罗斯基金的主任，该组织旨在帮助苏联流亡知识分子在美国展开苏联研究。[4]

没有证据显示费舍尔具有亲苏倾向，1952年4月，联邦调查局

[①] 乔治·凯南，美国外交家、历史学家、普利策奖获得者，"遏制政策"的提出者，被称为"冷战时代的顶级战略家""构筑美国外交政策的圈外人"。

第二十二章 华盛顿的重逢

波士顿分局的高级特工苏利文决定终止调查。他在备忘录中写道，调查"没有找到能证明他是共产党人或对共产党表示同情的证据"。费舍尔通过了参加哈佛项目的安全审查，随后飞往欧洲。在采访这些难民对苏联政治和社会制度的看法时，费舍尔发挥了重要作用。同年，费舍尔以专著形式发表了关于斯大林体制抗争史的论文。他的研究对象是安德烈·弗拉索夫领导的俄罗斯解放军，这是一支二战期间德国人创立的作战部队，主要从纳粹集中营的苏联战俘中招募士兵，企图利用俄罗斯民族主义思想和反共思潮来打败苏联。在完成了研究生阶段的学业后，费舍尔前往布兰迪斯大学教书，1955年1月联邦调查局从苏联大使馆找到的活页上的内容正与此有关。[5]

联邦调查局1955年对费舍尔的调查始于查阅与苏联大使馆相关的近期文档。特工注意到了一些以前被忽视的东西。一份归档时间为1954年11月5日的联邦调查局报告（其内容可能来源于对电话通话的窃听）显示，某个叫"乔治·费舍尔"的人与苏联大使馆的三秘有过接触，三秘是最低等级的外交官，和助理外交官的级别相当，这位秘书通知已抵达华盛顿的费舍尔于11月7日参加纪念俄国革命的使馆招待会。据报告所言，费舍尔告诉这位使馆官员，自己准备于11月6日去拜访他。使馆官员回应可能会给费舍尔打电话。[6]

联邦调查局不知道两人后来是否有过会面，但是这些官员了解到，费舍尔确实在11月7日参加了招待会。毋庸置疑，费舍尔的名字出现在苏联大使馆台历8月7日的活页上，和他三个月后拜访大使馆有着必然联系，但这种联系究竟是什么性质，仍令众人不解。

阴谋论愈演愈烈。1955年3月18日，联邦调查局官员从"一个高度机密但非常可信，且其身份不能暴露的渠道"得知，费舍尔将于3月20日再次拜访苏联大使馆，特工对他的怀疑倍增。费舍尔依旧与上次的三秘联系，并计划在抵达华盛顿的当天傍晚，在这位三秘的公寓与他见面。[7]

机密渠道向联邦调查局汇报：费舍尔曾向苏联大使馆递交过两份申请，一份是旅游签证申请，另一份是更换国籍申请。联邦调查局的官员不禁警觉了起来，他们怀疑费舍尔准备叛逃，取得苏联国籍然后消失在"铁幕"之后。"费舍尔不仅是美国公民，还是知名又高产的反苏作家路易斯·费舍尔的儿子，他放弃美国国籍对苏联来说具有宣传价值。"联邦调查局的一份电报上这样写道。费舍尔似乎对苏联人有潜在的价值，因为他将断绝和自己父亲的来往。而路易斯·费舍尔已不再被怀疑从事针对美国的间谍活动，不再被怀疑持有亲共观点，他俨然成了一项反苏资产。[8]

联邦调查局华盛顿分局派出了一个监控小组，从费舍尔抵达华盛顿、准备和苏联官员会面时起，他在首都的一举一动都有人监控。3月20日晚上6点41分，费舍尔来到了位于华盛顿西北区的苏联外交官住宿的公寓附近。他从一辆绿色1951款福特敞篷车中走了出来，车辆的驾驶员是一位女性，监控者描述这位女性"年龄30—35岁，肤白，褐色头发，戴着眼镜"。放下费舍尔后，她便驾车离去了。费舍尔走进了大楼，一直待到近午夜时分。11点50分，他在一位男子的陪同下离开了大楼。两人随后坐上了一辆1954年产的蓝色福特轿车，据监控小组汇报，"轿车迂回行驶，穿过了华盛顿西北地区"。司机可能是在确认是否有人跟踪他们，联邦调查局不得不在晚上12点21分停止了对该车的跟踪。12点55分，在费舍尔居住的大楼旁，监控小组发现了费舍尔和同行者。两人站在人行道上交谈3分钟后就分开了。一位特工看了看手表，此刻是午夜12点58分。[9]

现在，联邦调查局知道费舍尔和苏联官员的交往绝非偶然。他们想知道更多信息，但是除了监控报告和一封费舍尔寄往苏联大使馆的信件的英译文之外，他们无从着手。信件内容如下："直到现在，关于我的两份申请，一份是更改国籍申请，一份是今年夏天的旅行签证申请，我完全没有得到大使馆的任何回复。如果在我打电话给你时，你能告诉我可以自己去大使馆找谁办理，我将不胜感激。"就联邦调查局所知，费舍尔去苏联之前，他的国籍是美国，他为什么要更改国籍仍然是个谜。[10]

1955年3月底，联邦调查局确定，找出真相的唯一方法就是直接问他。联邦调查局波士顿分局发往总部的电报中这样写道："鉴于费舍尔可能申请苏联国籍，分局希望即刻采取行动，了解他目前的思想倾向。"提交的审问计划表明，特工准备告诉费舍尔，因为他曾于1954年11月7日去过苏联大使馆，他们对他产生了兴趣，想知道"他是否希望一直有理由和苏方人员发展关系，以及他是否愿意协助联邦调查局，说出对这些人的评价"。

审问的终极目的是查明费舍尔是否真的申请了苏联国籍，还有他和苏联大使馆官员接触的性质。但是，为了避免泄露联邦调查局的消息来源，以及不暴露费舍尔在华盛顿已被监控的事实，联邦调查局的官员不能直接问这些问题。联邦调查局审问建议的备忘录中这样写道："应该很巧妙地给他一个主动提供信息的机会。"1955

年4月,波士顿联邦调查局被授权对费舍尔进行审问,然而,说起来容易做起来难。他们在费舍尔的住址——剑桥市沃克大街39号没有找到他。[11]

费舍尔正在和妻子凯瑟琳·范·艾伦·霍格办离婚手续。凯瑟琳是宾夕法尼亚人,其父是哈弗福德大学的教务长吉尔伯特·托马斯·霍格。他们于1948年9月结婚。如今费舍尔已搬去别处,在波士顿的查尔斯大街租了一套公寓。他可能承受着很大压力。据接受联邦调查局询问的一位邮局官员汇报,费舍尔和两位邮递员都闹过矛盾,被大家视为麻烦制造者。准备离婚、行为怪异、拜访苏联大使馆、同苏联官员在公寓会面,此外还在申请前往苏联的旅行签证,可能还在申请苏联国籍,这一切使费舍尔完美地匹配了一个叛国之人的形象。[12]

1955年5月18日,联邦调查局的特工终于可以审问费舍尔了。此时,距离报纸上刊登华约组织成立一事仅过去四天,该组织是苏联领导的用于对抗北约组织的军事联盟。费舍尔回答特工的问题时坦率而直接。正如他们在报告中所写的那样,费舍尔提供了大量关于他在1954年11月和1955年3月前往苏联大使馆的信息。然而,那个联邦调查局官员最为关心,但又因非常敏感而被指示不要直接询问的问题——苏联国籍的问题,费舍尔没有主动提供任何相关的信息。

费舍尔详述了他与苏联使馆三秘佐里纳的接触,此人正是"施密尔舒"在波尔塔瓦的负责人。早在1955年3月费舍尔和他会面时,联邦调查局就已掌握了佐里纳的姓名,还有住址——华盛顿特区公园路1451号。但是,当他们得知佐里纳与费舍尔战时服役的

第二十二章 华盛顿的重逢

波尔塔瓦空军基地有关联时,还是颇为惊讶。费舍尔还告诉联邦调查局的特工,佐里纳在战前曾是工程师,在基地时担任苏军与美方的联络官。他的角色可能相当于美国反间谍部队的军官。

费舍尔进一步透露,他和佐里纳的重逢只是一场偶遇。1954年10月,费舍尔在总部位于马里兰州霍拉伯德要塞的陆军反间谍部队中心做了一场讲座,随后前往华盛顿。在离苏联大使馆不远处第16街上的斯塔特勒酒店附近,他与佐里纳不期而遇。几十年后,费舍尔在回忆录中写道,他们相遇时,他已经结束了对苏联大使馆的拜访,从大楼里走了出来。是佐里纳先认出了费舍尔,并冲着他大喊:"乔治!"费舍尔似乎没有很快认出对方,他后来告诉自己的妻子,他用了好几分钟才真正想起来佐里纳是谁。在回答联邦调查局的提问时,费舍尔坦言,他在波尔塔瓦时认识大约十位苏联军官,但对他们的印象都不深。他最终还是认出了佐里纳,用他的昵称"托利亚"和他打了招呼。[13]

既然费舍尔的名字出现在苏联大使馆8月7日的日历活页上,那么佐里纳显然有充裕的时间,精心策划费舍尔眼中的这场"偶遇"。这位前"施密尔舒"官员告诉费舍尔,战争结束后他加入了外交部门,如今他在华盛顿的任期即将结束。事实上,外交职务只是佐里纳的掩护身份,1950年10月,当时还是中校的佐里纳正在基辅军区总部工作,他就在苏联从事间谍活动的美国嫌疑人问题向国家安全部官员提出了自己的建议,而费舍尔高居嫌疑人名单的榜首。美国国务院的记录显示,佐里纳及其妻子于1952—1956年居住在华盛顿,之后的外交档案上便不再有佐里纳的相关记录。因此,佐里纳告诉费舍尔,他在美国的任期接近尾声,这并不是在说谎。[14]

1954年10月，费舍尔和佐里纳"偶遇"后，两人来到一家希腊餐馆吃了顿饭。他们回忆了当年在波尔塔瓦的美好时光。费舍尔记得，"我们亲切地交谈，很高兴能遇见对方"。佐里纳向他抱怨，苏联大使馆和美国人接触很少，他们接触的大部分人甚至不愿意接受他们的邀请参加使馆的招待会。费舍尔后来写道："我讨厌间谍，讨厌对忠诚的狂热，讨厌美国政府和麦卡锡集团的政治打压。我对托利亚说我愿意尽一点绵薄之力来反对它们。"费舍尔接受了邀请，同意参加1954年11月7日举办的纪念俄国革命的招待会，他后来确实去了。[15]

关于招待会，费舍尔告诉特工，他记不清在招待会上遇见的苏联官员们的名字，由于会面的时间很短，他也没有被问及任何可疑的问题，比如美国的民意，或是与报纸上某些信息相关的问题。也许除了佐里纳以外，费舍尔不打算和这里的任何一位官员再有什么联系。而且，他并不肯定是否真的能去苏联，毕竟他的旅行必须接受美国机构的资助。最终，他表示并不介意把自己将来可能接触的苏联官员的信息告诉联邦调查局，但不希望被迫承担这样的义务。费舍尔表示，和苏联官员会面时要是有任何重要的事情发生，他都会联系联邦调查局。审问就此结束。[16]

现在，联邦调查局知道了佐里纳和他的背景，但仍不清楚是否应该继续对费舍尔准备申请苏联国籍一事持怀疑态度。他们决定询问费舍尔的妻子凯瑟琳·霍格，希望她能澄清此事。于是，联邦调查局在1955年9月联系了她。霍格说她的前夫有强烈的反苏倾向。事实上，费舍尔曾坦诚地告诉霍格自己青年时代的苏联往事，还有他在华盛顿遇见佐里纳的事。她还知道费舍尔去过佐里纳在华盛顿

第二十二章 华盛顿的重逢

的住所。

最重要的是，霍格解释了费舍尔为什么要去苏联，以及他的国籍问题。她告诉特工，出于研究目的，费舍尔确实打算前往苏联，但他又担心苏联人会把他视为本国国民，从而阻止他离开苏联，因为1938年他离开苏联时所持的是苏联护照。费舍尔后来回忆："我想立刻申请苏联签证，但是父母都对我曾经的苏联公民身份表示担忧。他们说，我的苏联国籍并未失效。如今莫斯科的官员可能会利用这一点，他们会给我找麻烦，并把我禁锢在我的'故国'。"霍格解释，这就是费舍尔最初去苏联大使馆的原因。他甚至写信求助于自己的老熟人，时任美国驻苏联大使的查尔斯·博伦。

在联邦调查局官员看来，问题终于解决了。他们建议不必对费舍尔的问题做进一步调查。费舍尔希望继续当美国公民，拥有离开苏联的权利。案件似乎画上了句号。[17]

虽然费舍尔洗脱了替苏联从事间谍活动的嫌疑，但是正如他推测的那样，在他尚未成功摆脱苏联公民身份的情况下，贸然前往苏联有被捕的风险。此外，自从1955年5月联邦调查局找过他之后，费舍尔显得很焦虑，担心他和佐里纳的接触或许不会被解读为老友之间的单纯会面，而他和苏联大使馆之间的通信往来以及他本人前往使馆的行为，或许也不会被视为只是试图注销苏联国籍的行为。

费舍尔决定"洗白"自己，争取得到和苏联人进一步联系的官方许可。不过，他显然不信任联邦调查局。1955年8月底，就在联邦调查局询问霍格的几周前，费舍尔给美国国务院护照办公室写了一封信。信中写道："我的双重国籍源于我母亲以前的苏联公民身份，这令我格外焦虑。"他向国务院坦承自己准备再次联系苏联大使馆，并询问对方"你们对此事是否持有异议"。1955年10月22日，护照办公室答复了费舍尔，批准他联系苏联大使馆。[18]

11月7日，费舍尔回到华盛顿，再次参加了使馆举办的纪念十月革命的招待会。同以往一样，他在参加招待会之前先和佐里纳见了面，然后继续和佐里纳及其使馆同事进行社交。这次是佐里纳先告诉费舍尔，他在执行新任务时遇到了困难。这项任务就是搜集有关违反1933年美苏建交时两国所签署的协议的行为证据。协议第三条禁止美国政府资助或支持任何反苏活动。佐里纳宣称，事实上，美国政府事实上正在资助一些从事此类活动的民间机构。他准备写一份纪要提交给美国政府，建议美国政府阻止此类行动。佐里纳正在寻找可以帮助他搜集相关资料的人，他有经费预算，可以为这些信息付钱。

费舍尔感到有些疑惑，对于佐里纳间接提出的合作要求没有给出反馈。谈话似乎就此结束了。但当天晚上，佐里纳再次抛出了这个话题，还表示费舍尔应该很熟悉自己的新任务。他随后问费舍尔是否愿意帮他搜集资料。谈话很随意，考虑到费舍尔曾向佐里纳表达过他反对麦卡锡主义的态度，一切又显得很自然。但是，费舍尔敏锐地意识到和苏联人的"合作"有点像间谍工作，他没有上钩。他告诉佐里纳，自己对此没有兴趣。

佐里纳没有理会他的拒绝，继续向费舍尔提出邀请。他还说，自己原本打算向费舍尔认识的另一个人请求帮助，因为那人年事已高所以才放弃。费舍尔怀疑佐里纳所说的人正是他的母亲，因为佐里纳之前曾问过一些关于他母亲的事情。费舍尔没有回答。佐里纳

第二十二章 华盛顿的重逢

再次试图劝说费舍尔加入他的项目，费舍尔再次表示拒绝，他们带着"习惯性的友好关系"分道扬镳了。[19]

回到波士顿后，费舍尔决定做一件自己以前难以想象的事——写信给联邦调查局，将自己最近前往苏联大使馆的情况告诉他们。当天是1955年11月8日，也是他从华盛顿返回的那一天。11月9日，联邦调查局的官员便登门拜访，询问了他和佐里纳的谈话内容。费舍尔很担忧，联邦调查局的官员在报告中对他的评价是"有些神经质"。正是他的这种特质，再加上他表示不愿意定期向联邦调查局汇报，他们才建议不要把费舍尔发展成双面间谍。然而，费舍尔这次准备与联邦调查局合作了。他提出建议，他可以尝试和自己的母亲联系，这样联邦调查局就能知道苏联人是否找过她。1955年12月，费舍尔和联邦调查局特工再次会面时，他告诉特工，苏联使馆没有和自己的母亲马库莎联系过。费舍尔本人已不愿继续和佐里纳及其他苏联官员保持联系了。不过，他却从苏联大使馆处得到了好消息：他的苏联国籍终于被取消了，他可以自由前往苏联了。[20]

随着佐里纳1956年离开华盛顿，费舍尔人生中关于波尔塔瓦的一页似乎翻过去了。在20世纪60年代，费舍尔曾多次前往苏联，还见到了多位在莫斯科的老友。1963年夏，他前往雅尔塔，参加了美苏达特茅斯会议，除此之外的其他苏联之行均与他在波尔塔瓦的经历没有关系。在达特茅斯会议，费舍尔所熟悉的不仅仅是会议召开的地点（他曾在1945年参加过雅尔塔会议），在基辅办公室负责监控会议全程的克格勃负责人也正是他的老熟人——佐里纳少校。至于两人是否在会场不期而遇，我们就不得而知了。费舍尔在即将离世时，终于得到了联邦调查局的档案，这才知道当局对他的

- 299 -

亲苏立场展开了多次调查。然而，他从未看到关于自己的"施密尔舒"档案，也不曾知道那些苏联朋友的境遇，例如被克格勃招募来监控他的季娜伊达·贝卢沙。波尔塔瓦的克格勃希望费舍尔在20世纪60年代能返回乌克兰，但他余生都没有再回去过。

后　记

　　波尔塔瓦这段历史中的两位重要人物——乔治·费舍尔和富兰克林·霍尔兹曼在哈佛大学再次相遇。20世纪50年代，他们都在那里攻读苏联研究的博士学位。对他俩而言，战时在波尔塔瓦的经历都成为各自职业生涯重要的推进器。令人诧异的是，他们都不打算把这段经历用于研究和教学方面。

　　霍尔兹曼还记得，他们在哈佛相遇时，他曾问费舍尔是否准备以战时的波尔塔瓦作为论文主题。费舍尔表示不会，最终他的博士论文和专著的主题是"与纳粹合作的苏联人"。费舍尔给出的理由是他并不清楚波尔塔瓦究竟发生了什么。霍尔兹曼曾在米尔霍罗德告诉一位战友说，他准备写一本关于"狂暴"行动的书，但他同样不愿在论文中提及自己的战时经历，也从未真正写出那本年轻时曾想写的书。这两位在苏联研究方面成就斐然的学者，将美军在波尔塔瓦的这段历史留给了其他人来书写。[1]

　　詹姆斯·帕顿、阿尔伯特·莱宝斯基和威廉·卡鲁特所写的关于美军在苏联执行穿梭轰炸任务的官方历史，具有那个时代军事报告的全部特征，其本质是技术性的，这些记录在接下来的几十年里都未向公众公开。然而，一位有权接触全部官方资料的军官希望全世界能知道战争年代波尔塔瓦基地发生的故事，他就是迪安将军。1947年，已从军事部门退休的迪安出版了自己的战争回忆录，书的标题赫然概括了他的态度——《奇怪的同盟》。全书共19章,"穿梭轰炸"这部分涉及乌克兰基地的设立和运营,而其他章节,尤其是"遣返战俘"这章,讲述了波尔塔瓦故事的方方面面。

尽管苏联人对基地事务的处理让迪安经历了许多挫折和困难,感情上也受到了不少伤害,但他仍坚信所有的努力都是值得的。虽然,最初对大同盟的前景满怀希望的迪安到最后感到些许失望,但他仍在书中写道,"波尔塔瓦基地的空军行动对美国具有难以估量的价值",基地的建成使美国"有机会对德国的重要战略目标实施18次猛烈轰炸,否则我们难以摧毁它们"。他接着写道:"更重要的是,轰炸行动彻底粉碎了德军的士气……苏联人扫除障碍,允许美国人在他们的领土上采取行动的做法,摧毁了德国人试图分化敌人并与其中一方单独媾和的计划。"

关于轰炸行动结束后美苏关系的恶化和基地的关闭,迪安评论道:"事情的真相就是苏联人不希望美军继续驻扎在苏联,尤其是驻扎在对苏联并非完全忠诚的乌克兰。联共(布)领导人不再掩饰他们对外国人的态度,特别是当美军不再因为执行军事任务而继续驻留在苏联之时。"1945年4月,听到美国战略空军决定关闭基地的消息后,迪安松了口气。他对美苏关系光明前景的期盼已化为过眼云烟。但是,迪安高兴地发现,"苏联群众和他们的领导人对美国人的态度有着巨大差异"。说到这里,他想到的或许是普通的苏联人,更多的是乌克兰人,而不是俄罗斯人。[2]

迪安确信,苏联当局对西方资本主义国家的思考是给大同盟带来各种问题的主要原因。斯大林和他的部下从来都只是把大同盟当作促成盟国在不同战线上针对共同敌人采取军事行动的临时合约。

后　记

地面上的密切配合，尤其是在苏联的国土上开放军事基地，是苏联人完全不愿做的事情，此事几乎等同于资本主义妄图削弱社会主义、侵占苏联领土的阴谋。苏联的共产主义信仰因对西方资本主义的恐惧而更加坚定，这种恐惧并非源于马克思主义，而是源于十月革命时期外国势力的入侵。当时美、英、法三国组成的远征军占领了从摩尔曼斯克至敖德萨、再至海参崴的沿海港口，并且进一步深入苏俄腹地。

迪安的书出版后，费舍尔很快就得到了此书，并于1947年7月在《远东观察》上发表了书评。在数年后的麦卡锡时代，这份杂志一度因其亲共立场而受到攻击。费舍尔对该书的总体评价是正面的，他认为作者观察入微且掌握了大量"内部"信息。但是，迪安将美苏关系的种种症结归结为苏联领导人对实行资本主义的西方国家的意识形态仇恨，费舍尔对此不以为然。他写道："该书将权威的事实和有争议的个人结论杂糅在一起。"他还不赞同迪安偶然流露出来的对苏联人及其行为的嘲讽。即使如此，费舍尔还是愿意为迪安辩护，而不是谴责他与其他在战争中幻想破灭的参与者。费舍尔写道："对于这些美国人对苏联既不抽象、又不审慎的偏见和情感，我们既不应该匆忙给予批判，也不应该选择无视，而应该将这些观点视为一种重要的副产品，它们源自我们的官员和苏联人在密切接触中产生的很多问题。"[3]

费舍尔所言极是。在波尔塔瓦的故事中，美国人的经历对于理解他们对苏联人的态度自然是至关重要的。美国人设立基地首先着眼于战略需求，同时也包含着美好但不切实际的愿望——在将来与

- 303 -

苏联人成为朋友。对美国人而言，军事同盟意味着美苏将在地面和空中展开密切合作，意识形态、政治、经济和文化的不安全因素不再成为阻碍，而事实恰恰相反。考虑到美国在人口数量、技术上的优势以及强大的经济实力，美国人在苏联人面前更有优越感。美国人的期待越高，随之而来的失望就越深刻、越持久。

本书的重要人物——美国驻苏联大使哈里曼是最早感到失望的人。最初对美苏关系的乐观最终变成了彼此的不信任，这使得哈里曼和苏联人打交道时采取一种"利益交换"的态度。促使哈里曼态度转变的关键因素，是斯大林拒绝美国政府利用波尔塔瓦基地向1944年夏天发生的华沙起义提供援助。哈里曼最终成为冷战的早期推动者。在波尔塔瓦这段历史中，另一位重要人物罗伯特·沃尔什将军也有着相同的经历，他后来积极投身于战后西柏林的斗争中。[4]

波尔塔瓦基地的大多数美国军人对苏联政权及其战时表现的态度，经历了从友好到敌视的转变。起初，他们钦佩苏联人，钦佩苏联当局在与纳粹德国的战斗中所表现出的坚忍不拔和勇于牺牲的精神，但后来他们开始感到失望。无论苏联指挥官执行何种政策，苏联的政治文化和日常生活都对美国人有所排斥，托马斯·汉普顿中校、迈克尔·科瓦尔少校以及威廉·卡鲁特中尉就属于这种情况。

列兵帕尔默·麦拉或多或少也属于这一类，或许是受到了霍尔兹曼在乌克兰和他分享的梦想的启发，麦拉有了写下他在战时的所见所闻的想法。麦拉于2008年自费出版的回忆录《"狂暴"行动传奇》中写道，正是米尔霍罗德的这段经历使他终其一生都反对苏联的体制。作为民主选举的虔诚信徒，麦拉在派驻海外期间克服重重困难，参加了1944年的美国总统大选投票。提及苏联民众时，麦拉这样写道："他们也进行投票，但无权选择候选人。我始终都是一名保守的共和党人，我觉得自己有充分的理由这么做。"[5]

而一些在基地驻守时间较短、未曾受到苏联间谍机构影响的美国人，在结束波尔塔瓦的任务很久之后，仍然对苏联人持有正面的评价。长期驻扎基地的左翼军官亦是如此，他们对苏联、对苏联的社会主义探索，尤其对苏联人民在战争中的付出深表同情。霍尔兹曼自然属于这一类。霍尔兹曼的儿子托马斯·霍尔兹曼曾回忆说："我总是觉得，我的父亲把自己视为苏联反法西斯战争的一部分。对他而言，苏联才是二战真正的战场，苏联人民以巨大代价赢得了战争，他为自己能在这场战争中尽绵薄之力而感到骄傲。当他对我谈及这场战争时，言之所及，皆是斯大林格勒和列宁格勒勇敢的保卫者，皆是苏联红军的英雄豪情，还有和他共同驻守基地的苏联人给他留下的深刻印象。他还动情地谈起了苏联人民做出的令人悲怆且难以置信的巨大牺牲。我记得他曾就《租借法案》一事在国会做证，催促美国政府鉴于苏联在战争中的巨大牺牲免除其债务。比起基地的其他美国人，他或许对苏联人少了几分批判，多了几分同情。俄罗斯联邦授予他'伟大卫国战争胜利50周年纪念章'，此举对他意义非凡，因为这意味着一种认可——他曾经尽自己的力量参与了那项伟大成就。"[6]

费舍尔和霍尔兹曼一样为苏联在二战中的英勇表现所折服，不过他将苏联政权和人民做了进一步的区分。在2000年写的回忆录中，费舍尔将自己在波尔塔瓦的这段经历比喻为旧爱与宿仇的较量。心中所爱——俄罗斯；心中所怨——斯大林模式。费舍尔写道:"在我的作品中,我对自己该站哪一边深信不疑。"费舍尔于2005年离世,他既忠诚于自己的左翼信仰,亦坚决反对斯大林主义。[7]

为什么大部分久居基地的美国人,以及那些常与苏联人打交道的高级军官在1945年离开苏联时,对接待他们的主人怀有这么强烈的怨恨呢?一般说来,美国人态度的转变,与意识形态差异并没有直接关系,也与两国所追求的相反的地缘战略计划无关。毕竟,二战期间,击败德国和日本是他们共同的地缘政治目标,不少美国人对广义上的社会主义持认同态度。事实上,政治文化的差异才是导致双方关系疏远的决定性因素。

例如,苏联把战俘视为叛徒和罪犯,拒不同意身在东欧的美国人帮助从德国集中营释放出来的战俘经由波尔塔瓦基地返回美国,这甚至激怒了罗斯福总统本人。苏联官员、军官和普通战士共同持有的态度让美国人感到震惊。战俘问题最能体现政治文化的差异。对美国人而言,没有什么是比营救战俘更重要的职责了,战俘因其承受的种种磨难常被美国人视为英雄。而苏联人却将被德国人俘虏的战士视为叛国者,最好的情况也不过是被当作二等公民,无法享有和现役军人同样的食物,亦无法得到同等对待,事实上,他们很难逃脱惩罚。

美苏关系会疏远,更重要的是人际关系问题。苏联秘密警察企图限制美国人和苏联同事建立私人关系,还骚扰与其约会的姑娘,这些都激起了美国军人的不满。但这个问题对于美国军人来说并不新鲜,他们在英国和解放后的法国都遇到过,当地人讨厌条件相对

后 记

优渥的美国人以及与其约会的姑娘。可是在波尔塔瓦,与美国人交往的女性会受到更粗暴的攻击。美国人似乎觉得,当地人欢迎他们,而苏联当局并不欢迎。如此一来,他们好像置身于一个与人民意见不合、由外国政权操控的国家。

对于波尔塔瓦之行的深远意义,费舍尔和霍尔兹曼这类知识分子的态度有些模棱两可,而一辈子都待在威斯康星州务农的麦拉,则没有这些知识分子的疑虑。在波尔塔瓦行动参与者所出版的书中,麦拉的《"狂暴"行动传奇》在阐述波尔塔瓦之行的长远意义时做出了最为敏锐的评价:"我相信,1944年战争如火如荼进行之时,我们这些身在苏联基地的人确实目睹了即将到来的冷战的最初景象。"对于美苏冲突的结局,麦拉显然很满意。他写下了向米尔霍罗德的老熟人问候的话:"我们在美国,依然记得你们,就像你们依然记得我们一样。冷战来了,又走了……我从未想过自己会看到苏联不复存在、乌克兰成为一个独立国家的一天。"[8]

麦拉的这番话,充分反映出1994年9月纪念"狂暴"行动50周年活动的气氛。当月,波尔塔瓦当局组织的公开庆典活动,彰显了大同盟时期基地普通飞行员和战士之间结成的友谊。刚取得独立的乌克兰热情地欢迎参加过穿梭轰炸行动的美苏老兵来到这里。尽管在苏联时期,波尔塔瓦一直是顶尖战略轰炸机的聚集地,其中包括苏联针对美国设计的超音速"图-160"轰炸机,乌克兰当局还是同意将波尔塔瓦空军基地向美国游客开放。美国客人则是从路易斯安那州的巴克斯代尔空军基地出发,乘坐B-1B"枪骑兵"战略轰炸机,或是从得克萨斯州的戴斯空军基地出发,乘坐B-52轰炸机赶到波尔塔瓦。美国总统比尔·克林顿也借此机会"祝贺50年前参与了此次艰苦卓绝的对欧空中行动，并在波尔塔瓦降落的乌克兰、美国和俄罗斯飞行员"。[9]

本书中的主要角色都没有出席，但至少三位参与过穿梭轰炸行动的老兵参加了此次活动。来自俄克拉何马州埃尔里诺的查理·比切姆，就是1994年回到波尔塔瓦的三位B-17轰炸机飞行员之一。他和巴克斯代尔空军基地的飞行员共同前往波尔塔瓦和米尔霍罗德。比切姆在给当地报社的信中写道："庆祝活动持续了整整三天，在波尔塔瓦基地的入口处矗立着一座美观大方的纪念碑。我们每人都被授予了一枚直径三英寸的银质勋章，上刻铭文'纪念乌克兰飞行员与美军飞行员在波尔塔瓦的会面。'"[10]

这是三国老兵最后一次共同庆祝"狂暴"行动。2012年，查理·比切姆在过完90岁生日后不久便离世。查理的讣告上写明，他在二战期间曾荣获五枚勋章，第六枚是他在1948—1949年因参与向柏林空投煤炭和其他物资的行动而获得的。

在这之后，乌克兰没有再组织三方共同参与的纪念"狂暴"行动的活动，这不仅仅是因为二战老兵相继离世，也有其他原因。[11] 2004年"狂暴"行动60周年时，乌克兰正在经历"橙色革命"，民众拒绝俄罗斯支持的总统候选人。2014年，"狂暴"行动70周年之际，乌克兰正因东部顿巴斯地区的领土问题与俄罗斯交战。

如今，波尔塔瓦基地的一部分变成了一座博物馆，人们可以参观查理·比切姆提及的那座纪念碑，那是专为纪念1944年6月22日因德军空袭而牺牲的全体美军和苏军空军官兵而建造的。人们在这里还能听到操作直升机时的轰鸣声，因为波尔塔瓦现在还是乌克

后　记

兰直升机飞行员的训练场。苏联已不复存在,但美国如今又回来了,与自己昔日盟友中的一方结盟,反对另一个曾经的伙伴。

站在1944年、1994年和2004年的历史窗口,我们或许很难想象波尔塔瓦的故事会以这种方式延续。冷战因敌对双方短暂的和解而结束,新冷战之风却愈刮愈寒。为了理解大同盟为何会走向分裂,为了给未来的结盟提供经验,我们需要重新回顾美国在波尔塔瓦的这段历史。而最需要思考的问题就是:同盟可以为了对付共同的敌人而存在于一时,但是当缺少共同价值观基础时,这样的大同盟又能维持多久呢?

译名对照表

A

阿尔伯特·莱宝斯基　Albert Lepawsky
阿尔弗雷德·凯斯勒　Alfred Kessler
阿尔弗雷德·约德尔　Alfred Jodl
阿尔汉格尔斯克　Arkhangelsk
阿尔杰·希斯　Alger Hiss
阿福托马特　Avtomat
阿基鲍尔德·克拉克·科尔　Archibald Clark Kerr
阿列克谢·安东诺夫　Aleksei Antonov
阿列克谢·尼基丁　Aleksei Nikitin
阿列克谢·沙胡林　Aleksei Shakhurin
阿列克谢·斯帕斯基　Aleksei Spassky
阿纳托尔·李维克　Anatole Litvak
阿奇·奥尔德　Archie J. Old Jr.
阿瑟尼·邦达连科　Arsenii Bondarenko
埃德蒙·伊尔　Edmund W. Hill
埃尔里诺　El Reno
埃斯蒂尔·瑞皮尔　Estill H. Rapier
艾伯特·贾罗德　Albert M. Jaroff
艾拉·克拉伦斯·埃克　Ira C. Eaker
艾伦·杜勒斯　Allen Dulles
艾略特·罗斯福　Elliott Roosevelt
爱德华·奥索布卡-莫拉夫斯基　Edward Osobka-Morawski
爱德华·库茨　Edward A. Coutts
爱德华·马丁　Edward Martin

译名对照表

爱德华·佩克·柯蒂斯　Edward Peck Curtis
安德烈·弗拉索夫　Andrei Vlasov
安德烈·葛罗米柯　Andrei Gromyko
安德烈·萨奇科夫　Andrei Sachkov
安德烈·维辛斯基　Andrei Vyshinsky
安东妮娜·科尔松　Antonina Korsun
安纳海姆　Anaheim
安纳托尔·李维克　Anatole Litvak
安纳托利·贝夫　Anatolii Baev
安纳托利·佐里纳　Anatolii Zorin
奥尔加·斯米尔诺娃　Olga Smirnova
奥利亚　Olia
奥努夫里·纳胡利亚克　Onufrii Nahuliak

B

B-1B"枪骑兵"战略轰炸机　B-1B Lancer bomber
B-17"空中堡垒"轰炸机　B-17 Flying Fortresses
B-24"解放者"轰炸机　B-24 Liberator
巴格拉季昂　Bagration
巴克斯代尔空军基地　Barksdale Air Force Base
巴什基罗夫　Bashkirov
巴特基辛根　Bad Kissingen
白俄罗斯第一方面军　the First Belarusian Front
宝林·南·米勒德　Pauline Nan Millard
保罗·卡伦　Paul T. Cullen
鲍里斯·斯莱汀　Boris Sledin
比尔·劳伦斯　Bill Lawrence
比姆　R. E. Beam
比萨拉比亚　Bessarabia
比亚韦斯托克　Białystok
彼得·盖奇　Peter Gaich
彼得·李多夫　Peter Lidov

彼得·尼古拉耶夫　Peter Nicolaeff
彼得罗瓦大街　Petrovka Street
别洛夫　Belov
波尔塔瓦　Poltava
《波尔塔瓦的娜塔尔卡》　*Natalka from Poltava*
波兰家乡军　Polish Home Army
波兹南　Poznan
伯莎·马克　Bertha Mark
博尔德若娃　Boldyreva
博洽罗娃　Bocharova
博特金　Botkin
布雷斯劳　Breslau
布列斯特　Brest

C

查尔斯·爱德华·梅里安姆　Charles Edward Merriam
查尔斯·罗利　Charles Raleigh
查尔斯·曼宁　Charles N. Manning
查尔斯·奇普·博伦　Charles Chip Bohlen
查理·比切姆　Charlie Beecham

D

大都会酒店　Metropole Hotel
戴斯空军基地　Dyess Air Force Base
丹尼尔·巴比奇　Daniil Babich
道格拉斯 C-54 "空中霸王"战略运输机　Douglas C-54 Skymasters
德国"自由之声"电台　Free Germany Radio
德国第 4 航空军团　Luftwaffe's Fourth Air Corps
德怀特·艾森豪威尔　Dwight Eisenhower
德米特里·希姆金　Demitri Shimkin
德米特里耶娃　Dmitrieva
第聂伯河　Dnieper

- 312 -

杜威·隆　Dewey Long

E

俄克拉荷马　Oklahoma
俄罗斯解放军　Russian Volunteer Army
《俄罗斯之声》　*Russkii golos*

F

法因娜·艾吉娃　Faina Ageeva
菲利普·米申科　Philip Mishchenko
菲利普·坦德　Philip Tandet
菲利普·谢里丹　Philip R. Sheridan
费奥多尔·格列沙耶夫　Fedor Grishaev
费多罗夫　Fedorov
费多托夫　Fedotov
疯狂乔　Frantic Joe
弗拉德连·格里博夫　Vladlen Gribov
弗拉基米尔·阿拉富佐夫　Vladimir Alafuzov
弗拉基米尔·别列亚耶夫　Vladimir Beliaev
弗拉基米尔·加尔　Vladimir Gall
弗拉基米尔·科罗连科　Vladimir Korolenko
弗拉基米尔·克里乌可夫　Vladimir Kriukov
弗拉基米尔·克留科夫　Vladimir Kriukov
弗雷德里克·安德森　Frederick Anderson
弗里茨·派克兰特　Fritz Pockrandt
弗罗茨瓦夫　Wrocław
弗谢沃洛德·梅尔库洛夫　Vsevolod Merkulov
伏罗希洛夫格勒　Voroshylovhrad
福克-沃尔夫-190战斗机　Focke-Wulf-190
富兰克林·德拉诺·罗斯福　Franklin Delano Roosevelt
富兰克林·霍尔兹曼　Franklyn Holzman
富勒顿　Fullerton

G

格奥尔吉·朱可夫　Georgii Zhukov
格奥尔治·苏霍夫　Georgii Sukhov
格但斯克　Gdansk
格丁尼亚　Gdynia
公共行政信息交换所　the Public Administration Clearing House
国防人民委员部　the People's Commissariat of Defense
国防委员会　the State Defense Council
国际新闻社　the International News Service
国家安全人民委员部　the People's Commissariat of State Security

H

哈尔科夫　Kharkiv
哈尔图林　Khalturin
哈拉哈河战役（诺门罕战役）　the Battle of Khalkhin Gol
哈雷娜·赫林科-奥克洛维奇　Halyna Hrynko-Okolovych
哈里·布彻　Harry Butcher
哈里·霍普金斯　Harry Hopkins
哈里森·索尔兹伯里　Harrison Salisbury
汉娜·曼科　Hanna Manko
赫德·马辛　Hede Massing
黑斯廷斯·伊斯梅　Hastings Ismay
亨克尔-111轰炸机　Heinkel-111
亨利·安德森　Henry Anderson
亨利·福特　Henry Ford
亨利·哈普·阿诺德　Henry Hap Arnold
亨利·摩根索　Henry Morgenthau
亨利·史汀生　Henry L. Stimson
红军总参谋部　the Red Army General Staff
红旗勋章　the Order of the Red Banner
红星勋章　the Order of the Red Star
霍登卡　Khodynka

霍华德·惠特曼　Howard Whitman

J

基洛沃赫拉德　Kirovohrad
吉特巴舞　jitter-bugging
季莫费·库茨瓦洛夫　Timofei Kutsevalov
季娜伊达·贝卢沙　Zinaida Belukha
季娜伊达·布拉吉科娃　Zinaida Blazhkova
季娜伊达·帕什尼娅　Zinaida Pashinina
季先科　Tishchenko
嘉琳娜·甘楚柯娃　Galina Ganchukova
嘉琳娜·沙贝尔尼克　Galina Shabelnik
贾德森·索雷尔　Judson J. Sorrell
杰弗逊·豪尔军营　Camp Jefferson Hall
捷连季·曼科　Terentii Manko
金叔叔　Uncle King（UK）
军事商店　Voentorg

K

卡尔·安德鲁·斯帕茨　Carl Andrew Spaatz
卡尔·沃尔夫　Karl Wolff
卡尔斯霍斯特　Karlshorst
卡拉汉　Callahan
卡塞尔塔　Caserta
卡特琳娜·斯坦科维奇　Yekaterina Stankevich
开姆尼茨　Chemnitz
凯瑟琳·范·艾伦·霍格　Katherine Van Alan Hoag
凯瑟琳（凯西）·哈里曼　Katherine（Kathy）Harriman
康拉德·沃尔夫　Konrad Wolf
康斯坦丁·彼得洛维奇·阿卡萨诺夫　Konstanin Petrovich Arkazanov
康斯坦丁诺夫　Konstantinov
柯尼斯堡　Königsberg

科博斯公园　Corpus Park
科德尔·赫尔　Cordell Hull
科兹洛夫　Kozlov
克拉科夫　Krakow
克拉伦斯·斯特瑞皮　Clarence Strippy
克拉斯诺夫　Krasnov
克莱德·克拉克洪　Clyde Kluckhohn
克罗皮夫尼茨基　Kropyvnytski
克洛蒂尔德·戈沃尼　Clotilde Govoni
克沃钦　Kvochkin
库图佐夫勋章　Order of Mikhail Kutuzov
库兹涅佐娃　Kuznetsova
"狂暴"　Frantic
《"狂暴"行动传奇》　*A Frantic Saga*

L

拉多姆　Radom
拉尔夫·邓恩　Ralph P. Dunn
拉尔夫·莫厄里　Ralph Mowery
拉夫连季·贝利亚　Lavrentii Beria
劳伦斯·库特　Laurence S. Kuter
勒罗伊·皮普金　Leroy G. Pipkin
雷·孟鸠　Ray Mongjow
雷迪艾特　Radiator
雷蒙德·艾斯托　Raymond C. Estle
理查德·比德尔　Richard J. Beadle
莉迪亚·鲁斯拉诺娃　Lidia Ruslanova
莉迪亚·罗曼舍夫斯卡亚　Lidia Romashevskaia
丽丽　Lily
列克星敦　Lexington
柳博芙·阿巴什金娜　Liubov Abashkina
卢布林　Lublin

卢修斯·克莱　Lucius D. Clay
鲁道夫·麦斯特　Rudolf Meister
鲁兰　Ruhland
伦贝尔图夫　Rembertów
罗伯特·安东尼·艾登　Robert Anthony Eden
罗伯特·怀斯哈特　Robert Wisehart
罗伯特·纽厄尔　Robert H. Newell
罗伯特·特林布尔　Robert Trimble
罗伯特·沃尔什　Robert L. Walsh
罗科索夫斯基　Rokossovsky
罗纳德·古尔德　Ronald Gould
罗伊·卡农　Roy Cannon
萝扎　Roza
洛塔尔·弗洛赫　Lothar Wloch
旅行者　Tourist

M

马楚列维奇　Matsulevich
马丁·克洛斯金　Martin Kloski
马尔可夫　Markov
马尔文·鲍尔　Marwin Bower
马克西姆·李维诺夫　Maxim Litvinov
马库莎·费舍尔　Markusha Fischer
马库斯·沃尔夫　Markus Wolf
马文·亚历山大　Marvin L. Alexander
马伊达内克　Majdanek
玛丽娜·帕夫柳琴科娃　Marina Mikhailovna
玛利亚·索洛多夫尼克　Maria Solodovnik
迈克尔·杜比亚格　Michael Dubiaga
迈克尔·拉佐恰克　Michael Lazarchuk
迈克尔·科瓦尔　Michael Kowal
迈伦·金　Myron King

- 317 -

麦克斯韦·汉密尔顿　Maxwell M. Hamilton
梅拉梅多夫　Melamedov
梅莱茨　Mielec
梅塞施密特-109战机　Messerschmitt-109 fighter
美国大兵　GI
美国第15陆军航空部队　US 15th Army Air Force
美国反间谍部队　American Counter Intelligence Corps
美国合众社　United Press
美国陆军参谋长　Chief of Staff of the US Army
美国陆军航空兵团　the US Army Air Corps
美国陆军航空部队　the US Army Air Forces
美国援法远征军　the American Expeditionary Force in France
美国战略空军　the United States Strategic Air Forces (USSTAF)
美国战时生产局　US War Production Board
美国驻德占领军司令　US military governor of Germany
盟军远征空军部队　the Allied Expeditionary Air Force
米尔德里德·伊丽莎白·吉拉斯　Mildred Elizabeth Gillars
米尔霍罗德　Myrhorod
米哈伊洛　Mykhailo
米哈伊洛维奇　Mikhailova
米奇斯瓦夫·卡罗尔·鲍罗德　Mieczysław Karol Borodej
米沙　Mischa
《密尔格拉得》*Mirgorod*
莫里斯·雷蒙德　Maurice Reymond
莫里斯·沙得罗夫　Morris Shanderov
莫斯克维克卡　Moskvichka

N

娜塔莉亚·拉夫林斯卡亚　Natalia Lavlinskaia
内务人民委员部　People's Commissar of Internal Affairs
妮娜·阿法纳西耶娃　Nina Afanasieva
妮娜·莫扎伊娃　Nina Mozhaeva

尼古拉·果戈理　Nikolai Gogol
尼古拉·施琴潘柯夫　Nikolai Shchepankov
尼古拉·西马诺夫　Nikolai Shimanov
尼古拉·谢利瓦诺夫斯基　Nikolai Selivanovsky
尼古拉耶夫　Mykolaiv
尼基塔·赫鲁晓夫　Nikita Khrushchev
诺尔·菲尔德　Noel Field
诺曼底登陆日　D-Day
诺思威　T. H. Northway

O

欧内斯特·格林贝格　Ernest M. Gruenberg

P

P-51"野马"战斗机　P-51 Mustang fighters
帕尔默·麦拉　Palmer Myhra
帕夫洛·邦达连科　Pavlo Bondarenko
帕梅拉·丘吉尔　Pamela Churchill
帕塞伊克　Passaic
帕特里克·赫尔利　Patrick J. Hurley
帕维尔·杰明　Pavel Demin
皮里亚京　Pyriatyn
普拉加　Praga

Q

乔·约翰逊　Joe R. Johnson
乔治·费舍尔　George Fischer
乔治·卡特莱特·马歇尔　George C. Marshall
乔治·凯南　George Kennan
乔治·寇松　George Curzon
乔治·麦克亨利　George A. McHenry
切尔涅茨基　Chernetsky

R
容克 -88 轰炸机　Junkers-88

S
萨夫丘克　Savchuk

萨基　Saki

塞缪尔·查夫　Samuel Chavkin

塞瓦斯托波尔　Sevastopol

桑娅·南森　Sonya Nansen

色拉布兹　Sarabuz

上乌金斯克　Verkhneudinsk

什丘琴　Szczuczyn

圣安娜　Santa Ana

施密尔舒、反间谍特别行动机构　SMERSH

施图尔曼　Shturman

史坦尼斯拉维夫　Stanyslaviv

舒宾　Szubin

税务管理者联合会　the Federation of Tax Administration

斯达伯斯　Stubaus

斯捷潘·卡纳拉夫斯基　Stepan Kanarevsky

斯捷潘·科瓦廖夫　Stepan Kovalev

斯莱文　Slavin

斯卢萨　Slusar

斯帕索大宅　Spaso House

斯塔福德　Staffordshire

斯坦尼斯拉夫·米克拉吉塞克　Stanislaw Mikolajczyk

斯特伦尼科夫　Strunnikov

斯维什尼科夫　Sveshnikov

苏联外交人民委员会　Soviet Commissariat of Foreign Affairs

苏联新闻社　Soviet Information Bureau

苏联战功奖章　the Medal of Military Merit

苏联驻德军事管制机构　the Soviet Military Administration in Germany (SMAG)

索娅・古谢夫娃　Zoia Guseva
索伊兹尼克　Soiuznik

T

塔甘罗格　Taganrog
《塔拉斯・布尔巴》　*Taras Bulba*
塔妮娅　Tania
塔伊希娅・尼辛娜　Taisia Nesina
泰加林　Taiga
探路者侦察机　Pathfinder airplane（PTF）
唐娜・里德　Donna Reed
唐纳德・巴伯　Donald Barber
唐纳德・布里奇　Donald Bridge
唐纳德・纳尔逊　Donald M. Nelson
唐纳德・尼克尔森　Donald Nicholson
滕珀尔霍夫　Tempelhof
图-160轰炸机　Tupolev-160
图皮岑　Tupitsyn
托马斯・汉普顿　Thomas K. Hampton
托马斯・苏利文　Thomas F. Sullivan
托木斯克　Tomsk

W

瓦西尔・克里切维斯基　Vasyl Krychevsky
瓦西里・斯大林　Vasilii Stalin
瓦西里・索科洛夫斯基　Vasilii Sokolovsky
威廉・埃夫里尔・哈里曼　William Averell Harriman
威廉・安特鲁特　Wilhelm Antrup
威廉・菲钦　William Fitchen
威廉・惠普尔　William Whipple
威廉・杰克逊　William Jackson
威廉・凯特尔　Wilhelm Keitel

威廉·科里　William R. Cory
威廉·莱希　William Leahy
威廉·罗曼·卡鲁特　William Roman Kaluta
薇奥拉　Viola
维克托·阿巴库莫夫　Viktor Abakumov
维克托·马克西莫夫　Viktor Maksimov
维斯瓦河　Vistula
维亚切斯拉夫·米哈伊洛维奇·莫洛托夫　Vyacheslav Mikhaylovich Molotov
《我在俄国的生活》My Lives in Russia
沃尔瑟姆　Waltham
沃尔特·比德尔·史密斯　Walter Bedell Smith
乌克兰反抗军　the Ukrainian Insurgent Army
乌兰乌德　Ulan-Ude
乌曼　Uman

X

希尔·墨菲　Hill Murphy
希勒　Hiller
希欧多尔·博扎德　Theodore Bozard
希特曼·伊凡·马泽帕　Hetman Ivan Mazepa
《消息报》Izvestiia
谢尔盖·舍普琴科　Serhii Savchenko
谢尔盖·伊凡诺夫斯基　Serhii Ivanovsky
谢里·卡彭特　Cherry C. Carpenter
谢苗·扎沃龙科夫　Semen Zhavoronkov
辛菲罗波尔　Simferopol
休·克纳尔　Hugh J. Knerr

Y

雅克-9战斗机　Yakovlev-9
亚历克西斯·史密斯　Alexis Smith

亚历山大·巴尔明　Aleksandr Barmin
亚历山大·别别宁　Aleksandr Bibenin
亚历山大·库兹涅佐夫　Aleksandr Kuznetsov
亚历山大·诺维科夫　Aleksandr Novikov
亚历山大·佩尔米诺夫　Aleksandr Perminov
亚历山大·亚历山德罗维奇·诺维科夫　Aleksandr Novikov
亚瑟·坎宁安　Arthur Cunningham
亚瑟·特德　Arthur Tedder
扬基歌　Yankee Doodle
叶菲姆·帕拉欣　Yefim Parakhin
叶夫根尼·奇科　Yevgenii Chuchko
叶莲娜·塞米珍诺娃　Yelena Semizhenova
伊凡·库钦斯基　Ivan Kuchinsky
伊凡·列别杰夫　Ivan Lebedev
伊凡·莫斯卡连科　Ivan Moskalenko
伊凡·斯沃罗博夫　Ivan Sivolobov
伊凡·苏斯洛帕罗夫　Ivan Susloparov
伊凡·西沃洛彼夫　Ivan Sivolobov
伊戈尔·瑞福迪多　Igor Reverditto
伊莱亚斯·巴沙　Elias Bacha
伊丽娜·罗金凯亚　Irina Roginskaia
伊萨克·兹瓦维奇　Isaak Zvavich
伊万·科特利亚列夫斯基　Ivan Kotliarevsky
伊万诺-弗兰科夫斯克　Ivano-Frankivsk
伊万诺夫　Ivanov
英国皇家飞行队　the British Royal Flying Corps
英国皇家空军　British Royal Air Force
英国空军上将　British Air Chief Marshal
英美参谋长联席会议　the Combined Chiefs of Staff
《远东观察》　*Far Eastern Survey*
尤里·杜布罗温　Yurii Dubrovin
尤里·马雷舍夫　Yulii Malyshev

约阿希姆·冯·里宾特洛甫　Joachim von Ribbentrop
约翰·迪安　John Deane
约翰·迪米特里辛　John R. Dmytryshyn
约翰·弗雷德里克斯　John L. Fredericks
约翰·格里夫斯　John S. Griffth
约翰·拉塞尔·迪安　John Russell Deane
约翰·马特勒斯　John Matles
约翰·梅尔比　John Melby
约瑟夫·卢卡塞克　Joseph K.Lukacek
约瑟夫·斯大林　Joseph Stalin
约瑟夫·索伦森　Joseph M. Sorenson

Z

詹姆斯·福雷斯特尔　James Forrestal
詹姆斯·帕顿　James Parton
詹姆斯·威尔梅思　James D. Wilmeth
《展望周刊》*Look*
珍珠港　Pearl Harbor
轴心国的莎莉　Axis Sally
卓娅·科斯莫杰米扬斯卡娅　Zoia Kosmodemianskaia

注　释

前　言

1. For the most recent accounts of the Poltava story, see Mark J. Conversino, *Fighting with the Soviets: The Failure of Operation FRANTIC, 1944–1945* (Lawrence, KS, 1997); Lee Trimble and Jeremy Dronfield, *Beyond the Call: The True Story of One World War II Pilot's Covert Mission to Rescue POWs on the Eastern Front* (New York, 2015).

序　言

1. Lieutenant Colonel Pervushin to Lieutenant Colonel Akhov, "Svodka naruzhnogo nabliudeniia za ob'ektom "Turist," May 18, 1958, 11:40 a.m. to 16:25 p.m., 4 pp., Archives of the Security Service of Ukraine (Arkhiv Sluzhby bezpeky Ukrainy),Kyiv (hereafter SBU Archives), fond 13, no. 1207, "Proverka voennosluzhashchikh bazy VVS SShA v Poltave, t. 18," fols. 229–32.
2. Franklyn D. Holzman, *Soviet Taxation: The Fiscal and Monetary Problems of a Planned Economy* (Cambridge, MA, 1955); Colonel Akhov and Lieutenant Colonel Baruzdin to Lieutenant Colonel Zubkov, July 25, 1960, 4 pp., SBU Archives, fond 13, no. 1207, fols. 327–30.
3. Captain Khramov and Major Ovchinnikov, "Spravka na amerikanskogo voennosluzhashchego aviabazy VVS SShA v Poltave Fisher Iu. A.," May 1964, 8 pp., SBU Archives, fond 13, no. 1207, fols. 83–86v; Ken Gewertz, "From Russia with Thanks: Holzman Awarded Medal for World War II Service," *Harvard Gazette*, April 3, 1997; Franklyn Holzman, BBC interview on his experiences at Poltava, 1995 (courtesy of the Holzman Family and the Davis Center for Russian and Eurasian Studies at Harvard University).

第一章　莫斯科使命

1. John R. Deane, *The Strange Alliance: The Story of Our Efforts at Wartime Cooperation with Russia* (New York, 1947), pp. 3–4; Geoffrey Roberts, *Molotov: Stalin's Cold Warrior* (Dulles, VA, 2012), pp. 21–90.
2. "Istoriia Khodynki," *Grand Park* <http://www. grandpark.info/index. php? go=Pages&in=view&id=4>; Roger Moorhouse, *The Devil's Alliance: Hitler's Pact with Stalin,1939–1941* (New York, 2014), chap. 1, "The Devil's Potion."
3. Nikolai Gogol, "The Terrible Vengeance," in *The Collected Tales of Nikolai Gogol*,trans. Richard Pevear and Larissa Volokhonsky (New York, 1999), p. 90;David M. Glantz and Jonathan M. House, *When Titans Clashed: How the Red Army Stopped Hitler* (Lawrence, KS, 1995), pp. 168–78.
4. "Douglas C-54 Skymaster," *Warbird Alley* <http://www.warbirdalley.com/c54.htm>; Arthur Pearcy, *Douglas Propliners: DC-1–DC-7* (London, 1996).
5. Averell Harriman and Elie Abel, *Special Envoy to Churchill and Stalin, 1941–1946* (New York, 1975), p. 227;Frank Costigliola, *Roosevelt's Lost Alliances: How Personal Politics Helped Start the Cold War* (Princeton and Oxford, 2012), pp. 192–93.
6. Harriman and Abel, *Special Envoy*, pp. 228–29; Deane, *The Strange Alliance*, pp. 3, 9–11.
7. Deane, *The Strange Alliance*, p. 107; [Albert Lepawsky], "History of Eastern Command, U.S. Strategic Air Forces in Europe, 1941–1944," Headquarters USSTAF, 1944, National Archives and Records Administration (hereafter NARA),NA/RG 334, box 66, p. 7.
8. Kathleen Harriman to Mary, in Harriman and Abel, *Special Envoy*, p. 234.

9. Deane, *The Strange Alliance*, p. 3.
10. Cordell Hull, *The Memoirs*, 2 vols. (New York, 1948), 2: 1277; Deane, *The Strange Alliance*, p. 4.
11. Hamilton to Secretary of State, October 18, 1943, in *Foreign Relations of the United States* (hereafter *FRUS*), *Diplomatic Papers, 1943: General*, pp. 567–68; Minutes of Meeting Held at the Kremlin on October 18, 1943, ibid., pp. 563–65.
12. "The Moscow Conference: October 1943," *The Avalon Project* <http://avalon.law.yale.edu/wwii/moscow.asp>.
13. Frank Costigliola, " 'I Had Come as a Friend': Emotion, Culture, and Ambiguity in the Formation of the Cold War, 1943–45," *Cold War History* 1, no. 1 (August 2000): 105–106.
14. Costigliola, " 'I Had Come as a Friend,' " pp. 105–6; Kathleen Harriman to Mary, Moscow, November 5, 1943, p. 2, in Library of Congress, Harriman Papers, box 6, folder 9, Correspondence between Kathleen Mortimer and Mary Fisk.

第二章　斯大林的决断

1. Deane, *The Strange Alliance*, p. 24; Harriman to Roosevelt, October 31, 1943, *FRUS, Diplomatic Papers, 1943: General*, p. 690.
2. Kathleen Harriman to Mary, Moscow, November 9, 1943, p. 3, in Library of Congress, Harriman Papers, box 6, folder 9, Correspondence between Kathleen Mortimer and Mary Fisk.
3. Deane, *The Strange Alliance*, pp. 24–25; Simon Sebag Montefiore, *Stalin: The Court of the Red Tsar* (New York, 2003), pp. 519–22; Hull, *Memoirs*, 2: 1308–10.
4. Mark J. Conversino, *Fighting with the Soviets: The Failure of Operation Frantic, 1944–1945* (Lawrence, KS, 1997), pp. 9–12.
5. Record of the Second meeting of the Three-partite Conference, October 20, 1943, *FRUS, Diplomatic Papers, 1943: General*, pp. 583–88, 778–81.
6. Ibid., p. 779; Hull, *Memoirs*, 2: 1310; Harriman and Abel, *Special Envoy*, p. 239; Deane, *The Strange Alliance*, p. 20.
7. *Molotov Remembers: Inside Kremlin Politics. Conversations with Felix Chuev*, ed. Albert Resis (Chicago, 1993), p. 45.
8. Conversino, *Fighting with the Soviets*, pp. 27–28; "Most Secret Protocol, Moscow," November 1, 1943, *FRUS, Diplomatic Papers, 1943: General*, p.773.
9. Deane, *The Strange Alliance*, pp. 20–21; To Milattache, Embassy Moscow, no. 75, October 26, 1943, NARA, NA/RG 334, Box 63: US Military Mission to Moscow, Operation Frantic (October 26, 1943–March 31, 1944), 3 pp.; [Albert Lepawsky], "History of Eastern Command, U.S. Strategic Air Forces in Europe, 1941–1944," Headquarters USSTAF, 1944, NARA, NA/RG 334, box 66, p. 7.
10. To AGWAR Washington from Deane, no. 28, October 29, 1943, NARA, NA/RG 334, box 63, 2 pp.; Deane, *The Strange Alliance*, p. 16.
11. Conversino, *Fighting with the Soviets*, p. 29; Harriman to Washington, December 26, 1943, NARA, NA/RG 334, box 63, 3 pp.; Deane to Washington, December 27, 1943, ibid., 1 p.
12. Conversino, *Fighting with the Soviets*, p. 31; General Arnold to Deane, January 27, 1944, NARA, NA/RG 334, Box 63, 2 pp.
13. Harriman and Abel, *Special Envoy*, p. 296; Deanne to Slavin, January 31, 1944 (English text and Russian translation), NARA, NA/RG 334, Box 63, 2 pp.; Memorandum of Conversation, The American Ambassador, Marshal Stalin, Molotov, February 2, 1944, NARA, NA/RG 334, Box 63, 4 pp.
14. Deane, *The Strange Alliance*, p. 108; Deane to Washington, February 2, 1944, NARA, N/A RG 334, Box 63, 1 p.; Arnold to Deane, February 4, 1944, 1 p., NARA, N/A RG 334, Box 63.
15. Deane, *The Strange Alliance*, p. 108; Memorandum of Conversation, The American Ambassador, Marshal Stalin, Molotov, February 2, 1944, NARA, N/A RG 334, Box 63, 4 pp.

第三章　"狂暴行动"

1. Deane, *The Strange Alliance*, pp. 30, 108–109; Conversino, *Fighting with the Soviets*, pp. 23–25; Von Hardesty and Ilya Grinberg, *Red Phoenix Rising: The Soviet Air Force in World War II* (Lawrence, KS,

2012).
2. Deane, *The Strange Alliance*, pp. 108–109; Deane to AGWAR, Washington, February 5, 1944, 3 pp., NARA, N/A RG 334, Box 63.
3. Conversino, *Fighting with the Soviets*, p. 32.
4. Ibid., pp. 31–33; Deane to Slavin, February 25, 1944, NARA, N/A RG 334, Box 63, 1 p.; "Col. John S. Griffith," obituary, *New York Times*, October 16, 1974; From Milattache, London to US Milmission, Moscow, February 23, 1944, NARA, N/A RG 334, Box 63, 1 p.; Deane to Slavin, February 24, 1944, ibid., 1 p.; Deane, "Procedure for First Meeting," February 27, 1944, ibid., 1 p.; "Shuttle Bombing," Minutes of Meeting, February 28, 1944, ibid., 5 pp.
5. Deane, *The Strange Alliance*, pp. 110–11; "Meeting at Air Force Headquarters Building," March 16, 1944, NARA, N/A RG 334, Box 63, 4 pp., here 1.
6. Griffith to Milattaché Amembassy, London; AGWAR, Washington, April 2, 1944, NARA, N/A RG 334, Box 63, 3 pp.
7. Deane to Milattaché Amembassy, London; AGWAR, Washington, March 26, 1944, ibid., 2 pp.; "Meeting at Air Force Headquarters Building," April 5, 1944, ibid, 5 pp.
8. "Meeting at Air Force Headquarters Building," April 5, 1944, NARA, N/A RG 334, Box 63, 5 pp.; "Major General Alfred A. Kessler, Jr," US Air Force <http://www.af.mil/AboutUs/Biographies/Display/tabid/225/Article/106572/majorgeneral-alfred-a-kessler-jr.aspx>; Conversino, *Fighting with the Soviets*, pp. 33, 40.
9. Deane to Nikitin, April 12, 1944, NARA, N/A RG 334, Box 63, 1 p.; Deane to Nikitin, April 12, 1944, ibid., 1 p.; Deane to General Evstegneeev, April 12, 1944, ibid., 1 p.; Deane to Nikitin, April 14, 1944, ibid., 1 p.; Nikitin to Deane, April 14, 1944, ibid., 1 p.; Deane to Milattaché Amembassy, London; AGWAR, Washington, April 15, 1944, ibid., 1 p.
10. Daily Diary, 4th Echelon of "Frantic" during trip from England to Russia, in James Parton, "The History of 'Frantic,' American Shuttle Bombing to and from Russian Bases, 26 October 1943–15 June 1944," Headquarters, Mediterranean Allied Air Force, 1944, in W. Averell Harriman Papers, Manuscript Division, Library of Congress, Washington, DC, Box 188, p. 1; Franklyn Holzman, BBC interview on his experiences at Poltava, 1995; Conversino, *Fighting with the Soviets*, pp. 37–38.
11. Stuart Nicol, *Macqueen's Legacy*, vol. 2, *Ships of the Royal Mail Line* (Brimscombe Port and Charleston, SC, 2001), pp. 130–49; Daily Diary, 4th Echelon of "Frantic" during trip from England to Russia, in Parton, "The History of 'Frantic,'" pp. 2–3; Palmer Myhra, *A Frantic Saga: A Personal Account of a United States' Secret Mission inside the Soviet Ukraine during World War II* (Iola, WI, 2008), pp. 17–18.
12. Daily Diary, 4th Echelon of "Frantic" during trip from England to Russia, in Parton, "The History of 'Frantic,' " pp. 4–9; Holzman, BBC interview; Ken Gewertz, "From Russia with Thanks: Holzman Awarded Medal for World War II Service," *Harvard Gazette*, April 3, 1997; Conversino, *Fighting with the Soviets*, pp. 53–54.
13. Agent Report, "Leninakanskii," May 29, 1944, 2 pp., SBU Archives, fond 13, no. 1168, fols. 39, 39v; Agent Report, "Shakhter," May 30, 1944, 2 pp., ibid., fols. 40, 40v; Agent Report, "Kravkov," June 2, 1944, 2 pp., ibid., fols. 41, 41v.
14. Daily Diary, 4th Echelon of "Frantic" during trip from England to Russia, in Parton, "The History of 'Frantic,' " pp. 8–9; Agent Report, "Pika," May 17, 1944, 3 pp., SBU Archives, fond 13, no. 1168, fols. 168–70.

第四章 波尔塔瓦

1. Chris Hansen, *Enfant Terrible: The Times and Schemes of General Elliott Roosevelt* (Tucson, 2012), pp. 357–59; Harriman to Deane, December 3, 1943, NARA, NA/ RG 334, box 63, 1 p.; Deane to Elliott Roosevelt, December 3, 1943, ibid., 1 p.
2. Harriman and Abel, *Special Envoy*, pp. 310–12.
3. Anderson to Spaatz, Report on Visit to Russia by Mission of USSTAF Officers, May 21, 1944, 9 pp., here 2, in Parton, "The History of 'Frantic,' " sections 42–50; To Colonel Weicker, Subject: Conference with General Grendall, May 13, 1944, 4pp. in Parton, "The History of 'Frantic,' " sections 66–50; Hansen, *Enfant Terrible*, pp. 363–65; Conversino, *Fighting with the Soviets*, pp. 67–68; Anderson to Spaatz, Report on Visit to Russia by Mission of USSTAF Officers, May 21, 1944, 9pp., here 3, in Parton, "The History of

'Frantic,'" sections 42–50.
4. Conversino, *Fighting with the Soviets*, pp. 45–46; Deane, *The Strange Alliance*, pp. 110, 115.
5. "Perminov, Aleksandr Romanovich," Tsentr genealogicheskikh issledovanii<http://rosgenea.ru/?a=16&r=4&s=%CF%E5%F0%EC%E8%ED%EE%E2>;Vladimir Savonchik, "14-ia smeshannia aviatsionnaia diviziia" <https://proza.ru/2014/10/01/804>; *Velikaia Otechestvennaia. Komdivy, Voennyi biograficheskiislovar'*, ed. V. P. Goremykin (Moscow, 2014), vol. 2, pp. 561–62.
6. Parton, "The History of 'Frantic,' " p. 10.
7. [Albert Lepawsky], "History of Eastern Command, U.S. Strategic Air Forces in Europe, 1941–1944," Headquarters, USSTAF, 1944, in NARA, N/A RG 334, Box 66, chap. 3, sections 22–23; Conversino, *Fighting with the Soviets*, pp. 44–45.
8. Lieutenant Colonel Sveshnikov to Commissar of State Security Viktor Abakumov, April 30, 1944, SBU Archives, fond 13, no. 1168, "Delo po agenturno-operativnomu obsluzhivaniiu aviabazy Amerikanskikh VVS, proizvodivshikh chelnochnye operatsii i bazirovavshikhsia na aėrodromakh SSSR Poltava-Mirgorod-Piriatin," vol. 11, begun 1944, completed 1946, 3 pp.; Lavrentii Beria to Joseph Stalin, May 18, 1944, ibid., 2 pp.
9. [Albert Lepawsky], "History of Eastern Command, U.S. Strategic Air Force in Europe, 1941–1944" chap. 3, sections 15, 22–23, 33.
10. A. Nikitin, "Chelnochnye operatsii," *Voenno-istoricheskii zhurnal*, 1975, no. 11: 41–46, here 43.
11. Deane, *The Strange Alliance*, pp. 115–16; Conversino, *Fighting with the Soviets*, pp. 47–49; Sgt. Joe Lockard, "Yanks in Russia," *Yank, the Army Weekly* 3, no. 38 (March 9, 1945): 8–9.
12. Deane, *The Strange Alliance*, pp. 116–17.
13. Elliott Roosevelt, *As He Saw It* (New York, 1946), pp. 217–18.
14. Viktor Revehuk, *Poltavshchyna v roky Druhoi svitovoi viiny (1939–1945)* (Poltava, 2004), pp. 41–62.
15. G. A. Antipovich et al., *Poltava: kniga dlia turistov*, 2nd ed. (Kharkiv, 1989), pp. 51, 99–100; Revehuk, *Poltavshchyna v roky Druhoi svitovoi viiny*, pp. 242–67; V. S. Gribov, *1944. Aviabaza osobogo naznacheniia. Soiuznicheskaia aktsiia SSSRSShA* (Moscow, 2003), p. 4.
16. Serhii Plokhy, *The Gates of Europe: A History of Ukraine* (New York, 2015), pp. 73–130; *Poltava 1709: The Battle and the Myth*, ed. Serhii Plokhy (Cambridge, MA, 2012).
17. "Pam'iatnyk slavy," *Poltava istorychna* <http://poltavahistory.inf.ua/hisp_u_9.html>.
18. See the following articles in the *Encyclopedia of Ukraine*, vol. 2 (Toronto, 1989): Pavlo Petrenko, "Kotliarevsky, Ivan"; Dmytro Chyzhevsky and Danylo Husar Struk, "Gogol, Nikolai"; Roman Senkus, "Korolenko, Vladimir"; Sviatoslav Hordynsky and Vadym Pavlovsky, "Krychevsky, Vasyl H."
19. Plokhy, *The Gates of Europe*, pp. 245–90.
20. Daily Diary, Entry for May 14, 1944, 34 pp., here 10, in Parton, "The History of 'Frantic'"; Serhii Plokhy, "Mapping the Great Famine," in *The Future of the Past: New Perspectives on Ukrainian History* (Cambridge, MA, 2016), pp. 375–40; Revehuk, *Poltavshchyna v roky Druhoi svitovoi viiny*, pp. 41–62.
21. Lockard, "Yanks in Russia."
22. Agent Report, "Pika," May 17, 1944, 3 pp., SBU Archives, fond 13, no. 1168, fols.168–70.
23. Anderson to Spaatz, Report on Visit to Russia by Mission of USSTAF Officers,May 21, 1944, 9 pp., here 8, in Parton, "The History of 'Frantic,' " sections 42–50; Deane, *The Strange Alliance*, pp. 116–17.
24. Roosevelt, *As He Saw It*, pp. 217–18.

第五章 软着陆

1. Deane, *The Strange Alliance*, p. 118.
2. Roosevelt, *As He Saw It*, p. 217.
3. Deane, *The Strange Alliance*, p. 118; Donald E. Davis and Eugene P. Trani, *The Reporter Who Knew Too Much: Harrison Salisbury and the New York Times* (Lanham, MD, 2012), chap. 2, "Foreign Correspondent"; Anderson to Spaatz, Report on Visit to Russia by Mission of USSTAF Officers, May 21, 1944, 9 pp., here 2, in Parton, "The History of 'Frantic,' " sections 42–50.
4. Kathleen Harriman to Mary, Moscow, June 4, 1944, 3 pp., here 1, in Library of Congress, Harriman Papers, box 6, folder 9, Correspondence between Kathleen Mortimer and Mary Fisk; Kathleen Harriman to Mary, Moscow, November 9, 1943, 3 pp., here 1.
5. Kathleen Harriman to Mary, Moscow, June 4, 1944, 3 pp., here 1, in Library of Congress, Harriman

Papers, box 6, folder 9, Correspondence between Kathleen Mortimer and Mary Fisk.
6. "US Bombers at Soviet Airfields: Operation Titanic" (Operation Frantic) 1944 USAAF <https://www.youtube.com/watch?v=2A8HBB0_O-8>; "Skvoznoi udar.Aviabaza osobogo naznacheniia" (2004) <https://www.youtube.com/watch?v=PMtItXpVglU>.
7. Kathleen Harriman to Mary, Moscow, June 4, 1944, 3 pp., here 1, in Library of Congress, Harriman Papers, box 6, folder 9, Correspondence between Kathleen Mortimer and Mary Fisk; Deane, *The Strange Alliance*, pp. 116–17.
8. Kathleen Harriman to Mary, Moscow, June 4, 1944, 3 pp., here 2, in Library of Congress, Harriman Papers, box 6, folder 9, Correspondence between Kathleen Mortimer and Mary Fisk.
9. Deane, *The Strange Alliance*, p. 118; Kathleen Harriman to Mary, Moscow, June 4, 1944, pp. 2–3, in Library of Congress, Harriman Papers, box 6, folder 9, Correspondence between Kathleen Mortimer and Mary Fisk.
10. Deane, *The Strange Alliance*, pp. 119–20.
11. William N. Hess, *B-17 Flying Fortress: Combat and Development History of the Flying Fortress* (St. Paul, MN, 1994).
12. Raymond Arthur Davies, *Inside Russia Today* (Winnipeg, 1945), p. 55; Deane, *The Strange Alliance*, p. 120.
13. Kathleen Harriman to Mary, Moscow, June 4, 1944, pp. 2–3, in Library of Congress, Harriman Papers, box 6, folder 9, Correspondence between Kathleen Mortimer and Mary Fisk.
14. V. S. Gribov, *1944. Aviabaza osobogo naznacheniia*, p. 31; Petr Lidov, "Letaiushchie kreposti," *Pravda*, June 4, 1944, p. 3.
15. Conversino, *Fighting with the Soviets*, p. 61; Parton, "The History of 'Frantic,' " IV: Operations, Plans, sections 20, 21.
16. Conversino, *Fighting with the Soviets*, pp. 59–60.
17. Parton, "The History of 'Frantic,' " IV: Operations, Plans, sections, 18, 20–21; Conversino, *Fighting with the Soviets*, p. 60; Deane, *The Strange Alliance*, pp. 117–18.
18. Parton, "The History of 'Frantic,' " IV: Operations, Plans, sections 19, 21; Bill Gunston, *North American P-51 Mustang* (New York, 1990).
19. Parton, "The History of 'Frantic,' " IV: Operations, First Shuttle to Russia, section 22.
20. Parton, "The History of 'Frantic,' " IV: Operations, First Shuttle to Russia, sections 22, 23; Conversino, *Fighting with the Russians*, p. 62.
21. Davies, *Inside Russia Today*, p. 57; Deane, *The Strange Alliance*, p. 120; Kathleen Harriman to Mary, Moscow, June 4, 1944, 3 pp., here 3, in Library of Congress, Harriman Papers, box 6, folder 9, Correspondence between Kathleen Mortimer and Mary Fisk.
22. Deane, *The Strange Alliance*, p. 120.
23. Davies, *Inside Russia Today* pp. 56, 58–59.
24. Davies, *Inside Russia Today*, p. 56; Kathleen Harriman to Mary, Moscow, June 4, 1944, p. 3, in Library of Congress, Harriman Papers, box 6, folder 9, Correspondence between Kathleen Mortimer and Mary Fisk; Major Anatolii Zorin, Report on the arrival and departure of US senior officers and dignitaries, June 2, 1944, SBU Archives, fond 13, no. 1168, fol. 21.
25. Deane, *The Strange Alliance*, p. 121.

第六章　并肩作战的同志

1. Roosevelt, *As He Saw It*, p. 219.
2. Antony Beevor, *D-Day: The Battle for Normandy* (New York, 2009), p. 74; Graham Smith, *The Mighty Eighth in the Second World War* (Newbury, UK, 2001); Richard P. Hallion, "D-Day 1944: Air Power over the Normandy Beaches and Beyond," Air Force History and Museums Program 1994 <http://www.ibiblio.org/hyperwar/AAF/AAF-H-DDay/>; "D-Day: June 6th 1944 as it happened. Timeline of the D-Day landings of 6th June 1944 hour by hour as events unfolded on the day,"<http://www.telegraph.co.uk/history/world-war-two/10878674/D-Day-6th-June-1944-as-it-happened-live.html>.
3. Deane, *The Strange Alliance*, pp. 150–51.
4. Winston Churchill, "The Invasion of France," June 6, 1944, House of Commons <https://www.winstonchurchill.org/resources/speeches/1941-1945-warleader/the-invasion-of-france>; Davies, *Inside*

Russia Today, p. 60.
5. Lieutenant Colonel Sveshnikov and Major Zorin to Commissar of State Security Abakumov, "Dokladnaia zapiska o reagirovanii amerikanskikh voennosluzhashchikh na otkrytie 2-go fronta," June 1944, 3 pp., SBU Archives, fond 13, no. 1168, fols. 42–44; Davies, *Inside Russia Today*, p. 60.
6. Myhra, *Frantic Saga*, p. 35; Davies, *Inside Russia Today*, p. 60.
7. Ibid., pp. 60–61.
8. Conversino, *Fighting with the Soviets*, p. 66; Harriman and Abel, *Special Envoy*, p. 314.
9. Parton, "The History of 'Frantic,'" ""Publicity," sections 24–25; Memorandum of Conversation, Present: US Ambassador Averell Harriman, General Eaker, General Deane, Edward Page, V. M. Molotov, Mr. Berezhkov, June 5, 1944, 3 pp., here 2, ibid., sections 84–86; "Eastern Command Narrative of Operations. 2nd Operation (1st from the USSR bases—6 June 1944, 5th wing, 15th Air Force—Galatz, Rumania, Airdrome," 2 pp., ibid., sections 192–93.
10. Message from Spaatz to Walsh for Eaker, June 7, 1944, in Parton, "The History of 'Frantic,'" "Life at the Bases," section 168.
11. Deane, *The Strange Alliance*, p. 121.
12. Myhra, *Frantic Saga*, pp. 56
13. Myhra, *Frantic Saga*, pp. 29–31, 64–66.
14. Ibid., p. 65; Parton, "The History of 'Frantic,'" "Life at the Bases," section 25; Gribov, *Aviabaza osobogo naznacheniia*, pp. 56–60.
15. Daniel Altman, "Franklyn D. Holzman, 83, Economist, Critical of Moscow," *New York Times*, September 7, 2002; Franklyn Holzman to A. Holzman, Ukraine, June 29, 1944.
16. Gribov, *Aviabaza osobogo naznacheniia*, pp. 56, 59.
17. Ibid., pp. 59–60.
18. Ibid., pp. 58–59.
19. Ibid., pp. 52–53.
20. Ibid., pp. 54–55.
21. Memo from Lieutenant Colonel William M. Jackson to Colonel Kessler, Commanding Officer, Eastern Command, June 4, 1944, in Parton, "The History of 'Frantic,'" "Medical."
22. Gribov, *Aviabaza osobogo naznacheniia*, pp. 46–47, 56.
23. Parton, "The History of 'Frantic,'" "Medical," section 16; Captain Robert Newell, "Supplement to Original Sanitary Report," May 18, 1944, ibid.; Conversino, *Fighting with the Soviets*, pp. 72–73.
24. Parton, "The History of 'Frantic,'" "Medical," sections 16–17; Captain Robert H. Newell to Colonel Jackson, May 1, 1944, subject: Sanitary Report of temporary accommodations for some members of Detachment 5 at Poltava, May 1, 1944, ibid., Captain Robert H. Newell, "Initial Sanitary Report," April 28, 1944, 3 pp., ibid.; Conversino, *Fighting with the Soviets*, pp. 74–76.
25. Lockard, "Yanks in Russia."
26. Timothy Snyder, *Bloodlands: Europe between Hitler and Stalin* (New York, 2010), pp. 21–58; Anne Applebaum, *Red Famine: Stalin's War on Ukraine* (New York, 2017).
27. Snyder, *Bloodlands*, pp. 187–76; Timothy Snyder, *Black Earth: The Holocaust as History and Warning* (New York, 2015).
28. Conversino, *Fighting with the Soviets*, pp. 67–68; Lieutenant Colonel Chernetskii, head of the Poltava oblast Department of the Ministry of State Security to Sergei Savchenko, People's Commissar of State Security of the Ukrainian SSR, "Dokladnaia zapiska po anglo-amerikantsam," June 30, 1944, 10 pp., SBU Archives, fond 13, no. 1201, "K liternomu delu na Aviabazu VVS SShA s materialami po sviaziam amerikanskikh voennosluzhashchikh, nachato 25 aprelia 1944, okoncheno 30 avgusta 1952, na 293 listakh," fols. 52–57.
29. Parton, "The History of 'Frantic,'" "Return to Italy," sections 26–27; "Excerpt-MASAF Intops Summary no. 235, June 11. Focsani North Airdrome Installations—5Wing," 4 pp., ibid., sections 201–204.
30. Message from Arnold to Deane for Harriman, June 14, 1944, in Parton, "The History of 'Frantic,'" section 220.

第七章 "间谍之死"

1. Lieutenant Colonel Sveshnikov, "Kharakteristika voennosluzhashchikh amerikanskikh VVS v g. Poltava.

注 释

Sostavlena na osnovanii agenturnykh materialov, poluchennykh s 1 maia po 10 iiunia 1944 g." June 14, 1944, 12 pp., here 6, SBU Archives, fond 13, no. 1168; Chernetskii to Savchenko, "Dokladnaia zapiska po anglo-amerikantsam," June 30, 1944, 10 pp., here 1–2, SBU Archives, fond 13, no.1190, "Pervichnye agenturnye materialy na sviazi amerikantsev," vol. 7, begun January 20, 1945, completed December 30, 1951, fols. 52–53.
2. Gribov, *Aviabaza osobogo naznacheniia*, pp. 36, 52.
3. "Sveshnikov, Konstantin Alekseevich," in Nikita Petrov, *Kto rukovodil organami gosbezopasnosti: 1941–1954* (Moscow, 2010), p. 774.
4. Sveshnikov to Abakumov, April 30, 1944, SBU Archives, fond 13, no. 1168, fols. 28–30; Sveshnikov to Colonel Novikov, deputy head of the First Department of the Main Counterintelligence Directorate, People's Commissariat of Defense, SMERSH, May 8, 1944, ibid., fols. 36–37; "Zorin Anatolii Vladimirovich" <https://pamyat-naroda.ru/heroes/podvig-chelovek_nagrazhdenie46495496/>.
5. Lieutenant Colonel Sveshnikov and Major Zorin to Abakumov, "Dokladnaia zapiska ob agenturno-operativnom obsluzhivanii Amerikanskikh VVS v g.Poltava," May 25, 1944, 10 pp., SBU Archives, fond 13, no. 1168, fols. 1–10, here 7.
6. "Dokladnaia zapiska ob agenturno-operativnom obsluzhivanii Amerikanskikh VVS v g. Poltava," May 25, 1944, fols. 1–10, SBU Archives, fond 13, no. 1168;Major Zorin to Colonel Novikov, May 24, 1944, 1 p., ibid., fol. 19.
7. Sveshnikov and Zorin to Abakumov, "Dokladnaia zapiska ob agenturno-operativnom obsluzhivanii Amerikanskikh VVS v g. Poltava," May 25, 1944, fols. 1–2, SBU Archives, fond 13, no. 1168, fols. 1–10.
8. Major Derevenchuk, Agent Note, April 12, 1944, SBU Archives, fond 13, no. 1168,fol. 27; Head of the 1st department, Colonel Reshetnikov, and head of the 1st division of the 1st department of the Poltava Ministry of Internal Affairs [MVD]Directorate, Lieutenant Colonel Meshcheriakov to Lieutenant Colonel Kovalkov, head of the Ministry of State Security [OKR MGB] department of Kazan garrison, January 29, 1953, SBU Archives, fond 13, no. 1179, "Perepiska po aviabaze serii K i OK po VVS SShA na 1953 god," fols. 12.
9. Lieutenant Colonel Sveshnikov to Colonel Novikov, June 1944, SBU Archives, fond 13, no. 1168, f. 70; Colonel Polkovnikov, head of the SMERSH department attached to Long-Range Aviation units, to Major General Gorgonov, Head, 1st department of the Main Directorate of SMERSH, People's Commissariat of Defense, July 18, 1944, 2 pp., ibid., fols. 76–77.
10. Lieutenant Colonel Sveshnikov, "Kharakteristika voennosluzhashchikh amerikanskikh VVS v g. Poltava. Sostavlena na osnovanii agenturnykh materialov, poluchennykh s 1 maia po 10 iiunia 1944 g." June 14, 1944, 12 pp., SBU Archives, fond 13, no. 1168, fols. 58–69.
11. Lieutenant Colonel Sveshnikov to Lieutenant General Babich, Deputy Head of the Main Counterintelligence Directorate [SMERSH] of the People's Commissariat of Defense, May 25, 1944, SBU Archives, fond 13, no. 1168, fols. 23, 23v; Albert Lepawsky, Political Science: Berkeley, California Digital Library <http://texts.cdlib.org/view?docId=hb7c6007sj;NAAN=13030&doc.view=frames&chunk.id=div00034&toc.depth=1&toc.id=&brand=calisphere>.
12. Conversino, *Fighting with the Soviets*, p. 32.
13. Lieutenant Colonel Sveshnikov to Lieutenant General Babich, Deputy Head of the Main Counterintelligence Directorate [SMERSH] of the People's Commissariat of Defense, May 25, 1944, SBU Archives, fond 13, no. 1168, fol. 23; Major Samarin, head of a special group of the 9th department, 2nd directorate of the People's Commissariat of State Security of the USSR, "Agenturnaia zapiska po delu amerikanskogo poddannogo, Lipavskii, prozh. v tochke 'N' no. 114 za 14 aprelia 1944 g.," April 19, 1944, 1 p., SBU Archives, fond 13, no. 1171, fol.49; "Zvavich, Isaak Semenovich," *Sovetskaia istoricheskaia éntsiklopediia*, 16 vols. (Moscow, 1973–1985), vol. 5, s.v.
14. Lieutenant Colonel Sveshnikov to Abakumov, September 25, 1944, 14 pp., SBU Archives, fond 13, no. 1168, fols. 260–73, here 271.
15. Lieutenant Colonel Sveshnikov to General Lieutenant Babich, May 25, 1944, SBU Archives, fond 13, no. 1168, fols. 23–23v; Lieutenant Colonel Sveshnikov to Colonel Novikov, Deputy Head of the First Department, Main Counterintelligence Directorate of the People's Commissariat of Defense, SMERSH, June 1944, SBU Archives, fond 13, no. 1168, fol. 67.
16. Agent Report, "Maia," March 1944, 1 p., SBU Archives, fond 13, no. 1171, fol. 72; Major Samarin, head, special group of the 9th department, 2nd directorate of the People's Commissariat of State Security

of the USSR, "Agenturnaia zapiska po delu amerikanskikh poddannykh, prozhivaiushchikh v tochke "N," Dzhekson v 335, i Sigerd v no. 302," April 4, 1944, 1 p., ibid., fol. 73; Major Samarin, "Agenturnaia zapiska po delu amerikanskikh poddannykh, Dzhekson 335, Vagner i Tlik, no.218, tochka 'N,' " April 13, 1944, 1 p., ibid., fol. 71.
17. Agent Report, "Mikhailova," August 1, 1945, 2 pp., here 1, SBU Archives, fond 13, no. 1171, fols. 68–68v, here 68; Agent Report, "Soiuznik," July 1944, 1 p., ibid., fol. 59; Agent Report, "Roza," July 1944, 1 p., ibid., fol. 59.
18. Lieutenant Colonel Sveshnikov to Colonel Novikov, June 14, 1944, pp. 10–11, SBU Archives, fond 13, no. 1168, fols. 67–68; Colonel Chernetskii, head of the Poltava Directorate, People's Commissariat of State Security, to Sergei Savchenko, People's Commissar of State Security of Ukraine, "Dokladnaia zapiska po angloamerikantsam," June 30, 1944, 10 pp., here 6, SBU Archives, fond 13, no. 1190, fols. 52–57.

第八章　乌克兰的"珍珠港"

1. Colonel Archie J. Old Jr., "Report on Shuttle Mission to Russia," July 6, 1944, 6 pp., here 3, Air Force Historical Research Agency, Maxwell Air Force Base (AFHRA), 5201–1, vol. II, pt. I, reel B5121.
2. "Major General Robert L. Walsh," *U.S. Air Force* <https://www.af.mil/About-Us/Biographies/Display/Article/105289/major-general-robert-l-walsh>; Conversino, *Fighting with the Soviets*, p. 51.
3. "Archie J. Old, Jr.," *Washington Post*, March 30, 1984, B–16; "Lieutenant General Archie J. Old, Jr.," US Air Force <https://www.af.mil/About-Us/Biographies/Display/Article/106026/lieutenant-general-archie-j-old-jr/>.
4. Old, "Report on Shuttle Mission to Russia," July 6, 1944, pp. 1–3; Conversino, *Fighting with the Soviets*, pp. 84–85; Marvin S. Bowman, "Stopping Over at Ivan's Airdrome," *Air Force Magazine*, April 1972, 51–55; Major Marvin S. Bowman Diary as compiled by Paul West, 100th Bomb Group Foundation, p. 6 <https://100thbg.com/index.php?option=com_content&view=article&layout=edit&id=140>;Deane, *The Strange Alliance*, p. 151; Philip K. Scheurer, "Anatole Litvak—A Movie Career on Two Continents," *Los Angeles Times*, February 19, 1967.
5. Old, "Report on Shuttle Mission to Russia," July 6, 1944, pp. 1–3 [50–52];*Operatsiia "Frantik." Z istorii boiovoi spivdruzhnosti viis'kovo-povitrianykh syl SSSR i SShA, tsyvil'noho naselennia Ukrainy v roky Druhoi Svitovoi viiny. Zbirnyk dokumentiv i materialiv* (Kyiv, 1998), pp. 118–20, here 119.
6. Old, "Report on Shuttle Mission to Russia," July 6, 1944, p. 3 [52]; Interview, Brigadier General Alfred A. Kessler, July 5, 1944, 7 pp., here 3, AFHRA, 5201–1, vol. II, part I, reel B5121; Bowman, "Stopping Over at Ivan's Airdrome"; Glenn B. Infield, *The Poltava Affair: A Russian Warning: An American Tragedy: A Minute-by-Minute Account of the Secret World War II Operation That Foreshadowed the Cold War* (New York, 1973), pp. 143–44.
7. Conversino, *Fighting with the Soviets*, p. 88.
8. Infield, *The Poltava Affair*, pp. 113–14, 125.
9. Ibid., pp. 140–42; Vladimir Brovko, "Operatsiia 'Frentik,' ili amerikanskii Perl-Kharbor v Ukraine," pt. 4, in *Narodna pravda* <http://narodna.pravda.com.ua/history/4f1f1cad6ddb1/view_print/>.
10. Brovko, "Operatsiia 'Frentik,' " pt. 4; Infield, *The Poltava Affair*, pp. 142–43, 155.
11. Leonid Liubimskii, "Poltavskaia bitva protiv Gitlera," *Voenno-promyshlennyi kur'er*, no 17, May 3, 2006 <http://vpk-news.ru/articles/3172>.
12. Brovko, "Operatsiia 'Frentik,' " pt. 3.
13. Conversino, *Fighting with the Soviets*, pp. 86–87; General Kessler to Headquarters, Eastern Command USSTAF, June 25, 1944, 4 pp., here 1, in AFHRA, 5201–1, vol. II, pt. I, reel B5121.
14. Robert H. Hewell, "Analysis of Cases Requiring Treatment," July 17, 1944, 3 pp., here 2, in AFHRA, 5201–1, vol. II, pt. I, reel B5121; Joseph G. Lukacek <https://www.findagrave.com/cgi-bin/fg.cgi?page=gr&GSln=Lukacek&GSiman=1&GSob=c&GRid=2519832&>; Joseph G. Lukacek (119–1944) <https://www.ancientfaces.com/person/joseph-g-lukacek/123744280>; Lieut. Raymond C. "Ray" Estle<https://www.findagrave.com/cgi-bin/fg.cgi?page=gr&GRid=630544>.
15. Lieutenant Colonel William Jackson to The Surgeon, USSTAF, June 25, 1944,"Observation of Medical Services during Air Attack," 4 pp., here 2, in AFHRA,5201–1, vol. II, pt. I, reel B5121; Lieutenant Colonel William Jackson, Case History of: 1st Lt. R. C. Estle, June 23, 1944, ibid., 1 p.

16. Lieutenant Colonel William Jackson, "Report of Activity of Two Russian Soldiers during Emergency of June 22," June 24, 1944, 1 p., in AFHRA, 5201–1, vol. II, pt.I, reel B5121.
17. P. A. Tupitsyn, Letter to the US Embassy in Ukraine [before June 1994], in *Operatsiia "Frantik,"* pp. 260–66, here 265.
18. Colonel Archie J. Old Jr., "Report on Shuttle Mission to Russia," July 6, 1944, 6 pp., here 4, in AFHRA, 5201–1, vol. II, pt. I, reel B5121.
19. General Kessler to Headquarters, Eastern Command USSTAF, June 25, 1944,4 pp., here 4, in AFHRA, 5201–1, vol. II, pt. I, reel B512; Colonel Novikov, "Spravka," June 22, 1944, SBU Archives, fond 13, no. 1168, fols. 104–5.
20. Petr Lidov, "Tania (pervyi ocherk o Zoe Kosmodemianskoi," *Ot Sovetskogo informbiuro, 1941–1945* <http://bibliotekar.ru/informburo/27.htm>; "Zoia Kosmodemianskaia: chto bylo na samom dele?" *Russkaia semerka* <http://russian7.ru/post/zoya-kosmodemyanskaya-chto-bylo-na-samom/>.
21. S. S. Shkol'nikov, *V ob"ektive—voina* (Moscow, 1979), pp. 100–102; cf. *Operatsiia "Frantik,"* pp. 244–45.
22. Captain Sherochenkov, Interrogation of Spassky Aleksei Mikhailovich, June 24, 1944, 3 pp., SBU Archives, fond 13, no. 1168, fols. 110–12; Valentin Kotov, "PetrLidov. Sud'ba korrespondenta," *Kommunisty stolitsy*, January 27, 2012 <http://comstol.info/2012/01/obshhestvo/3085'>; Oleksandr Dunaievs'kyi, "Vin znamy nazavzhdy: do 70-richchia dnia narodzhennia P. O. Lidova," *Prapor*, 1976,no. 11: 82–85.
23. Lieutenant Colonel Baranov, "Spravka," June 22, 1944, SBU Archives, fond 13, no. 1168, fol. 103; cf. *Operatsiia "Frantik,"* p. 124.
24. Colonel Novikov, "Spravka," June 22, 1944, SBU Archives, fond 13, no. 1168, fols.104–5; Liubimskii, "Poltavskaia bitva protiv Gitlera"; Conversino, *Fighting with the Soviets*, pp. 85–86, 90.
25. Major Marvin S. Bowman Diary as compiled by Paul West, 100th Bomb Group Foundation, p. 6 <https://100thbg.com/index.php?option=com_content&view=article&layout=edit&id=140>.
26. Susan Heller Anderson, "Midred Gillars, 87, of Nazi Radio, Axis Sally to an Allied Audience," *New York Times*, July 2, 1988.
27. Myhra, *Frantic Saga*, pp. 39, 42–43, 49–50.
28. Colonel Sveshnikov to Abakumov, "Dokladnaia zapiska," July 16, 1944, 11 pp., SBU Archives, fond 13, no.1168, fols. 171–82.
29. Ibid.; Conversino, *Fighting with the Soviets*, pp. 93–94.
30. Conversino, *Fighting with the Soviets*, p. 94; Report of Proceedings of Board of Officers, August 2, 1944, 5 pp., here 5, in AFHRA, 5201–1, vol. II, pt. I, reel B5121.
31. Deane, *The Strange Alliance*, pp. 121–22; Conversino, *Fighting with the Soviets*, p. 91.

第九章　被禁止的爱

1. Howard Whitman, "Nude Welcome to Russia Shocks U.S. Bomber Pilots," *The Daily News*, July 19, 1944; "Howard Whitman of NBC-TV Series," *New York Times*, January 31, 1975.
2. Howard Whitman, "See Russia and Blush, Verdict of U.S. Flyers," *Chicago Daily Tribune*, July 19, 1944, p. 1.
3. Myhra, *Frantic Saga*, pp. 62–63; Franklyn Holzman to A. Holzman, June 29 and June 30, 1944; Igor' Kon, "Byl li seks na Sviatoi Rusi," *Russkii Globus*, no. 2 (February 2005) <https://www.russian-globe.com/N36/Kon.BulLiSexNaSvyatoyRusi.htm>.
4. Conversino, *Fighting with the Soviets*, p. 101.
5. Lieutenant Colonel Sveshnikov to Abakumov, September 25, 1944, 14 pp., here 12, SBU Archives, fond 13, no. 1168, fols. 260–73, here 271.
6. Albert Lepawsky to Commanding General, Eastern Command USSTAF (Through Deputy Commander for Administration), July 10, 1944, 3 pp., in AFHRA, 5201–1, vol. II, pt. I, reel B5121; Conversino, *Fighting with the Soviets*, pp. 96–97.
7. Colonel Chernetskii to Sergei Savchenko, "Dokladnaia zapiska po angloamerikantsam,"June 30, 1944, 10 pp., here 6 [1187], SBU Archives, fond 13, no. 1190, fols. 52–57.
8. Albert Lepawsky to Commanding General, Eastern Command USSTAF (Through Deputy Commander for Administration), July 10, 1944, 3 pp., in AFHRA, 5201–1, vol. II, pt. I, reel B5121; Conversino, *Fighting with the Soviets*, p. 97.
9. [Albert Lepawsky], "History of Eastern Command, U.S. Strategic Airforce in Europe, 1941–1944,"

9. Headquarters USSTAF, 1944, chap. V, "Recreation and Conflict," subsection "Dates and Fights," pp. 132–34, in AFHRA, 5201–1, vol. II, pt. I, reel B5121.
10. Ibid., chap. V, p. 147.
11. Myhra, *Frantic Saga*, p. 47; [Albert Lepawsky], "History of Eastern Command, U.S. Strategic Airforce in Europe, 1941–1944," chap. V, pp. 132–33.
12. [Lepawsky], "History of Eastern Command, U.S. Strategic Airforce in Europe, 1941–1944," chap. V, p. 137.
13. Ibid., chap. V, p. 138.
14. Oleg Budnitskii, "Muzhchiny i zhenshchiny v Krasnoi Armii (1941–1945)," *Cahiers du monde russe* 52, nos. 2–3 (2011): 405–22; Anna Krylova, *Soviet Women in Combat: A History of Violence on the Eastern Front* (New York, 2011).
15. [Lepawsky], "History of Eastern Command, U.S. Strategic Airforce in Europe, 1941–1944," chap. V, p. 144; Conversino, *Fighting with the Soviets*, p. 98.
16. Niall Barr, *Yanks and Limeys: Alliance Warfare in the Second World War* (London, 2016), pp. 336–37.
17. Barr, *Yanks and Limeys*, pp. 337–38; Lynne Olson, *Citizens of London: The Americans Who Stood with Britain in Its Darkest, Finest Hour* (New York, 2010), pp. 239–47.
18. Mary Louise Roberts, *What Soldiers Do: Sex and the American GI in World War II France* (Chicago and London, 2013), p. 70; Duncan Barrett and Nuala Calvi, *GI Brides: The Wartime Girls Who Crossed the Atlantic for Love* (New York, 2014).
19. Roberts, *What Soldiers Do*, pp. 113–21, 131–32.
20. [Lepawsky], "History of Eastern Command, U.S. Strategic Airforce in Europe,1941–1944," chap. V, p. 132.
21. Raymond Arthur Davies, *Inside Russia Today* (Winnipeg, 1945), p. 56.
22. Agent Report, "Iava," June 5, 1944, SBU Archives, fond 13, no. 1171, "Materialy byvshikh voennosluzhashchikh amerikanskoi aviabazy v g. Poltave, vol. 4. Nachato 6 iiunia 1944, zakoncheno 10 ianvaria 1952 g.," fols. 128–29, here 128; "Spravka na ofitsial'nogo sotrudnika amerikanskoi razvedki Zharova Al'berta M.," 2 pp., SBU Archives, fond 13, no. 1169; "Kontrol'no-nabliudatelnoe delo po Aviabaze Amerikanskikh VVS, proizvodivshikh chelnochnye operatsii i bazirovavshikhsia na aėrodromakh SSSR Poltava-Mirgorod-Piriatin," vol. 2, "Nachato: aprel' 1944, Okoncheno: sentiabr' 1950, v 3-kh tomakh," fols. 654–55, here 654.
23. "Spravka na ofitsial'nogo sotrudnika amerikanskoi razvedki Zharova Al'berta M.," SBU Archives, fond 13, no. 1169, fols. 654–55; Lieutenant Colonel Sveshnikov and Major Zorin to Abakumov, "Dokladnaia zapiska ob agenturno-operativnom obsluzhivanii Amerikanskikh VVS v g. Poltave," May 25, 1944, 10 pp., SBU Archives, fond 13, no. 1168, fols. 1–10, here 2–3.
24. Conversino, *Fighting with the Soviets*, p. 124; Lieutenant Colonel Sveshnikov to Abakumov, September 1944, 14 pp., here 4–6, SBU Archives, fond 13, no. 1168, fols. 263–65.
25. Colonel Gorbachev, Memo on Yekaterina Stankevich, August 8, 1949, 2 pp., SBU Archives, fond 13, no. 1169, fols. 693–693v.
26. Lieutenant Colonel Sveshnikov, Memorandum, 4 pp., SBU Archives, fond 13, no. 1168, fols. 202–5.
27. General Perminov to General Shibanov, July 26, 1944, copy, 3 pp., SBU Archives, fond 13, no. 1168, fols. 200–201.
28. Lieutenant Colonel Sveshnikov, Memorandum, 4 pp., SBU Archives, fond 13, no. 1168, fols. 202–5; Colonel Chernetskii to the head of the 2nd directorate, People's Commissariat of State Security of the USSR Fedotov, February 7, 1945, SBU Archives, fond 13, no. 1201, fol. 145.

第十章　风波再起

1. Conversino, *Fighting with the Soviets*, pp. 113–16, 221–22.
2. Gerd Niepold, *Battle for White Russia: The Destruction of Army Group Centre June 1944* (London, 1987); Steven J. Zaloga, *Bagration 1944: The Destruction of Army Group Center* (Westport, CT, 2004).
3. Conversino, *Fighting with the Soviets*, pp. 117–19.
4. Ibid., pp. 111–12.
5. Ibid., pp. 121–23; [Lepawsky], "History of Eastern Command, U.S. Strategic Airforce in Europe, 1941–1944," Headquarters USSTAF, 1944, chap. V, section: "Recreation and Conflict," subsection: "Restaurants

注 释

and Vodka," p. 125.
6. Agent Report, "Iava," June 5, 1944, 3 pp., SBU Archives, fond 13, no. 1171, fols. 128–29, here 128v; [Lepawsky], "History of Eastern Command," chap. V, p. 124.
7. [Lepawsky], "History of Eastern Command," chap. V, p. 124.
8. Colonel Novikov, "Spravka," August 5, 1944, 2 pp., SBU Archives, fond 13, no.1168, fols. 208–9.
9. Conversino, *Fighting with the Soviets*, pp. 106–8.
10. Franklyn Holzman BBC interview, 1995; Franklyn Holzman to A. Holzman, October 4, 1944.
11. Sveshnikov to Abakumov, "Otchet," July 31, 1944, 1 p., SBU Archives, fond 13, no.1168, fol. 206; General Perminov, Order no. 45, July 26, 1944, 5 pp., SBU Archives, fond 13, no. 1168, fols. 233–35.
12. Captain Komkov, Captain Shirochenkov, Senior Lieutenant Abramov, Lieutenant Kuchinskii, "Akt," September 13, 1944, SBU Archives, fond 13, no. 1168, f. 274[1103]; Kuchinskii, "Ob'iasnenie," September 14, 1944, ibid., fols. 275–76; Captain Shirochenkov, Interrogation of Lieutenant Kuchinskii, September 14, 1944, 4 pp., ibid., fols. 277–78v; "Vypiska is protokola zasedaniia partiinogo biuro 42 BAO," September 14, 1944, 1 p., ibid., fol. 279; [Lepawsky], "History of Eastern Command," chap. V, p. 126.
13. Franklyn Holzman BBC interview, 1995; "Agenturnoe donesenie, Istochnik 'Mikhailova,' Prinial Markelov," August 1, 1945, 2 pp., SBU Archives, fond 13, no. 1171, fols. 68–68v, here 68; Captain Kheisin to Colonel Tsurin, "Politdonesenie," September 5, 1944, 1 p., SBU Archives, fond 13, no. 1200, "K liternomu delu na aviabazu VVS SShA, chast' 2," f. 280.
14. Conversino, *Fighting with the Soviets*, p. 112.
15. Sveshnikov to Abakumov, September 18, 1944, 6 pp., here 2, SBU Archives, fond 13, no. 1168, fols. 302–3.
16. Ibid., fol. 302.
17. Sveshnikov, "Spravka," 1 p., SBU Archives, fond 13, no. 1171, fol. 126; Agent Report,"Konstantinov," 2 pp. ibid., fol. 133; Agent Report, "Avtomat," ibid., fol. 135;Lieutenant Kal'nitskii, "Spravka o byvshei aviabaze VVS SShA," January 23, 1954, 8 pp., SBU Archives, fond 13, no. 1169, fol. 702; Captain Ivanov, "Spravka," 2 pp., June 25, 1944, 2 pp., SBU Archives, fond 13, no. 1172, "Delo s materialalmi b[yvshikh]voennosluzhashchikh amerikanskoi aviabazy v g. Piriatin i Mirgorod. Nachato: 10 iiulia 1944, Zakoncheno: 30 ianvaria 1952, na 447 listakh," f. 349 G. S. Kurganov and P. M. Kurennov, *Tainy russkoi revoliutsii i budushchee Rossii* (Ingelwood, CA,1950), chapter 22: "Vtoraia kniga posle Biblii."; L. A. Kutilova, I. V. Naum, M. I. Naumova, and V. A. Safonov, *Natsional'nye menshinstva Tomskoi gubernii. Khronika obshchestvennoi i kul'turnoi zhizni, 1885–1919* (Tomsk, 1999), p. 144.
18. Agent Report, "Avtomat," SBU Archives, fond 13, no. 1171, fol. 135; Agent Report, "Liliia," August 3, 1944, SBU Archives, fond 13, no. 1171, fols. 139–40; Agent Report, "Markov," ibid., fol. 143; Tony Reverditto's eulogy of Igor Reverditto, posted March 13, 2015, on the "Memory of Igor Reverditto" Facebook page, February 27, 2015, <https://www.facebook.com/groups/647340528728078/permalink/647348445393953/>.
19. Sveshnikov to Abakumov, September 18, 1944, 6 pp., here 2, SBU Archives, fond 13, no. 1168, fols. 301–302.
20. Conversino, *Fighting with the Soviets*, pp. 140–41.
21. Ibid., p. 141; [Lepawsky], "History of Eastern Command," chap. V, p. 125 [789]; Brigadier General Alfred Kessler, Letter of Recommendation for Igor Reverditto, September 15, 1944, posted by Trevor Reverditto on "Memory of Igor Reverditto" Facebook page, February 27, 2015, https://www.facebook.com/groups/647340528728078/permalink/647348445393953/.
22. Conversino, *Fighting with the Soviets*, pp. 139–40.

第十一章　华沙沦陷

1. Lockard, "Yanks in Russia," pp. 8–9.
2. Kathy Harriman to Mary, August 30, 1944, Library of Congress, Harriman Papers, box 6, folder 9, Correspondence between Kathleen Mortimer and Mary Fisk.
3. Norman Davies, *Rising '44: The Battle for Warsaw* (London, 2008).
4. Ibid., pp. 151–53; Plokhy, *Yalta: The Price of Peace* (New York, 2010), pp. 158–61, 172–73.
5. Harriman and Abel, *Special Envoy*, pp. 333–34; Stalin to Roosevelt, August 9, 1944, in *Correspondence*

between the Chairman of the Council of Ministers of the USSR and the Presidents of the USA and the Prime Ministers of Great Britain during the Great Patriotic War of 1941–1945. Correspondence with Franklin D. Roosevelt and Harry S. Truman (August 1941–December 1945) (Moscow, 1957), pp. 151–55, nos. 214, 217–19.
6. *Correspondence between the Chairman of the Council of Ministers of the USSR and the Presidents of the USA and the Prime Ministers of Great Britain during the Great Patriotic War of 1941–1945. Correspondence with Winston S. Churchill and Clement R. Attlee, 1944* (Moscow, 1957), nos. 312, 313, 317.
7. Harriman to Molotov, August 14, 1944, Records of the U.S. Military Mission to Moscow 1943–45, NARA, RG 334, Subject Files, October 1943-October 1945, Box 22, file "Poland," 2 pp.; Harriman, Conversation, Subject: Dropping of Military Supplies on Warsaw, Moscow, August 15, 1944, Records of the U.S. Military Mission to Moscow 1943–45, NARA, RG 334, Subject Files, October 1943–October 1945, Box 22, file "Poland," 5 pp.
8. Harriman, Conversation, Subject: Dropping of Military Supplies on Warsaw, Moscow, August 15, 1944, Records of the U.S. Military Mission to Moscow 1943–45, NARA, RG 334, Subject Files, October 1943-October 1945, Box 22, file "Poland," 5 pp.
9. Deane to Walsh and Spaatz, August 15, 1944, Records of the U.S. Military Mission to Moscow 1943–45, NARA, RG 334, Subject Files, October 1943–October 1945, Box 22, file "Poland," 1 p.; Harriman to Vyshinsky, August 16, 1944, ibid., 1p.; Harriman, Conversation. Subject: Dropping of Military Supplies on Warsaw, August 16, 1944, ibid., 2 pp.; Vyshinsky to Harriman, August 17, 1944, ibid., 1 p.
10. *Correspondence between the Chairman of the Council of Ministers of the USSR and the Presidents of the USA and the Prime Ministers of Great Britain during the Great Patriotic War of 1941–1945. Correspondence with Winston S. Churchill and Clement R. Attlee, 1944*, no. 321; Harriman, Conversation. Subject: "Frantic" bases and "Exploration," August 17, 1944, Records of the U.S. Military Mission to Moscow 1943–45, NARA, RG 334, Subject Files, October 1943–October 1945, Box 22, file "Poland," 2 pp.
11. Conversino, *Fighting with the Soviets*, pp. 119–20; Davies, *Rising'44*, pp. 301, 719; Harriman and Abel, *Special Envoy*, p. 342; Roosevelt and Churchill to Stalin, August 20, 1944, in *Correspondence between the Chairman of the Council of Ministers of the USSR and the Presidents of the USA and the Prime Ministers of Great Britain during the Great Patriotic War of 1941–1945. Correspondence with Franklin D. Roosevelt and Harry S. Truman (August 1941–December 1945)*, p. 156, no. 220; Stalin to Roosevelt and Churchill, ibid., p. 157, no. 223; Allied Support for Warsaw: Roosevelt-Churchill-Stalin Communications. Selected Documents<http://www.warsawuprising.com/doc/Roosevelt_Churchill_Stalin.htm>;Churchill, *The Second World War*, vol. 6, *Triumph and Tragedy* (Boston, 1953), pp. 1233–34.
12. Conversino, *Fighting with the Soviets*, pp. 119–20; Davies, *Rising'44*, pp. 301, 719;Harriman to Hull, August 22, 1944, *FRUS, Diplomatic Papers: Europe*, vol. 4,pp. 901–902; Harriman and Abel, *Special Envoy*, p. 344.
13. Davies, *Rising'44*, pp. 350–58; Conversino, *Fighting with the Soviets*, pp. 146–47.
14. Conversino, *Fighting with the Soviets*, p. 144.
15. Ibid., pp. 143–45.
16. Ibid., pp. 137, 247.
17. "Message of the Soviet Government in Reply to the Message of the British Government of 5th September 1944," Moscow, September 9, 1944, 2 pp., in Records of the U.S. Military Mission to Moscow 1943–45, NARA, RG 334, Subject Files, October 1943–October 1945, Box 22, file "Poland," p. 1; General Marshall to Deane, Subject: Polish patriots in Warsaw, September 12, 1944, ibid., p. 1; Deane and Lieutenant General Montague Brocas Burrows, Head of the British Military Mission, to Army General Antonov, September 14, 1944, 1 p., ibid., p. 1.
18. General Eisenhower to Chiefs of Staff, September 12, 1944, 1 p., in Records of the U.S. Military Mission to Moscow 1943–45, NARA, RG 334, Subject Files, October 1943–October 1945, Box 22, file "Poland" ; General Walsh to General Deane, September 13, 1944, ibid., p.1; Memorandum of Conversation, Present: Harriman, Deane, Archibald Clark-Kerr, Molotov, Pavlov, evening of September 12–13, 1944, ibid., p. 1; General Deane to Rear Admiral Archer, Acting Head, British Military Mission, September 13, 1944, ibid., 2 pp.
19. Conversino, *Fighting with the Soviets*, p. 146.
20. Ibid., pp. 148–51, 156; General Spaatz to General Arnold, info for Deane, Subject: Supplies to Insurgents, September 22, 1944, p. 1, in Records of the U.S. Military Mission to Moscow 1943–45,

NARA, RG 334, Subject Files, October 1943–October 1945, Box 22, file "Poland"; Deane to Colonel Makarov, Red Army General Staff, September 21, 1944, ibid., p. 1.
21. Conversino, *Fighting with the Soviets*, p. 157; General Spaatz for General Doolittle, Subject: Partisan Situation in Warsaw, September 30, 1944, Records of the U.S. Military Mission to Moscow 1943–45, p. 1, NARA, RG 334, Subject Files, October 1943–October 1945, Box 22, file "Poland" ; Deane to Colonel Makarov, October 2, 1944, ibid., p. 1.
22. Harriman and Abel, *Special Envoy*, pp. 348–49; Warsaw Uprising 1944, Project in Posterum<http://www.warsawuprising.com/faq.htm>.

第十二章 被遗忘在乌克兰的倒霉蛋

1. Myhra, *Frantic Saga*, pp. 82–85.
2. Lieutenant Colonel Sveshnikov and Captain Belykh to Abakumov, "Dokladnaia zapiska o vyezde voennosluzhashchikh amerikanskikh VVS iz SSSR," October 28, 1944, 4 pp., SBU Archives, fond 13, no. 1168, fols. 319–22; William Kaluta, "History of Eastern Command, US Strategic Air Forces in Europe, October 1,1944–March 31, 1945," chap. 1: Background, p. 4, in NARA, RG 334; United States Military Mission to Moscow, Operation "Frantic," October 1943–October 1945, Box 66: Engineer to Intelligence.
3. Kaluta, "History of Eastern Command, US Strategic Air Forces in Europe, October 1, 1944–March 31, 1945," chap. I, p. 3.
4. Conversino, *Fighting with the Soviets*, p. 120.
5. Kaluta, "History of Eastern Command, US Strategic Air Forces in Europe, October 1, 1944–March 31, 1945," chap. I, p. 4; Conversino, *Fighting with the Soviets*, p. 161.
6. Lieutenant Colonel Sveshnikov to Abakumov, "Dokladnaia zapiska o sokrashchenii amerikanskikh voenno-vozdushnykh baz na territorii SSSR," December 2, 1944, 11 pp., SBU Archives, fond 13, no. 1168, fols. 328–38; Kaluta, "History of Eastern Command, US Strategic Air Forces in Europe, October 1, 1944–March 31, 1945," chap. IV: Personnel Administration and Organization, p. 2.
7. General Major Novikov, Deputy head, 1st department, SMERSH main directorate, "Spravka po 169-i aviatsionnoi baze osobogo naznacheniia voenno-vozdushnykh sil Krasnoi Armii," 2 pp., SBU Archives, fond 13, no. 1168, fols. 310–11; Lieutenant Colonel Sveshnikov to Abakumov, "Dokladnaia zapiska o sokrashchenii amerikanskikh voenno-vozdushnykh baz na territorii SSSR," December 2, 1944, 11 pp., SBU Archives, fond 13, no. 1168, fols. 328–38, here 329–30.
8. Kaluta, "History of Eastern Command, US Strategic Air Forces in Europe, October 1, 1944–March 31, 1945," chap. I, p. 5; Conversino, *Fighting with the Soviets*, p. 162.
9. "Colonel Thomas Hampton," Wings of War Webseum <https://militariawingswwii.wordpress.com/2012/03/29/new-lot-just-in-1930s-through-wwii-beyond--col-thomas-k-hampton/>; Lieutenant Colonel Sveshnikov to Abakumov, "Dokladnaia zapiska o sokrashchenii amerikanskikh voenno-vozdushnykh baz na territorii SSSR," December 2, 1944, 11 pp., SBU Archives, fond 13, no. 1168, fols. 328–38; Kaluta, "History of Eastern Command, US Strategic Air Forces in Europe, October 1, 1944–March 31, 1945," chap. V: Personnel Relations, p. 1; chap. IV, p. 1.
10. George Uri Fischer, *Insatiable: A Story of My Nine Lives* (Philadelphia, 2000), p. 104.
11. Ibid., p. 106.
12. Conversino, *Fighting with the Soviets*, p. 126; Fischer, *Insatiable*, p. 109; Major Zorin to Abakumov, "Dokladnaia zapiska ob operativno-agenturnom obsluzhivanii amerikanskoi aviabazy 'chelnochnykh pereletov,'" June 23, 1945, 30 pp., SBU Archives, fond 13, no. 1169, fols. 559–88.
13. "Michael Kowal," in American Air Museum in Britain <http://www.americanairmuseum.com/person/240532>; Lieutenant Colonel Sveshnikov to Abakumov,"Dokladnaia zapiska o sokrashchenii amerikanskikh voenno-vozdushnykh baz na territorii SSSR," September, 1944, 11 pp., here 3, SBU Archives, fond 13, no. 1168, fols. 301–6.
14. Conversino, *Fighting with the Soviets*, p. 127.
15. Kaluta, "History of Eastern Command, US Strategic Air Forces in Europe, October 1, 1944–March 31, 1945," chap. V, Personnel Relations, p. 33.
16. Ibid., chap. V, pp. 18, 35.
17. Ibid., chap. V, p. 17.
18. Ibid., chap. V, p. 33.

19. Ibid., chap. II, pt. I, Operations, p. 15.
20. Ibid., chap. V, Personnel Relations, pp. 11, 35.
21. Ibid., chap. IV, Personnel Administration and Organization, pp. 4–5; Ibid., chap. V, Personnel Relations, pp. 3–4; Lieutenant Colonel Sveshnikov to Abakumov, "Dokladnaia zapiska o sokrashchenii amerikanskikh voenno-vozdushnykh baz na territorii SSSR," December 2, 1944, 11 pp., here 11, SBU Archives, fond 13, no.1168, fols. 328–38.
22. Kaluta, "History of Eastern Command, US Strategic Air Forces in Europe, October 1,1944–March 31, 1945," chap. I, p. 5.

第十三章　瞭望塔

1. Deane, *The Strange Alliance*, p. 246
2. Ibid., p. 247; Harriman and Abel, *Special Envoy*, pp. 363–64.
3. Ibid, p. 363.
4. Ibid., pp. 355–56, 358–61; Plokhy, *Yalta*, pp. 158–61.
5. "William A. Fitchen," *The Orange County Register*, October 17, 2007, <https://obits.ocregister.com/obituaries/orangecounty/obituary.aspx?n=william-afitchen&pid=96327178>.
6. Kaluta, "History of Eastern Command, US Strategic Air Forces in Europe, October 1, 1944–March 31, 1945," chap. I, Background, p. 41.
7. Brigadier General Edmund W. Hill, Chief USA Air Force Division, United States Military Mission, Moscow, to Ambassador Harriman, December 28, 1944, in NARA, RG 334, United States Military Mission to Moscow, Operation "Frantic,"October 1943–October 1945, Box 67: Interrogation Reports to Photo Reconnaissance.
8. Reports of Observations in Poland: Report by Lt. Col. Thomas K. Hampton,NARA, RG 334, box 67, p. 1.
9. Ibid.
10. W. H. Lawrence, "Nazi Mass Killing Laid Bare in Camp; Victims Put at 1,500,000 in Huge Death Factory of Gas Chambers and Crematories," *New York Times*, August 30, 1944.
11. Kathy Harriman to Mary, August 30, 1944, Library of Congress, Harriman Papers, box 6, folder 9, Correspondence between Kathleen Mortimer and Mary Fisk; Barbie Zelizer, *Remembering to Forget: Holocaust Memories through the Camera's Eye* (Chicago, 2000), pp. 51–52.
12. Reports of Observations in Poland: Report by Sgt. Samuel Chavkin, NARA, RG 334, box 67, p. 10; Report by Capt. Joe R. Johnson, ibid., p. 3.
13. "Lvov," *Holocaust Encyclopedia*, <https://encyclopedia.ushmm.org/content/en/article/lvov>.
14. Reports of Observations in Poland: Report by Lt. Col. Thomas K. Hampton,NARA, RG 334, box 67, p. 1; Report by Capt. Joe R. Johnson, ibid., p. 2; Report by Capt. Michael H. Kowal, ibid., p. 5; Report by Sgt. Samuel Chavkin, ibid., p. 8.
15. Letter to British Ambassador in Moscow, September 16, 1944, in Reports of Observations in Poland, NARA, RG 334, box 67, p. 6; Mieczysław Karol Borodej, *Niebieska Eskadra* <http://niebieskaeskadra.pl/?control=8&id=2540>.
16. Reports of Observations in Poland: Report of Major Robert H. Wiseheart, NARA,RG 334, box 67, pp. 1–2.
17. Captain William Fitchen, Interrogation Form: [First] Pilot Lt. R. E. Beam, December 10, 1944; Sgt. John R. Dmytryshyn, Frantic: Interrogation Reports. Eastern Command, NARA, RG 334, box 67, pp. 7–8.
18. Captain William Fitchen, Interrogation of T/Sgt E. G. Kelly and S/Sgt A. G. Stubaus, December 18, 1944, 6 pp., here 3–6, Frantic: Interrogation Reports. Eastern Command, NARA, RG 334, box 67.
19. Plokhy, *Yalta*, pp. 166–75.
20. Lieutenant Colonel Sveshnikov to Abakumov, "Dokladnaia zapiska o sokrashchenii amerikanskikh voenno-vozdushnykh baz na territorii SSSR," December 2, 1944, 11 pp., here 7–8, SBU Archives, fond 13, no. 1168, fols. 328–38.
21. Ibid., fol. 8; Major Zorin to Major General Novikov, "Dokladnaia zapiska o povedenii amerikanskikh voennosluzhashchikh pri vylete na vynuzhdennye posadki samoletov," December 1944, 5 pp., SBU Archives, fond 13, no. 1171.
22. Kaluta, "History of Eastern Command, US Strategic Air Forces in Europe, October 1, 1944–March

注 释

31, 1945," chap. IV, Personnel Administration and Organization, p. 16; Agent Report, "Markov," SBU Archives, fond 13, no. 1172; no. 1168, fol. 125.

第十四章　新年舞会

1. "V novyi 1945 god sovetskie liudi zhelali drug drugu skoroi pobedy nad fashistskoi Germaniei," TASS, January 1, 2015 <http://tass.ru/70-letie-pobedy/1682585>.
2. *My Dear Mr. Stalin: The Complete Correspondence of Franklin D. Roosevelt and Joseph V. Stalin*, ed. Susan Butler (New Haven and London, 2005), p. 184; Plokhy, *Yalta*, p. 28; Martin Gilbert, *Churchill and America* (New York, 2005), p. 325.
3. Franklyn Holzman to A. Holzman, January 1, 1945; Franklyn Holzman, BBC interview, 1995.
4. Colonel Akhov and Lietenant Colonel Baruzdin to Lieutenant Colonel Zubkov, July 25, 1960, 4 pp., SBU Archives, fond 13, no. 1207, fols. 327–30.
5. Kaluta, "History of Eastern Command, US Strategic Air Forces in Europe, October 1, 1944–March 31, 1945," chap. V, Personnel Relations, p. 34.
6. Ibid.
7. "LTC William Roman Kaluta," *Find a Grave* <https://www.findagrave.com/cgi-bin/fg.cgi?page=gr&GRid=48767213>; Roman M. Kaluta, *US 1940 Census*<http://www.archives.com/1940-census/roman-kaluta-ny-55936655>; Tatiana Shugailo, "Istoriia gazety 'Russkii golos' i ee obshchestvenno-politicheskie pozitsii," *Katalog pressy russkogo zarubezh'ia* (Vladivostok, 2017). Lieutenant Colonel Sveshnikov to Abakumov, "Dokladnaia zapiska o sokrashchenii amerikanskikh voenno-vozdushnykh baz na territorii SSSR," December 2, 1944, 11 pp., here 4, SBU Archives, fond 13, no. 1168, fols. 328–38.
8. Major Zorin to Major General Gorgonov, "Dokladnaia zapiska ob izuchenii razvedyvatel'noi deiatel'nosti amerikanskikh voennosluzhashchikh Poltavskoi aviabazy," February 12, 1945, 11 pp., here 5–7, SBU Archives, fond 13, no. 1169, fols. 415–25; Captain Zakharov, "Vypiska iz dokladnoi zapiski gvardii kapitana Zakharova," July 10, 1944, 1 p., SBU Archives, fond 13, no. 1172, fol. 106.
9. Kaluta, "History of Eastern Command, US Strategic Air Forces in Europe, October 1, 1944–March 31, 1945," chap. V, Personnel Relations, pp. 30–31.
10. Colonel Chernetsky, Captain Mikhaliuk, Senior Lieutenant Nevedov to the head of the 2d directorate, People's Commissariat of State Security of the USSR, Commissar of State Security Third Class Fedotov, "Dokladnaia zapiska o rezul'tatakh operativno-agenturnogo obsluzhivaniia amerikanskoi aviabazy v Poltave za period: dekabr' 1944–ianvar' 1945," February 7, 1945, 18 pp., here 16–18, SBU Archives, fond 13, no. 1201, fols. 146–63.
11. Kaluta, "History of Eastern Command, US Strategic Air Forces in Europe, October 1, 1944–March 31, 1945," chap. V, Personnel Relations, pp. 28–29.
12. Ibid., p. 29; Major Zorin to Lieutenant Colonel Guliaev, SBU Archives, fond 13, no. 1171, fol. 93; Major Zorin to Major General Gorgonov, "Dokladnaia zapiska ob izuchenii razvedyvatel'noi deiatel'nosti amerikanskikh voennosluzhchikh Poltavskoi aviabazy," February 12, 1945, 11 pp., here 5, SBU Archives, fond 13, no.1169, fol. 417; Colonel Reshetnikov and Lieutenant Colonel Meshcheriakov to Lieutenant Colonel Kovalkov, January 29, 1953, SBU Archives, fond 13, no. 1179, fol. 12; Captain Mikhaliuk and Senior Lieutenant Nefedov to Colonel Sliuger,"Dokladnaia zapiska o razrabotke sviazei amerikantsev v UNKGB po Poltavskoi oblasti za fevral' mesiats 1945 goda," March 7, 1945, 8 pp., here 6, SBU Archives,fond 13, no. 1201, fols. 181–88.
13. Captain Shpagin, "Spravka," March 27, 1945, 5 pp., SBU Archives, fond 13, no.1169, fols. 466–70.
14. Major Zorin to Major General Novikov, "Dokladnaia zapiska ob izmenenii otnoshenii mezhdu lichnym sostavom amerikanskoi bazy i voennosluzhashchimi 169 ABON," February 7, 1945, 5 pp., SBU Archives, fond 13, no. 1169, fols.410–14.

第十五章　雅尔塔

1. Harriman to Roosevelt, December 6, 1944, Franklin D. Roosevelt Library, Map Room, Presidential Trips, Crimean Conference, box 21, Argonaut 1, section 1;Plokhy, *Yalta*, pp. 27–28.

- 339 -

2. "The President's Special Assistant (Hopkins) to the President," *FRUS, Diplomatic Papers: Conferences at Malta and Yalta, 1945*, p. 39; Plokhy, *Yalta*, pp. 37–38.
3. Harriman to Roosevelt, December 6, 1944, Franklin D. Roosevelt Library, Map Room, Presidential Trips, Crimean Conference, box 21, Argonaut 1, section 1.
4. Harriman and Abel, *Special Envoy*, p. 392.
5. Kaluta, "History of Eastern Command, US Strategic Air Forces in Europe, October 1, 1944–March 31, 1945," chap. I, Background, p. 21, NARA, RG 334 (Underservice Agencies), United States Military Mission to Moscow, Operation "Frantic," October 1943–October 1945, Box 66: Engineer to Intelligence.
6. Major Zorin, "Spravka," January 1945, SBU Archives, fond 13, no. 1171, fol. 119; Major Zorin to Major General Novikov, "Dokladnaia zapiska o sluchae s portfelem gl. Marshala angliiskoi aviatsii Teder A. V.," January 26, 1945, 3 pp., SBU Archives, fond 13, no. 1169, fols. 390–93; Kaluta, "History of Eastern Command, US Strategic Air Forces in Europe, October 1, 1944–March 31, 1945," chap. I, Background, pp. 22–23; Conversino, *Fighting with the Soviets*, pp. 173–74.
7. Kaluta, "History of Eastern Command, US Strategic Air Forces in Europe, October 1, 1944–March 31, 1945," chap. I, Background, pp. 21–22.
8. Ibid., p. 23.
9. Major General Slavin to Admiral Alafuzov and Komissar gosbezopasnosti Abakumov, February 8, 1945, SBU Archives, fond 13, no.1169, fol. 457.
10. Meeting of the Joint Chiefs of Staff, February 5, 1945, in *FRUS: Conferences at Malta and Yalta*, p. 594; Plokhy, *Yalta*, pp. 216–22.
11. "Roosevelt-Stalin Meeting, February 8, 1945," in *FRUS: Conferences at Malta and Yalta*, pp. 766–71; *My Dear Mr. Stalin*, pp. 292–93.
12. Plokhy, *Yalta*, pp. 166–70.
13. Harriman and Abel, *Special Envoy*, pp. 406–14; Plokhy, *Yalta*, pp. 241–51; "Third Plenary meeting, February 6, 'The Polish Question,' " *FRUS: Conferences at Malta and Yalta*, pp. 667–71.
14. Deane, *The Strange Alliance*, pp. 182–90; "Bilateral Document, Agreement between the United States and the Soviet Union Concerning the Liberated Prisoners of War and Civilians," *FRUS: Conferences at Malta and Yalta*, pp. 985–87.
15. Deane, *The Strange Alliance*, pp. 186–90; Harriman and Abel, *Special Envoy*, p. 416; Plokhy, *Yalta*, pp. 298–305.
16. Deane, *The Strange Alliance*, p. 184.
17. Churchill, *Triumph and Tragedy*, pp. 362–63.
18. Robert E. Sherwood, *Roosevelt and Hopkins: An Intimate History* (New York, 1948), p. 879; Plokhy, *Yalta*, pp. 328–29.
19. Fischer, *Insatiable*, pp. 116–17.
20. Conversino, *Fighting with the Soviets*, p. 177.

第十六章　战　俘

1. *My Dear Mr. Stalin*, pp. 297–99.
2. Deane, *The Strange Alliance*, pp. 190–96; Harriman and Abel, *Special Envoy*, pp. 419–20.
3. *My Dear Mr. Stalin*, pp. 298–99.
4. Lt. Col. James D. Wilmeth et al., "Report on a Visit to Lublin, Poland, February 27–March 28, 1945," section "Russian Reactions," p. 13, NARA, RG 334, Box 22, Prisoners of War; Kaluta, "History of Eastern Command, US Strategic Air Forces in Europe, October 1, 1944–March 31, 1945," chap. I, p. 70; Deane, *The Strange Alliance*, p. 191; Conversino, *Fighting with the Soviets*, pp. 188–90.
5. Kaluta, "History of Eastern Command, US Strategic Air Forces in Europe, October 1, 1944–March 31, 1945," chap. I, p. 71; Deane, *The Strange Alliance*, pp. 195–96; Conversino, *Fighting with the Soviets*, p. 193.
6. Wilmeth et al., "Report on a Visit to Lublin, Poland, February 27–March 28, 1945," p. 12.
7. Deane, *The Strange Alliance*, pp. 191–94; Kaluta, "History of Eastern Command, US Strategic Air Forces in Europe, October 1, 1944–March 31, 1945," chap. I, p. 73; Wilmeth et al., "Report on a Visit to Lublin, Poland, February 27–March 28, 1945," p. 15.
8. Kaluta, "History of Eastern Command, US Strategic Air Forces in Europe, October 1, 1944–March 31, 1945," chap. I, pp. 73–74.

9. Wilmeth et al., "Report on a Visit to Lublin, Poland, February 27–March 28, 1945," pp. 1–3; *Communiqué of the Polish-Soviet Extraordinary Commission for Investigating the Crimes Committed by the Germans in the Majdanek Extermination Camp in Lublin*, ed. A. Witos et al. (Moscow, 1944); Tomasz Kranz, "Ewidencja zgonów I śmiertelność więźniów KL Lublin," *Zeszyty Majdanka* 23 ([Lublin], 2005): 7–53.
10. Wilmeth et al., "Report on a Visit to Lublin, Poland, February 27–March 28, 1945," pp. 4–5; Conversino, *Fighting with the Soviets*, p. 196.
11. *My Dear Mr. Stalin*, pp. 299–300.
12. Captain William Fitchen, Interrogation Form: [First] Pilot Lt. Peede, March 17, 1945, Frantic: Interrogation Reports. Eastern Command, "Report on Former Prisoners of War," 4 pp., here 3, NARA, RG 334, box 67; Kaluta, "History of Eastern Command, US Strategic Air Forces in Europe, October 1, 1944–March 31, 1945," chap. I, pp. 50, 73; Conversino, *Fighting with the Soviets*, p. 190.
13. Captain William Fitchen, "Report of an interview with three former prisoners of war, First Lieutenant Cory, Second Lieutenant Murphy, and Second Lieutenant Gaich," February 21, 1945, 4 pp., Frantic: Interrogation Reports. Eastern Command, NARA, RG 334, box 67; "Beliaev, Vladimir Pavlovich," *Bol'shaia Sovetskaia Entsiklopediia* (Moscow, 1969), s.v.; Iurii Nagibin, *Dnevnik* (Moscow, 2009), pp. 124–28.
14. Captain William Fitchen, "Report of an interview with three former prisoners of war, Capt. Slanina, Second Lieutenant Young, and First Lieutenant Englander," February 22, 1945, p. 1, Frantic: Interrogation Reports. Eastern Command, NARA, RG 334, box 67; Kaluta, "History of Eastern Command, US Strategic Air Forces in Europe, October 1, 1944–March 31, 1945," chap. I, pp. 73–77.
15. Kaluta, "History of Eastern Command, US Strategic Air Forces in Europe, October 1, 1944–March 31, 1945," chap. I, p. 78; Captain Robert M. Trimble et al., "Report on Flight to Rzeszow, Staszow, Lwow, Poland, March 17, 1945," 5 pp., here 1–3, Frantic: Interrogation Reports. Eastern Command, NARA, RG 334, box 67; Trimble and Dronfield, *Beyond the Call*, pp. 117–42.
16. Trimble et al., "Report on Flight to Rzeszow, Staszow, Lwow, Poland, March 17,1945," 5 pp., here 3–4.
17. Ibid., p. 4; "Report by Sgt. Richard J. Beadle," 2 pp., Frantic: Interrogation Reports. Eastern Command, NARA, RG 334, box 67.
18. Trimble et al., "Report on Flight to Rzeszow, Staszow, Lwow, Poland, March 17, 1945," 5 pp., here 4; Trimble and Dronfield, *Beyond the Call*, pp. 168–74, 180–82.
19. *My Dear Mr. Stalin*, p. 300.
20. Harriman to Roosevelt, March 12, 1945, in *FRUS: Diplomatic Papers, 1945, Europe*, vol. 5; Deane, *The Strange Alliance*, p. 198; Harriman and Abel, *Special Envoy*, pp. 420–21.
21. *My Dear Mr. Stalin*, p. 300.
22. Ibid., pp. 301–302.
23. Harriman and Abel, *Special Envoy*, pp. 421–22.
24. Lt. Col. James D. Wilmeth, Memorandum to General Deane, Reference: Lublin Trip, Poltava, USSR, April 13, 1945, 9 pp. in NARA, RG 334, Box 22; Kaluta, "History of Eastern Command, US Strategic Air Forces in Europe, October 1, 1944–March 31, 1945," chap. I, p. 77.
25. Kaluta, "History of Eastern Command, US Strategic Air Forces in Europe, October 1, 1944–March 31, 1945," chap. I, pp. 78–79; Conversino, *Fighting with the Soviets*, p. 196.

第十七章　破　裂

1. Major Zorin to Abakumov, April 2, 1945, pp. 1–2, SBU Archives, fond 13, no.1169, fols. 471–72.
2. William Kaluta, "Eascom History, 1 April 1945 to 23 June 1945," chap. 1, Operations, p. 7, in NARA, RG 334; United States Military Mission to Moscow, Operation "Frantic," October 1943–October 1945, Box 66: Engineer to Intelligence.
3. Major Zorin to Major General Novikov, April 10, 1945, "Informatsionnaia dokladnaia zapiska," 4 pp., SBU Archives, fond 13, no. 1169, fol. 499.
4. Plokhy, *Yalta*, pp. 358–64.
5. Harriman and Abel, *Special Envoy*, pp. 432–39.
6. *My Dear Mr. Stalin*, pp. 303–17.
7. Fred L. Borch, "Two Americans and the Angry Russian Bear: Army Air Force Pilots Court-Martialed for Offending the Soviet Union during World War II," *Prologue Magazine* 43, no. 1 (Spring 2011) <https://

www.archives.gov/publications/prologue/2011/spring/court-martials.html>.
8. Conversino, *Fighting with the Soviets*, pp. 201–202.
9. Borch, "Two Americans and the Angry Russian Bear."
10. Lieutenant Colonel Sveshnikov, "Spravka," April 30, 1944, 2 pp., here 2, SBU Archives, fond 13, no. 1168, fol. 32; Trimble and Dronfield, *Beyond the Call*, pp. 230–31.
11. Borch, "Two Americans and the Angry Russian Bear"; Conversino, *Fighting with the Soviets*, pp. 203–204.
12. Kaluta, "Eascom History, 1 April 1945 to 23 June 1945," chap. 1, Operations, pp. 1–2; Conversino, *Fighting with the Soviets*, p. 203.
13. Major Zorin to Major General Novikov, April 10, 1945, "Informatsionnaia dokladnaia zapiska," 4 pp., here 3, SBU Archives, fond 13, no. 1169, fol. 499.
14. Ibid.; Kaluta, "Eascom History, 1 April 1945 to 23 June 1945," chap. 1, Operations, pp. 1–2.
15. Kaluta, "Eascom History, 1 April 1945 to 23 June 1945," chap. 1, Operations, p. 1.
16. Agent Report, "Kozlov," April 1, 1945, SBU Archives, fond 13, no. 1169, f. 491; Agent Report, "Moskvichka," April 2, 1945, ibid., fol. 490.
17. Fischer, *Insatiable*, p. 122.
18. Ibid.; "Soviet Denunciation of the Pact with Japan, April 5, 1945," *The Department of State Bulletin* 12, no. 305 (April 29, 1945) <http://avalon.law.yale.edu/wwii/s3.asp>.
19. Dmitrii Volkogonov, *Triumf i tragediia: Politicheskii portret I. V. Stalina* (Moscow,1989), bk. 2, pt. 1, p. 373; Zorin to Abakumov, April 2, 1945, p. 2, SBU Archives,fond 13, no. 1169, fol. 471; Major Zorin, "Spravka," April 3, 1945, 2 pp., SBU Archives, fond 13, no. 1169, fols. 485–86; *Arkhiv rozstrilianoho vidrodzhennia: materialy arkhivno-slidchykh sprav ukrains'kykh pys'mennykiv 1920–1930-kh rokiv*,comp. Oleksandr and Leonid Ushkalov (Kyiv, 2010), p. 376.
20. Kaluta, "Eascom History, 1 April 1945 to 23 June 1945," chap. 1, Operations, p. 6;Major Zorin to Major General Novikov, April 10, 1945, "Informatsionnaia dokladnaia zapiska," 4 pp., here 3, SBU Archives, fond 13, no. 1169, fol. 499.
21. Kaluta, "Eascom History, 1 April 1945 to 23 June 1945," chap. 1, Operations, p. 6.
22. Ibid., chap. 1, Operations, pp. 3–4, 8; Trimble and Dronfield, *Beyond the Call*, pp. 233–40, 243.
23. *My Dear Mr. Stalin*, p. 322.

第十八章 最后的阅兵

1. On Melby, see Robert P. Newman, *The Cold War Romance of Lillian Hellman and John Melby* (Chapel Hill, NC, 1989).
2. Harriman and Abel, *Special Envoy*, pp. 440–41.
3. Ibid., pp. 441–43; Sherwood, *Roosevelt and Hopkins*, pp. 883–84.
4. Harriman and Abel, *Special Envoy*, pp. 445–46; Conversino, *Fighting with the Soviets*, p. 205; Costigliola, *Roosevelt's Lost Alliances*, pp. 319–20.
5. Kaluta, "Eascom History, 1 April 1945 to 23 June 1945," chap. 2, Activities, p. 1.
6. Ibid., chap. 2, Activities, pp. 1–2.
7. Franklyn Holzman to A. Holzman, April 14, 1945; Franklyn Holzman, BBC interview, 1995.
8. Kaluta, "Eascom History, 1 April 1945 to 23 June 1945," chap. 1, Operations, pp.6–7; chap. 2, Activities, p. 1.
9. Conversino, *Fighting with the Soviets*, pp. 206–207.
10. Plokhy, *Yalta*, pp. 382–83.
11. Harriman and Abel, *Special Envoy*, pp. 447–53; Costigliola, *Roosevelt's Lost Alliances*, pp. 320–27.
12. Samuel Chavkin, "Russia-based Yanks parade with Red Army," Franklyn Holzman collection; Kaluta, "Eascom History, 1 April 1945 to 23 June 1945," chap. 1, Operations, pp. 6–7; chap. 2, Activities, p. 2.
13. Kaluta, "Eascom History, 1 April 1945 to 23 June 1945," chap. 2, Activities, p. 3;Conversino, *Fighting with the Soviets*, p. 208.
14. Fischer, *Insatiable*, p. 120; Bertha Markoosha Fischer, *My Lives in Russia* (New York,1944).
15. Fischer, *Insatiable*, pp. 121–22.
16. Major Zorin to General Major Gorgonov, "Dokladnaia zapiska ob izuchenii razvedyvatel'noi deiatel'nosti amerikanskikh voennosluzhashchikh Poltavskoi bazy," February 12, 1945, 11 pp., here 6, SBU Archives, fond 13, no. 1169, fols.415–25; Major Zorin to Major General Novikov, "Dokladnaia

zapiska ob izmenenii otnoshenii mezhdu lichnym sostavom amerikanskoi bazy i voennosluzhashchimi 169 ABON," February 7, 1945, 5 pp., here 5, SBU Archives, fond 13, no.1169, fols. 410–14; Agent Report, "Kozlov," June 1945, 1 p, SBU Archives, fond 13,no. 1172, fol. 98; Captain Zakharov, "Vypiska iz dokladnoi zapiski gvardii kapitana Zakharova," July 10, 1944, 1 p., SBU Archives, fond 13, no. 1172, fol. 106.
17. Major Zorin to Abakumov, "Dokladnaia zapiska ob operativno-agenturnom obsluzhivanii amerikanskoi aviabazy 'chelnochnykh pereletov,' " June 23, 1945, 30pp., here 10, 17, 24, 25, 28, SBU Archives, fond 13, no. 1169, fols. 559–88; Colonel Chernetskii, Captain Mikhaliuk and Senior Lieutenant Nefedov to Fedotov (Moscow), "Dokladnaia zapiska o rezul'tatakh agenturno-operativnogo obsluzhivaniia amerikanskoi aviabazy v Poltave za period dekabr' 1944—ianvar' 1945,"February 7, 1945, 18 pp., here 1, SBU Archives, fond 13, no. 1201, fols. 146–48.
18. Colonel Reshetnikov and Lieutenant Colonel Meshcheriakov, "Spravka na voennosluzhashchego byvshei Poltavskoi bazy VVS SShA—Chavkina Samuila," January 1952, 3 pp., SBU Archives, fond 13, no. 1171, fols. 60–62; Major Zorin and Captain Mikhaliuk, "Spravka: Chavkin, Samuil," 3 pp., SBU Archives, fond 13, no. 1171, fols.157–58; Agent Report, "Valik," November 15, 1944, 1 p., SBU Archives, fond 13,no. 1171, fol. 65; Agent Report, "Markov," January 1945, 1 p., SBU Archives, fond 13, no. 1171, fol. 90; Lieutenant Colonel Sveshnikov to Abakumov, "O sokrashchenii amerikanskikh voenno-vozdushnykh baz na territorii SSSR," December 2, 1944,11 pp., here 6, SBU Archives, fond 13, no. 1168, fol. 333.
19. Franklyn Holzman to A. Holzman, February 21, May 1, and May 10, 1945.
20. For SMERSH reports on Philip Mishchenko and Yelena Semizhenova, see SBU Archives, fond 13, no. 1171, fols. 3–36.
21. Kaluta, "Eascom History, 1 October 1944 to 1 April 1945," chap. 5, Personnel Relations, pp. 31–32.
22. Ibid.
23. Agent Report, "Markov." May 1945, 1 p., SBU Archives, fond 13, no. 1172, fol. 125.
24. Trimble and Dronfield, *Beyond the Call*, pp. 256–58.

第十九章　战利品

1. "Spravka na byvshego komandira 169 aviabazy osobogo naznacheniia VVS VS SSSR general-maiora aviatsii Kovaleva Stepana Korneevicha," SBU Archives, fol.13, no. 1169, fols. 673–76.
2. Plokhy, *Yalta*, pp. 102–16; Norman M. Naimark, *The Russians in Germany: A History of the Soviet Zone of Occupation, 1945–1949* (Cambridge, 1997).
3. "Perminov, Aleksandr Romanovich," The Generals of World War II<http://www.generals.dk/general/Perminov/Aleksandr_Romanovich/Soviet_Union.html>.
4. "Minutes of the Eighteenth Meeting of the Air Directorate, Held at Berlin, December 18, 1945, 10:30 a.m.," *FRUS: Diplomatic Papers, 1945: European Advisory Commission, Austria, Germany*, vol. 3; "U.S. Note Documents Western Position on Unrestricted Air Access to Berlin," *Department of State Bulletin*, vol. 45 (July–September, 1961)<http://www.ebooksread.com/authors-eng/united-states-dept-of-state-office-ofpublic-co/department-of-state-bulletin-volume-v-45-jul---sep-1961-tin/page-99-department-of-state-bulletin-volume-v-45-jul--sep-1961-tin.shtml>.
5. *Sovetskaia administratsiia v Germanii, 1945–1949. Deiatel'nost' upravleniia SVAG po izucheniiu dostizhenii nemetskoi nauki i tekhniki v Sovetskoi zone okkupatsii*, ed.V. V. Zakharov (Moscow, 2007), pp. 398–40; Georgii Litvin, *Na razvalinakh tret'ego Reikha, ili maiatnik voiny* (Moscow, 1998), chap. 1; *Sovetskaia voennaia administratsiia v Germanii, 1945–1949: Spravochnik* (Moscow, 2009), p. 840.
6. John Gaddis, *George F. Kennan: An American Life* (New York, 2012), pp. 215–22; Joseph Stalin, "Rech' na predvybornom sobranii izbiratelei Stalinskogo izbiratel'nogo okruga g. Moskvy, February 9, 1946," *Propagandist*, nos. 1–4 (February 1946): 11.
7. Montefiore, *Stalin*, pp. 532–37.
8. Marshal of Aviation Aleksandr Golovanov in Feliks Chuev, *Soldaty imperii: besedy,vospominaniia, dokumenty* (Moscow, 1998), p. 267; A. M. Khorobrykh, *Glavnyi marshal aviatsii A. A. Novikov* (Moscow, 1989), p. 268.
9. Vladimir Zhukhrai, *Stalin: pravda i lozh'* (Moscow, 1996), p. 235.
10. Aleksandr Melenberg, "Trofei marshala Zhukova," *Novaia gazeta*, June 9, 2003.

11. "Postanovlenie Politbiuro TsK KPSS 'O t. Zhukove G. K., Marshale Sovetskogo Soiuza,' " January 20, 1948, Fond Aleksandra Iakovleva, Arkhiv <http://www.alexanderyakovlev.org/fond/issues-doc/1002762>.
12. "Kutsevalov, Timofei Fedorovich," *Generals of World War II* <http://www.generals.dk/general/Kutsevalov/Timofei_Fedorovich/Soviet_Union.html>.
13. "Kriukov, Grigorii Viktorovich," Geroi strany <http://www.warheroes.ru/hero/hero.asp?Hero_id=1841>; "Doch' Lidii Ruslanovoi i generala Kriukova rasskazala o frontovykh budniakh," *Moskovskii komsomolets*, May 7, 2015.
14. "Spravka na byvshego komandira 169 aviabazy osobogo naznacheniia VVS VS SSSR general-maiora aviatsii Kovaleva Stepana Korneevicha," SBU Archives, fond 13, no. 1169, fols. 673–76.
15. See the list of awards and Shchepankov's report at *Pamiat' naroda* <https://pamyat-naroda.ru/heroes/podvig-chelovek_nagrazhdenie43320375/>.
16. "Spravka na byvshego komandira 169 aviabazy osobogo naznacheniia VVS VS SSSR general-maiora aviatsii Kovaleva Stepana Korneevicha."
17. Major Zorin, "Spravka," January 9, 1945, SBU Archives, fond 13, no. 1171, fols. 116–18;"Ivan Ivanovich Moskalenko," in *Kto rukovodil organami Gosbezopasnosti, 1941–1954: Spravochnik*, ed. N. V. Petrov (Moscow, 2010); "Kovalev, Stepan Korneevich," *Bessmertnyi polk, Moskva* <http://www.polkmoskva.ru/people/1061143/>.

第二十章　波尔塔瓦的嫌疑人

1. "Major General Robert L. Walsh," *U.S. Air Force* <https://www.af.mil/About-Us/Biographies/Display/Article/105289/major-general-robert-l-wals>.
2. Michael J. Hogan, *The Marshall Plan: America, Britain, and the Reconstruction of Western Europe, 1947–1952* (Cambridge, 1987); John Lewis Gaddis, "Reconsiderations: Was the Truman Doctrine a Real Turning Point?" *Foreign Affairs* 52, no. 2 (1974): 386–402; Dennis Merrill, "The Truman Doctrine: Containing Communism and Modernity," *Presidential Studies Quarterly* 36, no. 1 (2006):27–37; Michael Holm, *The Marshall Plan: A New Deal for Europe* (Abingdon, UK,2016).
3. Vladislav Zubok and Constantine Pleshakov, *Inside the Kremlin's Cold War: From Stalin to Khrushchev* (Cambridge, MA, 1996), pp. 50–51.
4. William R. Harris, "The March Crisis of 1948, Act I," *Studies in Intelligence* 10, no. 4 (1966): 3–5.
5. Ibid., pp. 5–8.
6. Jean Edward Smith, *Lucius D. Clay: An American Life* (New York, 1990), p. 488.
7. Roger Gene Miller, *To Save a City: The Berlin Airlift, 1948–1949* (College Station,TX, 2000); "Major General Robert L. Walsh," *U.S. Air Force* <http://www.af.mil/AboutUs/Biographies/Display/tabid/225/Article/105289/major-generalrobert-l-walsh.aspx>.
8. Jean Edward Smith, *Lucius D. Clay: An American Life*, 2nd ed. (New York, 2014),pp. 335–38; "William Whipple Jr, 36," *Princeton Alumni Weekly*, April 2, 2008; Fischer, *Insatiable*, p. 125.
9. Fischer, *Insatiable*, pp. 126–28; Markus Wolf, *Die Troika: Geschichte eines Nichtgedrehten Films* (Berlin, 1989), Russian translation: *Troe iz tridtsatykh*(Moscow, 1990), p. 109.
10. Fischer, *Insatiable*, pp. 129–32; Wolf, *Troe iz tridtsatykh*, pp. 306–11; George Fischer, Letters to family dated March 9 and 11, 1946, Berlin; Victor Fischer with Charles Wohlforth, *To Russia with Love: An Alaskan Journey* (Fairbanks, 2012),pp. 81–84; Vladimir Gall, "Instruktor-literator, perevodchik, parlamenter ...," in Vladislava Zhdanova, *Nashim oruzhiem bylo slovo: Perevodchiki na voine* (Frankfurt am Main, 2009), pp. 122–59.
11. "Spravka na amerikanskogo voennosluzhashchego byv. bazy VVS SSha—Fisher, Georg," SBU Archives, fond 13, no. 1172, fols. 143–44; Fischer, *Insatiable*, pp.132–33; Markus Wolf and Anne McElvoy, *Man without a Face: The Autobiography of Communism's Greatest Spymaster* (New York, 1997), pp. 27–29, 287, 316–17.
12. "Spravka na amerikanskogo voennosluzhashchego byv. bazy VVS SSha—Fisher, Georg," SBU Archives, fond 13, no. 1172, fols. 143–44; Fischer, *Insatiable*, pp.132–33; Wolf and McElvoy, *Man without a Face*, pp. 27–29, 287, 316–17.
13. Lieutenant Colonel Solopov to head of MGB in Poltava region, May 13, 1953, SBU Archives, fond 13, no. 1179, fols. 20–21; Major General Budarev and Major General Novikov to Lieutenant General

注 释

Raikhman, February 15, 1947, p. 1, SBU Archives, fond 13, no. 1169, fols. 656–60.
14. Lieutenant Colonel Solopov to head of MGB in Poltava region, May 13, 1953, SBU Archives, fond 13, no. 1179, fols. 20–21; Vladimir Talmi, "Polnyi krug: N'iu-Iork–Moskva i obratno. Istoriia moei zhizni," *Zametki po evreiskoi istorii*, no. 184<http://berkovich-zametki.com/2015/Zametki/Nomer10/Talmi1.php>.
15. Major General Budarev and Major General Novikov to Lieutenant General Raikhman, February 15, 1947, SBU Archives, fond 13, no. 1169, fols. 656–60.
16. Major Zorin, head of counterintelligence division SMERSH, 68th region of aviation bases, to Abakumov, "Dokladnaia zapiska ob agenturno-operativnom obsluzhivanii amerikanskoi aviabazy 'chelnochnykh' pereletov," June 23, 1945, 30 pp., here 17, SBU Archives, fond 13, no. 1169, fol. 575.
17. Deputy commander, counterintelligence department, 4th Air Force Army Lieutenant Colonel Sagalov and head of 1st division of the same department, Major Panov, to head, counterintelligence directorate, Kyiv military district, June 12, 1947, SBU Archives, fond 13, no. 1184, "Raznaia perepiska po delu 'Soiuzniki,' " f. 9.
18. Head, first counterintelligence directorate, Kyiv military district, Lieutenant General Osetrov and head, first department of the same directorate, Lieutenant Colonel Bulantsev to deputy head, MGB department, 4th Air Force Army Sagalov, June 26, 1947, SBU Archives, fond 13, no. 1184, "Raznaia perepiska po delu 'Soiuzniki,' " f. 10.
19. Colonel Shabalin, head, 4th department, counterintelligence directorate, Kyiv military district, "Spravka na lits, prokhodiashchikh po materialam dannogo memoranduma,"p. 4, SBU Archives, fond 13, no. 1185, "Raznaia perepiska po delu 'Soiuzniki,' " fols. 323–27; Lieutenant Colonel Kovalkov to head of MGB, Poltava region, January 13, 1953, SBU Archives, fond 13, no.1179, fol. 12.
20. Georgii Litvin, *Na razvalinakh tret'ego Reikha, ili maiatnik voiny* (Moscow, 1998), chap. 1.
21. Lieutenant Colonel Kovalkov to head of MGB, Poltava region, January 13, 1953, SBU Archives, fond 13, no. 1179, fol. 12; Colonel Reshetnikov and Lieutenant Colonel Meshcheriakov to Lieutenant Colonel Kovalkov, January 29, 1953, SBU Archives, fond 13, no. 1179, fol. 12; "Maksimov, Viktor Ivanovich," biography and photo on website of Kazan Institute of Architecture and Construction <http://old.kgasu.ru/sved/vov/maksimov_viktor_ivanovich/>.
22. Colonel Surkov, head of MGB counterintelligence department, 12th Air Force Army, to head, counterintelligence department, MGB, Kyiv military district, October 1948, SBU Archives, fond 13, no. 1185, fol. 137.
23. Colonel Shabalin, head, 4th department, MGB counterintelligence directorate,Kyiv military district, "Spravka na lits, prokhodiashchikh po materialam dannogo memoranduma," November 1950, SBU Archives, fond 13, no. 1185, fols. 323–27; Lieutenant Colonel Prikazchikov to head, MGB counterintelligence directorate, Kyiv military district, November 22, 1950, SBU Archives, fond 13, no. 1186, fols.36–36v; "Prakhin, Efim Danilovich," *Geroi strany* <http://www.warheroes.ru/hero/hero.asp?Hero_id=6652>.

第二十一章　猎　巫

1. Introduction, Osobyi arkhiv Litvy, Fond K-1: Komitet gosudarstvennoi bezopasnosti Litovskoi SSR (KGB), Opis' no. 2 (former fond no. 2: Kontrarazvedovatel'nyi otdel NKVD-MGB-MVD-KGB SSSR), <http://media.hoover.org/sites/default/files/documents/lithuanian_kgb_opis02_register.pdf>.
2. "Belukha, Andrei Iakovlevich," *Kadrovyi sostav organov gosudarstvennoi bezopasnosti SSSR* <http://nkvd.memo.ru>; Agent Report, "Avtomat," in SBU Archives, fond 13, no. 1171, fol.135.
3. Agent Report, "Liliia," August 3, 1944, in SBU Archives, fond 13, no. 1171, fols.139–40; Agent Report, "Markov," ibid., fol. 143.
4. Spravka po arkhivnym delam no. 15078 i 216 na Belukhu Z. A.," December 9,1968, in SBU Archives, fond 13, no. 1207, fols. 99–100.
5. Agent Report, "Tishchenko," December 28, 1950, SBU Archives, fond 13, no.1192, fols. 310–310v.
6. Ivan Nalyvaiko, *Hirkyi spomyn zakhlyvoho teroru: istoryko-publitsystychni narysy*(Poltava, 2004). "Agent Report, "Dmitrieva," April 28, 1949, in SBU Archives, fond 13, no. 1192, f. 304; Agent Report, "Tishchenko," December 28, 1950, ibid.,fol. 310.
7. Agent Report, "Dmitrieva," April 28, 1949; Agent Report, "Kuznetsova," January 9, 1951, in SBU

Archives, fond 13, no.1192, fol. 311; Agent Report, "Bocharova," January 12, 1951, in SBU Archives, fond 13, no. 1192, fol. 312.
8. Agent Report, "Tishchenko," December 28, 1950, SBU Archives, fond 13, no.1192, fols. 310–310v.
9. Agent Report, "Kuznetsova," January 23, 1951, in SBU Archives, fond 13, no.1192, f. 313; Agent Report, "Bocharova," March 20, 1951, ibid., fol. 318–318v.
10. Major Rogovtsev and Lieutenant Colonel Meshcheriakov to Colonel Reshetnikov, September 6, 1951, in SBU Archives, fond 13, no. 1192, fols. 301–2.
11. "Kudy podivsia unikal'nyi arkhiv z mini-muzeiu na chest' Klary Luchko?" *Ltava*, July 1, 2015.
12. Spravka po arkhivnym delam no. 15078 i 216 na Belukhu Z. A.," December 9, 1968, in SBU Archives, fond 13, no. 1207, fols. 99–100.
13. Colonel Khoroshun and Colonel Akhov (Poltava) to Colonel Perfiliev (Moscow), November 11, 1958, in SBU Archives, fond 13, no. 1207, ff. 45–47; Colonel Dubas to Colonel Akhov, November 25, 1958, ibid., fol. 48.
14. "Spravka po materialam perepiski Chuchko E. V." May 30, 1964, in SBU Archives,fond 13, no. 1207, fols. 80–80v.
15. "Spravka," May 29, 196, in SBU Archives, fond 13, no. 1207, fols. 75–77v; "Spravka," June 11, 1964, ibid., fols. 78–79; Colonel Brazhko (Kyiv) to Lieutenant Colonel Mishchenko (Poltava), June 4, 1964, ibid., fol. 82.
16. "Igor Constantine Reverditto," <https://www.legacy.com/obituaries/name/by/reverditto/igor>; Jan Herman, Stage Review: 'Psycho Beach Party' Has a Screw Loose: The show has energy and brass, but it lacks the one subversive ingredient that might have justified all the silliness," *Los Angeles Times*, August 24, 1990 <http://articles.latimes.com/1990-08-24/entertainment/ca-1360_1_psycho-beachparty>; Tony Reverditto's eulogy of Igor Reverditto, posted March 13, 2015, on the "Memory of Igor Reverditto" Facebook page, February 27, 2015, <https://www.facebook.com/groups/647340528728078/permalink/647348445393953/>.
17. "Nachalniku KGB Poltavskoi oblasti. Zaiavlenie," December 10, 1968, in SBU Archives, fond 13, no. 1207, fols. 96–96v.

第二十二章　华盛顿的重逢

1. Office memorandum to: Director, FBI, from: SAC, Boston, subject: George Fischer, George Yuri Fischer, March 10, 1955, 2 pp., George Fischer FBI File.
2. Major Zorin, head of SMERSH counterintelligenece division, 68th region of aviation bases, to Abakumov, head of SMERSH, "Dokladnaia zapiska ob agenturno-operativnom obsluzhivanii amerikanskoi avizbazy 'chelnochnykh' pereletov," June 23, 1945, 30 pp., here 8, SBU Archives, fond 13, no. 1169, fol. 566.
3. Office Memorandum from SAC, Denver to Director, FBI, Subject: George Yuri Fischer, March 14, 1955; To: SAC, Boston from Director, FBI, April 18, 1951, Subject: George (NMI) Fischer, Security matter–c, April 18, 1951; Memorandum to: Mr. A. H. Belmont, Purpose: To advise you on results of name checks, April 18, 1951, 7 pp., here 6, in George Fischer FBI File.
4. Thomas F. Sullivan, Boston FBI, Report on George (NMI) Fischer, aka Yuri Fischer, Character of case: Security matter–C, February 12–August 21, 1951,8 pp., here 4–6, in George Fischer FBI File; Milwaukee, Wisconsin FBI, Report on George Fischer, Security Matter–C, November 6–December 13, 1951, 4 pp., here 2–3, ibid.; Letter from J. Edgar Hoover, March 29, 1951, 2 pp., ibid.
5. Report, New York FBI, Subject: George (NMI) Fischer, aka Yuri Fischer, February1–March 7, 1952, 3 pp., in George Fischer FBI File; Report, Philadelphia FBI, Subject: George (NMI) Fischer, aka Yuri Fischer, December 7–14, 1951, 3pp., ibid.; Memorandum from: SAC, Boston to Director, FBI, April 12, 1952, ibid.; Fischer, *Insatiable*, p. 134ff.; George Fischer, *Soviet Opposition to Stalin: A Case Study in World War II* (Cambridge, MA, 1952); David Engerman, *Know Your Enemy: The Rise and Fall of America's Soviet Experts* (New York, 2009), pp. 52–53, 61.
6. Memorandum to: Director, FBI, From SAC WFO, January 17, 1955, Subject: Anatoli V. Zorin, George Yuri Fischer, in George Fischer FBI File.
7. AirTel, FBI Washington Field to Director, FBI and SAC, Boston, March 22, 1955, in George Fischer FBI File.8. A. H. Belmont to L. V. Boardman, April 5, 1955, in George Fischer FBI File.
9. AirTel, FBI Washington Field to Director, FBI and SAC, Boston, March 22, 1955, in George Fischer FBI

File.
10. SAC, WPO to Director, FBI, March 29, 1955, in George Fischer FBI File.
11. SAC, Boston to Director, FBI, April 16, 1955, 2 pp., in George Fischer FBI File.
12. Fischer, *Insatiable*, p. 134ff.; A. H. Belmont to L. V. Boardman, April 5, 1955; Boston FBI to Director, FBI, September 5, 1955, in George Fischer FBI File.
13. Boston FBI report, May 31, 1955, 6 pp., in George Fischer FBI File; Fischer, *Insatiable*, p. 193.
14. "Polkovniku Shabalinu," October 20, 1950, marginalia from October 30, 1950, SBU Archives, fond 13, no. 1186, "Raznaia perepiska po delu 'Soiuzniki,' " f. 11;Department of State, *Diplomatic List*, December 1952 (Washington, DC, 1952), p. 169; Department of State, *Diplomatic List*, February 1956 (Washington, DC,1956), p. 43.
15. Fischer, *Insatiable*, p. 193.
16. Boston FBI report, May 31, 1955, 6 pp., in George Fischer FBI File.
17. SAC, Boston to Director, FBI, July 13, 1955; Boston FBI Report, September 16,1955, 4 pp., in George Fischer FBI File; Fischer, *Insatiable*, p. 193.
18. Office memorandum, From SAC, WFO to Director, FBI, December 6, 1955, in George Fischer FBI File.
19. SAC Boston to Director, FBI, November 9, 1955; John Edgar Hoover, Director, FBI to Dennis A. Flinn, Director, Office of Security, Department of State November 10, 1955; SAC Boston to Director, FBI, December 14, 1955, "George Fischer, WA. IS-R," in George Fischer FBI File.
20. FBI Teletype, Boston to Director, November 21, 1955; "Letter to the Director, FBI Boston Office," November 8, 1955; "Interview of Subject December 13, 1955," in Boston FBI Office Report on George Fischer, WA. Character of Case: Internal Security–R, February 28, 1956, in George Fischer FBI File.

后 记

1. Franklyn Holzman, BBC interview on his experiences at Poltava, 1995; Fischer, *Soviet Opposition to Stalin*; Myhra, *A Frantic Saga*, p. 80.
2. Deane, *The Strange Alliance*, pp. 123–24.
3. George Fischer, review of John Deane, *The Strange Alliance*, in *Far Eastern Survey* 16, no. 11 (June 4, 1947): 131–32.
4. Costigliola, *Roosevelt's Lost Alliances*, pp. 291–311.
5. Myhra, *Frantic Saga*, p. 80; Sarah Bredesen, "Iola Man Writes about Rural 'Characters,' " *The Country Today*, September 26, 2007, p. 6.
6. Thomas Holzman's e-mail to the author, January 5, 2019; Ken Gewertz, "From Russia with Thanks: Holzman awarded Medal for World War II Service," *Harvard Gazette*, April 3, 1997.
7. Engerman, *Know Your Enemy*, pp. 199–200; Fischer, *Insatiable*, pp. 122, 196.
8. Myhra, *Frantic Saga*, pp. 6, 107–108.
9. Bill Clinton, "Greeting on the Occasion of the 50th Anniversary of Operation 'Frantic,' " in *Operatsiia "Frentik,"* p. 7, cf. pp. 267–73.
10. Charlie Beecham, "To the Editor: Operation Frantic," *The Daily Oklahoman*, January 15, 1997.
11. "Charles N. Beecham," *Mail Tribune*, March 13, 2012.